U0592755

本书是江西省社会科学院重点项目“数字化驱动江西在长江经济带发展上善作为的机理与路径研究”（23NDZD03）阶段性成果。

互联网发展对我国工业低碳转型的影响研究

RESEARCH ON THE IMPACT OF INTERNET DEVELOPMENT ON CHINA’S INDUSTRIAL LOW CARBON TRANSITION

邱信丰◎著

图书在版编目（CIP）数据

互联网发展对我国工业低碳转型的影响研究 / 邱信丰著. -- 北京 : 经济管理出版社, 2024. -- ISBN 978-7-5243-0018-2

Ⅰ. F424.1

中国国家版本馆 CIP 数据核字第 20256WK388 号

组稿编辑：张巧梅
责任编辑：张巧梅
责任印制：许　艳
责任校对：陈　颖

出版发行：经济管理出版社
（北京市海淀区北蜂窝 8 号中雅大厦 A 座 11 层　100038）
网　　址：www. E-mp. com. cn
电　　话：（010）51915602
印　　刷：北京晨旭印刷厂
经　　销：新华书店
开　　本：720mm×1000mm/16
印　　张：13. 5
字　　数：257 千字
版　　次：2025 年 4 月第 1 版　　2025 年 4 月第 1 次印刷
书　　号：ISBN 978-7-5243-0018-2
定　　价：88. 00 元

前　言

加快推动工业低碳转型是践行绿色发展理念、推动高质量发展的必然要求，是实现碳达峰碳中和目标的关键之举，也是中国应对全球气候变暖的有力举措。同时，以互联网为代表的新一代信息通信技术迅猛发展，互联网与实体经济的融合对经济发展方式产生了广泛而深刻的影响。在此背景下，互联网发展能否对工业低碳转型产生影响及其作用机制如何成为本书研究的重点内容。本书在深入探讨工业低碳转型和互联网发展水平理论和内涵的基础上，从经济高质量发展要求的效率变革、质量变革和动力变革视角出发，将工业低碳转型细分为工业能源效率提升、工业结构低碳化和工业低碳技术创新三个层面，进而研究互联网发展水平分别对以上三个层面的影响机制与效应，试图厘清互联网对工业低碳转型的作用机制和影响效应，从而为推动我国低碳转型发展及实现“双碳”目标提供新路径。本书研究的重点内容包括以下五个方面：

第一，在深入剖析互联网发展水平及工业低碳转型理论和内涵基础上，较为系统地梳理了我国互联网发展和工业低碳转型的演进历程及现状，归纳总结了当前我国推动发挥互联网等新一代信息通信技术对工业低碳转型积极作用的一系列政策举措，并重点分析了我国工业能源效率、工业结构低碳化及工业低碳技术创新现状及面临的问题与挑战。

第二，基于熊彼特多部门模型和阿西莫格鲁环境与定向技术变革模型等理论模型，将互联网发展水平纳入理论分析框架，从理论上推演互联网对工业能源效率、工业结构低碳化和工业低碳技术创新的影响效应及其作用机制，并从具体作用机制方面进行理论分析，从而构建本书研究的理论基础和整体框架。

第三，对互联网影响工业能源效率的效应与机制进行实证分析。基于2006~2019年区域层面数据和中国工业企业污染数据，运用双重固定效应模型、GMM模型、工具变量法等计量方法，从区域和企业两个层面实证研究互联网对能源效率的影响效应，从要素配置、绿色创新、环境监督和回弹效应四个方面检验了其影响机制，并从互联网发展水平构成、区域、行业、企业所有制等层面进行了异质性分析。

第四，对互联网影响工业结构低碳化的效应与机制进行实证分析。根据2006~2019年30个省份38个工业分行业碳排放强度差异，界定了工业结构低碳化概念。在此基础上实证检验了互联网对工业结构低碳化的影响效应，从产业结构合理化、能源结构清洁化两个层面检验了其影响机制。为进一步验证互联网通过服务型制造（生产制造服务化）作用于工业结构低碳化，本书利用2005~2018年中国投入产出表数据，从行业层面分析制造业服务化投入对工业行业低碳化的影响。

第五，对互联网影响工业低碳技术创新的效应与机制进行实证分析。基于2003~2019年中国285个地级市面板数据，利用"宽带中国"战略试点外生冲击，使用双重差分模型实证检验互联网对工业低碳技术创新的影响，从创新要素整合、创新方式变革和创新技术扩散三个层面进行机制检验，并从城市等级、城市区位及城市碳排放强度三个层面进行异质性分析。

在理论研究与实证检验基础上，本书主要得出以下几点结论：

（1）将互联网纳入经济增长分析框架发现，运用互联网的企业能够更好优化自身要素配置和提升技术水平，从而提高生产效率和能源效率，并通过市场价格机制使更多的要素资源流向使用互联网的企业，从而逐渐提升全社会企业能源效率。同时，互联网在生产部门和能源部门的运用程度越高，越有助于提升低碳产业与高碳产业产出之比，从而推动了工业结构低碳化。此外，互联网通过促进服务型制造也能够推动工业结构低碳化。最后，互联网赋能低碳技术创新后，会促使低碳技术研发利润高于高碳技术研发利润，从而促使研发人员向低碳技术领域流动，进而有助于推动低碳技术创新。综合以上结论可知，互联网通过提升能源效率、促进产业结构低碳化和推动低碳技术创新助力经济增长向低碳方向转型。

（2）研究互联网对工业能源效率的影响发现，从区域层面而言，互联网对工业全要素能源效率存在先抑制后促进的"U"型关系，互联网通过优化要素配置、促进技术创新、增强环境规制促进了工业全要素能源效率提升，而互联网发展引致的能源回弹效应则抑制了工业全要素能源效率的提升。从企业层面而言，互联网显著提升了规模以上工业企业能源效率，且主要通过优化要素配置、提升技术创新能力及提高环境规制水平等机制作用于企业能源效率提升。从区域和企业两个层面比较分析可知，由于互联网对中小企业能源效率提升作用大于大型企业，在区域层面中小企业因互联网发展带来的能源回弹效应起初抑制了能源效率，从而呈现出先抑制后促进的非线性关系，而规模以上工业企业互联网应用对能源效率的影响则呈现线性关系。

（3）研究互联网对工业结构低碳化的影响发现，互联网发展显著提高了工业结构低碳化水平，即互联网发展水平越高的地区，其低碳产业产值占比就越高。机制研究发现，互联网能够通过产业结构合理化、能源结构清洁化和生产制造服务化三种途径提升工业结构低碳化水平。异质性分析表明，互联网基础设施和互联网应用水平较互联网发展水平的其他构成要素更能促进工业结构低碳化；同时，互联网显著促进了东部地区和西部工业结构低碳化水平，而对中部地区不显著；此外，互联网对高碳行业特别是六大高耗能行业、交通运输仓储邮政和批发零售等行业服务化投入的促进作用更为显著。

（4）研究互联网对工业低碳技术创新的影响发现，互联网发展显著促进了工业低碳技术创新水平，即互联网发展水平越高的地区，工业低碳技术水平也越高。机制研究发现，互联网通过推动创新要素整合、创新方式变革和创新技术扩散三种方式作用于工业低碳技术创新。异质性分析表明，互联网对普通等级城市、中西部地区和高碳排放地区的工业低碳技术促进作用更显著，这意味着互联网能够弥补地区之间低碳技术创新水平差距和推动高碳行业低碳化。

在以上研究结论的基础上，本书得出以下政策启示：一是继续加大互联网基础设施建设力度并统筹考虑区域均衡布局，努力提升企业互联网应用普及率和弥补东中西部在互联网等新型基础设施建设上的“鸿沟”，发挥互联网在能源效率管理和环境规制监督上的积极作用；二是积极推动互联网与制造业深度融合，加快构建面向绿色低碳的工业互联网平台，以石油化工、钢铁、有色金属、电力热力等高耗能行业为重点，不断推动传统高碳行业低碳化改造，发展壮大一批绿色低碳新兴产业，以及持续促进能源结构低碳化；三是积极发挥互联网对低碳技术创新赋能作用，加大工业低碳技术研发创新和应用普及，推动低碳技术创新方式变革，为低碳技术创新提供人才、资金、平台等支撑。

本书的创新主要包括以下四点：一是从互联网视角研究工业低碳转型发展问题，关注以互联网为代表的新一代信息技术对工业低碳转型发展的影响，拓展了低碳转型研究的领域和范围，为低碳转型发展研究提供了新的视角。二是构建含有互联网、能源生产、产业低碳结构和低碳技术研发等要素或部门的理论分析框架，从边际上拓展了内生经济增长和可持续发展理论，丰富了低碳经济理论内涵和实现方式，证实了互联网能够推动工业低碳转型发展，从而揭示了以互联网为代表的新一轮信息技术革命与之前历次技术革命对能源环境的影响有根本性不同。三是从区域、行业、企业层面验证了互联网能够推动工业能源效率提升、促进工业结构低碳化及推动工业低碳技术创新，并揭示了互联网对工业能源效率、工业结构低碳化和工业低碳技术创新的具体作用机制。这为我国推动互联网等新一代信息技术在低碳转型发展中发挥更大作用提供了理论支撑和经验支持，从而为我国加快工业低碳转型及实现碳达峰碳中和目标提供了新的政策启示和路径导向。四是基于中国工业企业数据和中国工业企业污染数据匹配数据、中国投入产出表数据及中国碳排放数据，创新性地解决了从企业层面衡量互联网发展水平和能源效率的问题，从行业层面识别工业分行业互联网发展水平问题，以及从结构层面衡量中国 30 个省份 38 个工业分行业连续 14 年碳排放量的问题。

目　录

1 绪论

1.1 研究背景和意义

1.1.1 研究背景

气候变化是人类有史以来面临的最大挑战之一，如何应对气候变化挑战、降低极端气候风险是世界各国政府需要面对的重大问题，但气候变化问题归根结底是发展问题。党的十九届六中全会通过的《中共中央关于党的百年奋斗重大成就和历史经验的决议》中明确提出，要更加自觉地推进绿色发展、循环发展、低碳发展，坚持走生产发展、生活富裕、生态良好的文明发展道路。党的十九届五中全会通过的《中共中央关于制定国民经济和社会发展第十四个五年规划和二〇三五年远景目标的建议》明确提出，要加快推动绿色低碳发展和持续改善环境质量，推动重点行业和领域绿色化改造，深入打好污染防治攻坚战。工业是国民经济中最重要的物质生产部门，但改革开放 40 多年来工业发展的主要特征仍然是高投入、高能耗和高排放，2019 年我国工业占国内生产总值比重为 31.6%，但能源消耗却占能源消费总量的 66.16%，排放了全国 83.1%的二氧化碳，以高耗能、高排放为重要特征的工业粗放型增长模式仍未得到根本改变。中国二氧化碳排放量和能源消费总量分别在 2006 年和 2010 年超过美国，成为世界上最大的能源类二氧化碳排放国和最大的能源消费国。2021 年，中国化石能源二氧化碳排放量更是占全球比重的 32.93%，这使我国面临着越来越大的国际减排压力。2020 年 9 月，习近平主席在第七十五届联合国大会一般性辩论上向世界作出承诺：中国力争二氧化碳排放2030年前达到峰值，努力争取2060年前实现碳中和。要在如此短的时间内实现碳达峰碳中和目标，就必须进一步加快低碳转型步伐，然而当前我国工业增长模式不利于推进绿色低碳发展及实现碳达峰碳中和目标，亟待通过提高能源利用效率、加速产业结构低碳转型及努力提升低碳技术创新水平等措施推动低碳转型发展。在严峻的资源环境压力和碳达峰碳中和目标要求下，中国迫切需要走出一条既能促进工业平稳增长又能降低工业能源消耗和碳排放的新路。

同时，以互联网、大数据、云计算、人工智能为代表的新一代信息通信技术迅猛发展，与实体经济广泛深度融合，涌现出新产业、新业态、新商业模式为代表的"三新"经济，推动各行业各领域生产组织方式深刻变革。2013年我国将宽带网络定位为国家战略性公共基础设施并开始实施"宽带中国"战略，2015年国家又推出包含"互联网+"协同制造、智慧能源和绿色生态等重点任务的"互联网+"行动计划，以及在此基础上先后出台了"互联网+"先进制造、"互联网+"绿色生态等行动计划，这表明在政策层面已将互联网作为推动制造清洁化、能源高效化和生态绿色化的重要手段。工业和信息化部在2021年发布的《"十四五"工业绿色发展规划》中指出要利用工业互联网、大数据、5G等新一代信息技术提升能源资源水平，深化信息技术与工业生产制造融合应用，以加速工业领域低碳转型步伐。2021年11月，国务院印发《2030年前碳达峰行动方案》（以下简称《方案》）中提出要推动工业领域碳达峰，通过加快传统产业绿色低碳改造和大力发展战略性新兴产业，促进工业能源消费低碳化和化石能源清洁高效利用。更为重要的是，《方案》中明确提出要推进工业领域数字化智能化绿色化融合发展，加强重点行业和领域技术改造。这表明在国家层面已经重视从数字化、智能化和网络化为重要特征的互联网对工业低碳转型的作用，希望通过新一代信息技术与工业领域的融合实现工业生产低碳化。

在我国大力推动经济绿色低碳发展、努力实现碳达峰碳中和目标及互联网推动产业深度深刻变革的背景下，本书试图探讨互联网对工业低碳转型的影响机理及效应，从而回答以互联网为代表的新一代信息技术变革能否推动实现绿色发展理念及碳达峰碳中和目标，以及如何发挥互联网作用促进工业低碳转型，进而为践行绿色发展理念和实现碳达峰碳中和目标提供新的路径。

1.1.2 研究意义

1.1.2.1 理论意义

一是从边际上拓宽了经济增长理论和低碳经济理论。新古典经济增长理论中，劳动和资本是经济增长的主要驱动力；内生经济增长理论中，技术创新被纳入增长函数。而在互联网时代，信息和数据成为驱动经济增长的新生产要素。资本深化降低了对劳动力的依赖，实现了机器自动化生产，而机器化大规模生产产生的能源消耗和资源污染问题也随之出现。然而，信息和数据驱动下的工业智能化生产对能源和资源的影响及其作用机制仍然是有待深入研究的重要课题。基于熊彼特多部门模型和阿西莫格鲁环境与定向技术变革模型，本书将互联网、能源、低碳结构和低碳技术纳入理论模型中，从理论上分析互联网对工业能源效率、工业结构低碳化及工业低碳技术创新的影响，从而在边际上拓展经济增长理论和低碳经济理论，有助于深入理解以互联网为代表的新一轮信息技术革命对工业低碳转型的影响。

二是丰富了信息经济学、增长经济学和生态经济学等学科间交叉理论研究。互联网的飞速发展对经济学理论演变产生了深刻的影响，互联网与增长理论、低碳经济理论交叉融合产生了新的研究领域。本书研究涵盖以上三个领域，这有助于推动互联网与低碳转型这一新的研究领域发展，从而拓宽了互联网与实体经济深度融合的广度和深度。

三是有利于构建和丰富中国特色低碳经济转型理论体系。碳达峰可分为自然达峰和气候政策驱动达峰两类：瑞典、英国、德国、法国等发达国家在 1990 年国际气候谈判之前就已达峰，是典型的自然达峰，互联网对上述国家碳达峰影响小。而我国则属于气候政策驱动达峰，互联网迅速发展对低碳经济转型产生了深刻的影响，逐渐成为我国推动低碳经济转型的重要动力，这有助于丰富中国特色低碳经济转型理论体系。

1.1.2.2 现实意义

一是有助于推动我国加快实现经济低碳转型和碳达峰碳中和目标。“互联网+”行动和绿色发展都是国家发展战略，互联网与制造业深度融合是我国推动经济高质量发展的重要途径，加快实现工业领域碳达峰碳中和是我国践行绿色发展理念、推动经济低碳转型的重要方式。研究互联网对工业低碳转型的影响效应及其作用机制，有助于阐明互联网赋能工业发展过程中对工业能源效率、工业结构低碳化及工业低碳技术创新的具体影响，以及深刻理解互联网作用于以上三个方面的具体机制。这有利于深化互联网在工业低碳转型过程中的作用认识，从而为更好地发挥互联网对工业低碳转型积极作用提供政策建议，进而加快推动我国经济低碳转型步伐和尽早实现碳达峰碳中和目标。

二是有助于推动面向绿色低碳转型的互联网发展与应用，实现互联网发展与低碳转型有机融合。通过厘清互联网对工业低碳转型的影响及其机制，有助于推动互联网与工业低碳转型融合发展，促使以工业能源效率提升、工业结构低碳化及低碳技术创新为导向的互联网的发展与应用，这不仅拓宽了互联网发展方向，还扩大了互联网应用场景范围，从而推动互联网与低碳转型有机融合、共同发展。同时为我国适度超前部署新型网络基础设施及加大互联网应用普及力度提供了理论支撑和经验证据。

1.2 研究综述

1.2.1 关于低碳经济转型研究

1.2.1.1 低碳经济转型概念与内涵

低碳经济（Low-carbon Economy）最早于20世纪90年代提出，但到2003年才首次出现在英国政府颁布的官方文件《能源白皮书》中，此后逐渐受到人们的关注和重视（Britain，2003）。2006年，著名气候变化专家尼古拉斯·斯特恩发表具有里程碑意义的《气候变化经济学——斯特恩报告》，该报告为气候变化影响及其经济成本提供了广泛的证据，并通过不同的方法测度了风险和成本，最终给出了“尽早采取强有力的行动所带来的好处远远超过不采取行动的经济成本”的结论（Stern & Stern，2007）。该报告认为低碳经济包括低碳产业、低碳技术等新兴经济形态，是一场全球性变革。厉以宁等（2017）认为低碳经济与低碳技术和低碳产业一起作为当今国家竞争优势的制高点，并将低碳发展与经济增长、充分就业、物价稳定、国际收支平衡四个宏观经济目标等同，作为宏观经济调控的第五个目标。邬彩霞（2021）从能源流和资源流出发，认为低碳经济是以可持续发展为目标，依托产业升级、制度优化、技术创新等系列措施，实现能源流的低碳发展和资源流的循环利用。当前对低碳经济的概念缺乏一个约定俗成的定义，目前被广泛引用的是英国环境专家鲁宾斯德的表述，即低碳经济是在市场经济的基础上，通过制度框架和政策措施的制定和创新，推动和提高高能效技术、节能技术和可再生能源技术的开发应用，促进整个社会向高能效、低能耗和低排放模式转变。

自从低碳经济概念提出之后，国内外学者从不同角度对其进行诠释。庄贵阳

（2005）认为，低碳经济的实质是能源效率和能源清洁结构问题，核心是能源技术创新和制度创新。付允等（2008）定义了低碳经济发展模式，即以低能耗、低污染、低排放和高效能、高效率、高效益为基础，以低碳发展为方向、以节能减排为方式、以碳中和技术为方法的绿色经济发展模式。鲍健强等（2008）认为低碳经济是人类经济发展方式的新变革，应从产业结构调整、低碳农业、低碳工业、低碳城市、碳汇减碳等方面推动低碳发展，并强调 IT 产业、互联网是发展潜力较大的低碳产业。工业低碳转型则是在低碳经济框架下，工业发展与碳排放逐步脱钩的转变过程。由于工业能耗和碳排放占绝大部分比重，因此工业是低碳经济转型最为关键的部门。

尽管国内外学者对低碳经济的表述存在差异，但内涵基本一致，那就是在不影响经济社会发展的前提下尽可能减少化石能源消耗，从而降低温室气体排放。当前文献对低碳经济的诠释可归为以下几类：一是将低碳经济作为经济增长与碳排放相互耦合，从相对脱钩到绝对脱钩的动态发展过程；二是将低碳经济作为经济发展方式变革的路径，在碳排放约束的前提下倒逼产业结构低碳转型；三是将低碳经济作为推动可持续发展的手段，通过低碳技术的研发和应用提高全社会能源效率和碳生产率。

1.2.1.2 低碳经济转型影响因素

当前，现有文献主要认为经济增长、产业结构、能源效率、低碳技术、能源结构及贸易和投资等因素影响经济低碳转型。

（1）经济增长。Grossman 和 Krueger（1991）首次验证了经济增长与污染排放存在倒“U”型曲线关系，即随着人均收入水平的提高，环境压力呈现先上升后下降的趋势，后来被 Panayotou（1993）称为环境库兹涅茨曲线（Environmental Kuznets Curve，EKC）。EKC 假说提出后被较多文献证实，但大多选取二氧化硫、氧化碳、悬浮颗粒物等排放指标与人均收入进行实证检验，而鲜有文献选取碳排放与人均收入进行实证检验。随着全球气候变暖加剧，二氧化碳与经济增长的关系日益受到学界的关注，Wagner（2008）将碳排放与人均收入之间的倒“U”型关系称作碳库兹涅茨曲线（Carbon Kuznets Curve，CKC）。针对碳库兹涅茨曲线在我国是否成立的问题，我国有较多学者进行了实证检验，多数文献支持了这一假说，如许广月和宋德勇（2010）、陶长琪和宋兴达（2010）、李锴和齐绍洲（2011）。全世文和袁静婷（2019）分析了经济增长和碳排放的关系，发现我国经济增长和碳排放的协整关系在 1980 年前后发生了显著的结构变化，且结构变化的类型符合环境库兹涅茨曲线的倒“U”型特征。

陈诗一（2009）认为经济快速增长是造成制造业碳排放增加的主要因素，远远大于能源强度和能源结构对碳排放的抑制作用。然而，中国自改革开放以来总体上集约式增长主要源自技术驱动力，表明技术对减少碳排放发挥了积极作用。张友国（2010）利用投入产出结构分解法研究了经济发展方式对中国碳排放强度的影响，发现生产部门能源强度变化对降低碳排放强度的贡献高达 90.65%，远远高于直接能源消费率和能源结构变化的贡献，这表明经济发展方式转变对碳排放强度具有决定性作用。徐盈之等（2011）研究发现我国制造业碳排放主要驱动因素为产出效应、结构效应和能源强度效应，且能源强度一直呈现负的驱动效应。Wang（2015）研究发现经济增长是影响碳排放增加的最主要因素，而能源结构、能源效率及碳排放强度紧随其次，但这三个因素有助于降低碳排放。付华等（2021）认为经济活动效应是制造业碳排放的首要驱动力，但能源强度是影响制造业子行业间碳排放差异的主要因素。

从以上分析可知，经济增长对低碳转型确实具有很大的影响，经济增速下滑引致能源需求下降将会降低碳排放。例如，2020 年初的疫情使中国经济增长趋缓，这时期碳排放增幅也较往年更小。

（2）产业结构。不同产业对能源需求不同，产业结构差异对能源消耗和碳排放也具有重要影响。李健和周慧（2012）研究了产业结构和碳排放强度之间的关系，发现第二产业是影响地区碳排放强度的主要因素，全国有 16 个地区碳排放强度与第二产业关联度最大，因此低碳转型的关键在于第二产业。原嫄等（2016）基于多国数据研究了产业结构对碳排放的影响，研究发现第二产业对碳排放的影响恒为正，而服务业的碳排放强度则逐渐降低。产业结构调整引起的碳排放变动对中高收入国家具有更大的影响，中等收入国家将在更早的阶段达到碳排放高峰。谭飞燕和张雯（2011）、韩坚和盛培宏（2014）分别基于省际数据和东部 15 省（市）面板数据实证发现，产业结构的工业化进程直接促进了二氧化碳排放，第三产业增加值比重对碳排放影响则不显著，产业结构变化是影响碳排放的重要驱动因素。何建坤和张希良（2005）研究认为，工业特别是重工业比重的上升是影响能源强度的主要因素，王晓和齐晔（2013）研究发现服务业的发展减缓了能源消费，重点耗能行业增速下滑也使产业结构趋向节能。何小钢和张耀辉（2012）研究发现，重工业是影响工业碳排放的关键因素，重工业排放强度及波动性均较轻工业更大。马大来等（2017）研究也表明，重工业比重上升对工业碳排放绩效存在负向关系。邵帅等（2022）认为经济结构调整和绿色技术进步是驱动中国节能减排和经济低碳转型的“双引擎”。从以上文献可知，工业是我国低碳转型的关键，工业结构低碳化对于我国实现低碳转型发展具有举足轻重的作用。

邵帅等（2010）基于 STIRPAT 模型对上海分行业工业能源消费碳排放影响因素进行研究，发现黑色金属行业对上海工业整体碳排放具有关键性影响，碳排放规模和强度与劳均产出分别呈“N”型和倒“N”型关系，研发强度和能源效率能够有效抑制工业碳排放规模和强度，而煤炭消费占比则表现出明显的促进作用。余志伟等（2022）利用省级面板数据研究了产业结构高级化对碳排放的影响，研究发现产业结构高级化不仅降低了本区域碳排放强度，还降低了周边地区碳排放强度。沈小波等（2021）研究表明产业结构扭曲是抑制能源强度降低的重要因素，提出促进农业劳动力转移、建立市场化能源价格形成体系及提高研发支出效率等途径以消除产业结构扭曲。

也有研究认为，制造业服务化有助于促进能源节约。祝数金等（2020）研究表明制造业服务化与能源强度之间存在显著的负相关，制造业服务化主要通过技术创新效应和要素结构优化效应降低了能源强度，而通过规模扩张效应导致能源强度回弹，但总体净效应仍然是负向抑制作用。江三良和邵宇浩（2020）研究发现工业产业集聚增加了城市碳排放，而服务业集聚则减少了碳排放。许冬兰和张新阔（2021）研究认为制造业服务化能够促进环境污染改善和环境 TFP 效率提升，且对污染型密集型行业的效应大于对清洁行业的效应。李碧珍和蔡云清（2021）研究发现中国制造业尽管不断加大服务要素的投入，但是制造业行业上游度产生反向调节作用使得制造业服务化的能源消耗不降反升，制造业服务化带来的规模增量抵消了服务要素能源减量效应。

（3）能源效率或能源强度。张雪峰等（2021）研究劳动力投入、资本、技术创新、能源消费结构等对工业碳生产率的影响方式及程度，结果显示劳动投入和技术创新对促进工业碳生产率具有显著的作用，而资本和能源结构对工业碳生产率的作用不明显。Wang 等（2015）对我国 1957~2000 年二氧化碳排放分解表明能源强度是减少碳排放的最重要的因素，经济增长则带来了碳排放的增加。Zhang（2009）认为生产方式的改变，特别是各部门能源强度的下降是 1992~2002 年中国能源相关碳排放减少 20 亿吨的主要原因。林伯强和孙传旺（2011）根据卡压恒等式发现能源强度和碳排放强度对碳排放量有抑制作用，林伯强和吴微（2020）认为提高能源效率是控制能源消费和减少碳排放的关键。林伯强和蒋竺均（2009）认为，除人均收入外，能源强度、能源结构、产业结构对碳排放都有显著影响，尤其是工业中的能源强度起着决定性作用。

（4）低碳技术。低碳技术不仅直接作用于现有产业低碳化转型，还能够催生新兴低碳产业发展，从存量和增量两个方面促进低碳转型。王为东等（2018）从空间溢出视角研究了低碳技术创新对气候变化的响应，发现中国低碳技术供给和需求在空间分布上存在偏差，低碳技术供给呈东部向中西部扩散态势，但低碳技术空间溢出效应并不显著，表明各地技术研发分割不利于协同应对气候变化。张济建等（2020）研究了高碳产业低碳转型过程中的技术突变性，发现回弹效应将延长高碳产业完成低碳技术突变所需的时间，为此应从缓解回弹效应和发挥市场和政府作用出发，加快高碳产业低碳技术突变。周喜君和郭淑芬（2018）对中国碳排放过程中是否存在技术偏向性进行实证研究，发现存在技术偏向性且主要偏向能源生产技术，这与现实观察不一致的原因在于能源的回弹效应。Dani Rodrik（2013）认为绿色增长模式的关键在于减少二氧化碳排放和能耗的清洁技术，而国家有必要对绿色技术研发进行补贴，从而降低企业研发风险和最大化清洁技术社会收益。林伯强和杜克锐（2013）研究发现技术进步是促进能源生产率可持续增长的关键推动力。

鄢哲明等（2017）通过测算 1992~2012 年全球 15 个经济体低碳技术创新水平，从影响机理和实证检验视角验证了低碳技术创新有直接且显著的碳强度抑制效应。李廉水和周勇（2006）研究了技术进步对工业能源效率的影响，发现技术效率是促进工业部门能源效率提升的主要因素，而科技进步的作用在工业结构不断升级之后才逐渐增强，并且科技进步是未来提供工业能源效率的主要方向。杨莉莎等（2019）定量分析了 2005~2015 年中国 30 个省份二氧化碳排放和技术进步的关系，认为在这期间二氧化碳减排主要靠技术进步推动。

（5）环境规制。陈诗一（2010）发现一系列的节能减排政策有效推动了工业绿色全要素生产率的持续改善，表明中国从“十二五”时期实施的环境规制对降低工业碳强度具有积极作用。李锴等（2020）研究了碳排放政策与工业结构低碳升级关系，研究发现节能目标政策更能显著推动工业结构低碳升级，而新能源补贴政策存在区域性和滞后性。王班班等（2016）基于中国工业行业数据对市场型和命令型政策工具的诱发技术创新效应和作用机理进行实证研究，发现两种政策工具均有助于诱发节能减排创新，市场工具型政策具有较强的外溢性，而政府型政策工具则有助于诱发发明专利等高质量创新。张优智和张珍珍（2021）以省级面板数据研究了环境规制对中国工业全要素能源效率的影响，发现环境规制与工业全要素能源效率的关系呈现出“U”型。同时，也有文献从政府产业规划的视角研究低碳转型发展。余壮雄等（2020）考察了中央和地方产业规划对地区碳排放的影响，研究发现中央产业政策侧重低碳产业发展这一长期目标，而地方政府偏向高产值高排放行业发展这一短期目标，政府扶持政策能够提高行业工业增加值和降低行业碳排放强度，政府对高排放行业的扶持对区域行业碳排放强度的降低起到重要作用。

（6）对外贸易和对外投资。罗良文和李珊珊（2013）从产业关联视角出发，利用中国 34 个工业行业 2001~2010 年面板数据研究了对外贸易技术效应对工业碳排放的影响，发现出口贸易技术后向溢出促进了工业碳减排，而进口贸易技术水平溢出不利于工业碳减排，同时对外贸易技术效应对高排放行业减排作用更为显著，对低排放行业碳减排作用则不明显。林伯强和刘泓汛（2015）就对外贸易如何影响工业能源效率进行实证研究，发现对外贸易通过进口产品技术外溢和出口中学两种途径促进了工业环境能源效率的提升，同时能源环境效率高的行业也更积极参与对外贸易。李子豪（2016）利用 2000~2012 年中国 35 个工业行业面板数据研究了 FDI 对工业碳减排的影响，发现 FDI 只有在研发投入或环境规制较高时才能促进碳减排，在研发投入高和环境规制力度强的省份中 FDI 推动碳减排的作用更为明显。

此外，也有从企业微观层面展开对工业碳排放强度驱动因素的研究，陈钊和陈乔伊（2019）则从微观层面研究企业能源效率的影响因素，认为区域差异和企业规模是影响企业能源效率最主要的因素，研究表明东部地区企业能源效率明显高于中西部地区，企业规模越大，能源效率则越高。

1.2.1.3 工业低碳转型现状及存在的问题研究

当前对中国工业低碳转型进行测度的研究相对较少，从仅有的文献看，中国工业低碳转型整体处于上升趋势。周小亮和宋立（2022）采用超效率 SBM 模型和 ML 生产率指数法测度了中国工业低碳转型指数，发现中国整体工业低碳转型始终处于进步状态，呈现出先加速、后减速、技术驱动等特征；从区域看，东部和东北部工业低碳转型早但速度慢，而中西部地区则刚好相反；从行业看，非重污染行业、高科技行业低碳转型程度更高。

同时，有较多文献研究我国低碳转型面临的问题。首先，现有研究普遍认为我国低碳转型面临更大的压力和挑战。李世峰和朱国云（2021）认为，在多数发达国家已经完成从高碳能源向低碳能源转型背景下，我国要实现碳达峰碳中和目标会面临时间短、任务重等挑战，同时我国以煤炭为主导的能源结构、能源效率低、能源科技落后等因素也不利于能源低碳转型。胡鞍钢（2021）认为，我国是在工业化进程中推动低碳转型，而发达国家或后工业化国家多数是在碳达峰后推动进一步减排，并且我国在产业结构、能源结构和能源效率上与发达国家均有劣势，这增大了我国低碳转型的难度。毛涛（2022）进一步指出，工业用能结构偏煤、工业用能效率偏低和产业结构偏重等问题制约了中国工业低碳转型步伐，特别是钢铁、有色、化工等碳排放相对集中领域能效较国际先进水平仍有较大差距。

其次，新能源不稳定性难以保证能源安全，从而制约低碳转型。柴瑞瑞和李纲（2021）则从能源结构视角出发，认为可再生清洁能源由于存在间歇性、不稳定性等特点，如水电存在“丰余枯缺”特征、风电存在“反调峰”现象及太阳能受昼夜变化和阴雨天气影响等，这制约了可再生清洁能源保障我国电力需求和电力安全的能力，也不利于实现电力系统低碳减排。杜冬梅等（2022）分析了“双碳”目标下电力行业低碳转型面临的问题，认为当前电力系统难以应对可再生能源的发展，对电网稳定运行产生严重挑战。

此外，能源科技水平较低不利于低碳转型。刘仁厚等（2021）研究认为，我国在低碳转型过程中面临新能源技术利用率偏低、绿色低碳技术工业化应用不足、高碳排放行业绿色技术替代缺乏动力及全链条绿色化创新体系不完善等问题。杜冬梅等（2022）认为当前我国在碳捕捉、利用和封存（CCUS）技术上存在规模小、成本高和基建相对落后等问题，导致煤电项目难以使用碳技术实现低碳转型。

1.2.1.4　工业低碳转型的路径研究

工业低碳转型是一项艰巨而复杂的系统性工程，需要综合运用多种举措协同推进，当前文献从不同视角有针对地研究了工业低碳转型的重点领域。费伟良等（2021）从碳达峰碳中和视角提出工业园区减污降碳的协同路径，认为应开展污染物和温室气体数据共管共享、严控环境准入、加大清洁生产力度、推动能源转型及智慧园区建设。李世峰和朱国云（2021）同样从碳达峰碳中和视角出发，提出要在提升电力脱碳技术水平、提高能源利用效率、促进能源结构转型、加快能源数字化转型等方面推动能源低碳转型。马丽梅等（2018）基于模型演化结果和跨国比较分析认为，中国能源转型路径可分为以下几步：一是2015~2025年应采取“温和”手段，不具备高比例的可再生能源目标的条件；二是2025~2035年是能源转型方向确定期，可制定高比例可再生能源目标或挖掘化石能源自身的“清洁潜力”；三是2035~2050年，将出现一次性能源消费中可再生能源占比60%以上或局部地区实现100%可再生能源供应两种情况。Ebadian等（2020）认为提高生物燃料的使用有助于降低运输部门的碳强度。

付华等（2021）从行业视角认为，提高黑色金属冶炼和压延加工业等高排放强度行业的能源效率是未来制造业碳减排的关键所在，同时应在制造业重点行业和区域持续推动制造业结构升级，以科技创新促进高耗能行业降低能源强度，提高制造业能源使用效率。平新乔等（2020）则从区域视角出发，认为“十四五”时期，中国进一步降低碳排放强度的重点和难点在于北方的 8 个高排放省份，即青海、甘肃、辽宁、河北、山西、新疆、内蒙古、宁夏，并应重点关注电力行业减排。也有文献认为技术创新是破解工业低碳转型难题的关键，如陈诗一和陈登科（2022）认为，绿色低碳创新是实现经济体系绿色低碳转型的根本途径，但绿色核心技术“买不来，等不来”，需要在提升绿色低碳核心技术自主创新能力、发挥市场检验低碳技术价值“试金石”作用及加强政府引导和支持等方面不懈努力。杜冬梅等（2022）认为要大力发展可再生能源技术、智能电网技术和低碳减排技术的研发和应用，特别是要推动低碳发电技术的研发应用，以加快电力行业低碳转型。Yeong（2022）认为要推动低碳经济转型，需要促进多元化低碳技术研发并加强国际低碳技术合作，通过充分吸收国际低碳技术促进低碳经济转型。Wu 等（2018）认为要根据不同国家具体情况制定具体的低碳转型方案，需要从包括技术、市场和政府治理在内的系统结构进行分析。Linnenluecke 等（2019）研究表明市场力量将推动清洁技术发展，从而推动低碳经济转型。

此外，税收和金融政策及低碳转型机制设计也是促进低碳转型的重要举措。Acemonglu 和 Aghion（2012）采用理论模型和定量分析表明，当清洁投入和肮脏投入是完全可替代时，采用对肮脏生产方式征税和对清洁生产方式补贴的干预措施能够促使技术偏向清洁型生产，从而避免环境灾害的发生。潘冬阳等（2022）认为绿色金融有助于在新冠疫情后加速“绿色复苏”，能够以更低的成本推进经济低碳转型进程。柳亚琴等（2022）探讨了碳排放权交易机制对能源结构低碳转型的影响，认为碳交易政策通过结构优化效应、行为驱动效应、生态创新效应和环保支出效应显著提升了能源结构低碳化水平，且对经济增速较慢、东部地区的推动作用更为显著。

1.2.2 关于互联网与能源消耗的研究

互联网是以信息通信技术为支撑的，当前直接研究互联网与能源消耗的文献较少，而研究信息通信技术（ICT）对能源消耗的文献却相对丰富。ICT 的应用有助于实现低碳社会，一方面 ICT 领域自身具有巨大的减排潜力，另一方面 ICT 产品应用有助于提升其他领域的效率和替代其他资源，通过“去物质化”节约能源和资源。例如，以信息通信技术为基础的电子商务、电子政务、远程会议、智慧医疗、智能建筑等节约了大量能源和资源，为实现低碳社会提供了强劲动力。然而，信息通信技术的快速发展也可能导致“回弹效应”，ICT 产品的大量使用可能导致能源消耗和环境污染的增加。当前信息通信技术对能源消耗的影响不尽一致，既有 ICT 降低了能源消耗的观点，也有 ICT 与能源消耗呈正相关的结论。

1.2.2.1 信息通信技术对能源消耗影响

信息通信技术既可作为产品载体，也可作为一种服务。因此，除了自身领域的能耗外，ICT 还会对其他领域产生作用，从而影响其他领域能源消耗。从当前研究结论看，多数文献认为信息通信技术能够降低能源消耗，也有部分文献提出信息通信技术、数字化促进了能源消耗。根据研究样本的不同，本书以不同国家、单一国家和企业、家庭进行分组分别讨论。

从不同国家的研究样本看，Sadorsky（2012）研究发现 ICT 在 1993~2008 年增加了 19 个新兴经济体的电力消耗，Saidi 等（2015）使用 67 个国家面板数据研究信息通信技术和经济增长对电力消耗的影响，研究发现 ICT 对电力消耗产生正向且显著的影响。Tunali（2016）使用欧盟 20 个国家面板数据发现，ICT 在 1990~2012 年增加了电力消耗。Munshi（2016）使用面板数据模型（组平均、混合组平均和系统 GMM）对 1990~2014 年新兴 11 国 ICT 发展与电力消费关系进行研究，发现 ICT 发展显著促进了电力消费。由此可知，采用多国面板数据实证的文献大多认为信息通信技术增加了能源消耗。

从单一国家的研究样本看，Wang 和 Han（2016）使用 2003~2012 年中国的 30 个省级动态面板数据，探讨了信息通信技术投资对能源强度的影响。结果表明，对全国长期而言，信息通信技术投资显著降低了能源消耗。Ishida（2015）发现 1980~2010 年日本 ICT、能源消耗与经济增长之间存在长期的关系，ICT 投资有助于适度降低能耗。Takase 和 Murota（2004）分析了美国和日本的 IT 投资对能源消耗和二氧化碳排放的影响，结果表明 IT 投资使日本节省更多的能源，而美国则消耗更多的能源，这与 Romm（2002）利用互联网对美国进行的研究相反。Cho 等（2007）通过使用 Logistic 增长模型调查了韩国 1991~2003 年 ICT 投资对电力消耗的影响，结果表明 ICT 投资减少了制造业的电力消耗。从上文可知，以某个具体国家作为研究对象的结论大多表明信息通信技术有助于降低能源消耗。

从企业和家庭研究样本看，张三峰和魏下海（2019）考察了企业生产经营过程中应用信息与通信技术对企业能源消耗的影响及其机制，发现应用信息和通信技术的程度和能源强度之间存在显著且稳健的负向关系。Bastida 等（2019）研究了 ICT 与家庭能源消费行为的关系，发现基于 ICT 的家庭能源行为可以使家庭最终用电量减少 0~5%，同时发现受 ICT 干预的家庭能源消费行为有助于欧盟减少 0.23%~3.3%的二氧化碳。但 Ropke 等（2010）基于对丹麦的案例研究表明，将 ICT 集成到日常实践中会增加 2007 年和 2008 年的居民用电量。从中可知，从企业或家庭视角的研究也大多支持信息通信技术对能源节约的积极作用。

此外，Lange 等（2020）从理论上分析了信息通信技术、数字化等对能源消耗的影响机制，研究认为 ICT 生产、使用与处置（a）和基于劳动、能源效率提升的经济增长（b）增加了能耗，而数字化带来的能源效率提高（c）和 ICT 服务业兴起引致的产业结构变化（d）降低了能耗，（b）和（d）的作用强度将决定信息通信技术、数字化对能源净效应的最终影响。值得注意的是，信息通信技术除了上述四种作用机制外，还能促进可再生能源的开发和利用，实现经济增长与传统能源的脱钩，而经济发展对清洁能源消耗的增大并不会影响可持续发展。

Yan 等（2018）从能源生产率的视角基于 50 个经济体 1995~2013 年的数据研究了 ICT 发展与可持续能源消费的关系，结果发现以专利衡量的 ICT 知识储量在高收入经济体和其他经济体之间存在巨大差异，实证研究表明 ICT 发展与能源效率提升具有显著的正向关系，即 ICT 知识储量每增加 1%，能源效率将提升 0.0285 单位。Amri 等（2019）使用自回归分布滞后模型（ARDL）研究了突尼斯 1975~2014 年二氧化碳排放、全要素生产率和 ICT 之间的关系，结果显示，与短期相比，更高的长期全要素生产率不满足环境库兹涅茨曲线，同时 ICT 对二氧化碳减排的影响不显著。Murshed（2020）通过对南亚六国的表明，ICT 贸易直接提升了可再生能源的消费水平，提高了可再生能源的份额，降低了能源使用强度，从而减少了二氧化碳的排放。文章建议南亚国家政府减少 ICT 商品贸易壁垒，加大吸引外国 ICT 投资力度。

1.2.2.2 互联网对能源效率影响

信息通信技术是互联网的底层技术，两者关系虽然紧密但是也有不同之处。从技术层面而言，互联网与信息通信技术有许多相同之处，但从制度、组织层面而言，互联网对能源消耗影响的路径更多、范围更广。随着互联网对实体经济的渗透不断加大，互联网影响能源消耗的途径和效果也呈现出复杂化和多样化，如汪东芳和曹建华（2019）对互联网影响地区全要素能源效率的研究表明，互联网发展对地区全要素能源效率具有正向促进作用，但正向促进作用是非线性的，互联网对全要素能源效率的影响存在显著的双重门槛效应。李振叶等（2020）认为互联网本身是一种无污染、节能的“清洁模式”，工业企业可以通过互联网降低能耗，从而推动工业高质量发展。Siyu R. 等（2021）研究了数字化对中国能源消费的影响，研究结果显示互联网通过促进经济增长扩大了能源消费规模，互联网能够推动能源消费强度下降。

也有文献研究物联网对能耗的影响。Shafique 等（2018）通过线上和线下调研的方式收集了 400 名受访者中 250 人的问卷，研究了物联网、能耗行为、供应链集聚、绿色培训和供应链实践的关系。研究结果显示，实施物联网可以整合供应链和客户资源，有助于提升能源、电力的使用效率，从而增强绿色供应链绩效，绿色培训和能耗行为可以改善绿色供应链绩效。Arun Ramamurthy 和 Pramod Jain（2017）研究发现物联网应用于智能电表、智慧建筑、风电等领域大有可为。张万里和宣旸（2022）研究智能化对能源效率的影响，认为智能化能够提升地区能源效率，能源效率随着技术创新水平提高、环境规制强度增加和外商投资增大而提升。

从国外的研究看，Romm（2002）研究认为，美国互联网使用降低了电力需求，通过提高能源效率降低了能源强度，导致美国能源强度近 10 年来出现最大降幅。Collard（2005）等发现在 1986~1998 年，法国服务业的生产用电强度随着计算机和软件的增加而增加、通信设备的普及而降低。但 Salahuddin 和 Alam（2015）研究 1985~2012 年澳大利亚互联网使用和经济增长对电力消耗的短期和长期影响却表明，互联网的使用会刺激电力消耗，且仅存在互联网对电力消耗的单项因果关系。

1.2.3　关于互联网与碳排放的研究

支撑互联网的信息通信产品的污染问题受到学术界的长期关注，但互联网是否总体上有利于环境可持续发展却备受争议。据预测信息通信产品温室气体排放占比将从 2007 年的 1%~1.6%上升至 2020 年的 3%~3.6%（Belkhir 和 Elmeligi，2018）。但信息通信技术可以通过新型商业模式、交易成本节约、能源效率提高等方式促进可持续发展（British Telecommunications，2016；Webb，2018）。综合文献研究结论发现，当前关于 ICT 与环境关系主要有正相关、负相关、不相关、倒“U”型等几种（或者线性、非线性关系）。在研究方法上，多数文献以 ICT 产值、信息软件业、互联网参透率、百人宽带/手机拥有量等作为 ICT 发展的代理变量，而以二氧化碳排放量、二氧化硫排放量作为环境的衡量指标。按照研究结论分类，可将互联网、ICT 对碳排放影响分为以下三类：

1.2.3.1 互联网有助于促进碳减排的研究文献

（1）互联网视角。信息通信技术是互联网发展的底层技术，随着互联网的迅速发展，越来越多的学者将关注点聚焦在互联网与二氧化碳排放的关系上。新兴经济体面临经济增长和环境保护双重压力，在互联网迅速发展背景下探讨互联网与碳排放之间的关系成为研究的重要方向。Al-Mulali（2015a）用二阶段最小二乘法和 GMM 模型研究了 2000~2013 年 77 个经济体互联网购物对 CO_2 排放的影响，结果表明互联网购物总体上减少了二氧化碳的排放，但发达国家互联网购物与二氧化碳排放负相关，而在发展中国家这一关系并不显著。Ozcan 和 Apergis（2018）使用面板数据研究了互联网使用对新兴经济体二氧化碳排放的影响，结果表明互联网使用减少了新兴经济体的二氧化碳排放。Salahuddin 等（2016）利用 1991~2012 年 OECD 国家面板数据估计了互联网使用和经济增长对二氧化碳排放的短期影响和长期影响，研究表明互联网使用与二氧化碳排放存在长期的正向关系，然而系数很小且不存在因果关系，这表明互联网使用的快速增长并没有成为该地区环境质量的威胁因素。

互联网对环境影响的机理也是学者研究的重要方面。解春艳等（2017）研究了互联网技术对环境质量的作用机理及其空间关联性，研究发现互联网技术进步能显著减少环境污染，并且互联网技术进步与环境污染存在显著的空间溢出效应。

白雪洁和孙献贞（2021）利用 2012~2017 年省级面板数据研究了互联网发展对全要素碳生产率的影响机制及其效应，研究发现互联网发展能够显著提高全要素碳生产率，运用门槛效应模型发现互联网发展对全要素碳生产率的影响是呈非线性的，只有越过每法人单位域名数 4.95 临界值才能发挥促进作用。同时，中介效应表明互联网发展通过成本效应、创新效应及需求引致效应作用于全要素碳生产率提升。

（2）ICT 视角。ICT 能否推动二氧化碳减排与国别、地区及发展阶段息息相关，当前有学者以中国、撒哈拉以南非洲、共建“一带一路”、欧盟等国家和地区为对象实证研究 ICT 对二氧化碳的影响，结果均证实了 ICT 有助于碳减排。Zhang 和 Liu（2015）根据 2000~2010 年中国区域层面的面板数据 STRIPAT 模型，发现工业领域采用 ICT 有助于促进 CO_2 减排，但这种影响存在异质性，如 ICT 对东部地区的影响低于中部地区，而对西部地区的影响则并不明显。Asongu 等（2018）使用广义矩估计（GMM）模型研究了信息通信技术对 44 个撒哈拉以南非洲国家二氧化碳排放的影响，结果表明 ICT 对 CO_2 排放产生积极影响，但是先进的 ICT 使用（ICT 平方）可减少二氧化碳排放量，并有助于改善环境质量。Danish（2019）以共建“一带一路”国家为例论证了 ICT 有效减少二氧化碳排放，同时 ICT 和 FDI、国际贸易交互项均有助于减少二氧化碳排放。Welfens 和 Lutz（2012）讨论了 ICT 在经济增长和绿色增长中的作用，研究发现绿色 ICT 不仅促进了经济增长，更为重要的是促进了温室气体的减排，运用 PANTA RHEI 模型显示绿色 ICT 发展均有助于德国和欧盟可持续发展。

ICT 推动二氧化碳减排的作用机制也成为学者研究的重要内容之一，Coroama（2012）和 Ishida（2015）研究均表明 ICT 在生产和消费过程中通过节能模式有助于减少温室气体的排放，Moyer 和 Hughes（2012）研究发现 ICT 进步可以通过降低能源强度和增加可再生能源的形式减少二氧化碳的排放，减排效应远超其负面影响，这同时有助于经济增长。该文章通过 Ifs 数据库建立预测模型，认为 ICT 在 50 年内具有积极的减排效应，但 ICT 的净减排效应是有限的，建议需要将 ICT 促进政策和全球碳排放价值结合起来，两者结合的效果比各自效果都大。Murshed（2020）通过对南亚六国的研究表明，ICT 贸易直接增加了可再生能源的消费水平，提高了可再生能源的份额，降低了能源使用强度，从而减少了二氧化碳的排放。文章建议南亚国家政府减少 ICT 商品贸易壁垒，加大吸引外国 ICT 投资力度。金春华等（2013）通过文献研究的方法对 ICT 与环境的碳足迹与反弹效应进行分析，发现 ICT 通过与环境和经济增长形成相互促进的整体，可以推动可持续发展。Erdmann 和 Hilty（2010）通过情景分析法研究信息通信技术（ICT）对温室气体排放的影响，发现在三种情景下 ICT 的平均温室气体减排量分别为 2.8%、7.8%和 9.8%，ICT 能够在多数情景下降低温室气体排放。

此外，全球电子可持续发展促进会（GeSI）发布的研究报告认为 ICT 对二氧化碳减排具有积极作用。GeSI（2015）发布的《智慧 2030》报告认为 ICT 具有巨大的碳减排潜力，到 2030 年 ICT 碳足迹将达到 1.25Gt，但 ICT 减排潜力高达 12.08Gt，是自身碳足迹的 9.7 倍。ICT 将会使 2030 年碳排放减少 20%，使之与 2015 年排放水平相当。ICT 碳排放占比将从 2020 年的 2.3%下降至 2030 年的 1.97%。

1.2.3.2 互联网增加了碳排放的文献

但也有研究认为，信息通信技术的发展恶化了环境状况。当前学者以撒哈拉以南非洲、东盟、欧盟及新兴经济体等为研究对象，发现 ICT 并不有利于环境质量的提高。

Lee 和 Brahmasrene（2016）研究了 1991～2009 年的 9 个东南亚国家联盟（ASEAN）经济增长、互联网使用和 CO_2 排放之间的关系。结果表明，互联网使用对 CO_2 排放和经济增长都呈正相关。Salahuddin（2016）估计了经合组织国家经济增长和 ICT 对 CO_2 排放的影响，研究表明互联网使用率每增加 1%，二氧化碳排放量就会增加 0.16%。Danish（2018a）估算了 ICT 对新兴经济体中 CO_2 排放的影响，并引入了有关 ICT 与经济增长之间相互作用对 CO_2 排放的影响的新估算方法，研究表明互联网和移动设备的使用对环境质量构成威胁。

Park 和 Baloch（2018）研究表明互联网使用降低了欧盟国家的环境质量，电力消耗与二氧化碳排放呈显著的正向关系，而经济增长和金融发展对二氧化碳的负面影响正在减少。王雷等（2013）从碳足迹视角研究了 ICT 产业碳排放对环境的影响，认为 ICT 产业发展促进了碳排放，主要是因为 ICT 产业链中原材料提取、生产制造、运输、产品应用和处理等环节的碳排放占比较大。Lu（2018）研究了一些亚洲国家的 ICT、金融发展、经济增长、能源消耗和 CO_2 排放之间的关系，结果表明互联网的使用降低了污染水平，而经济增长、能源消耗和金融发展将导致二氧化碳排放量增加。

此外，赵昕等（2021）以互联网使用程度为切入点，采用 STIRPAT 模型分析互联网对家庭碳排放的影响机理。研究发现，互联网依赖对家庭碳排放存在显著正向影响，收入差距和消费升级起到显著的中介作用。

1.2.3.3 互联网与碳排放存在非线性关系的文献

当前多数文献证实了互联网对环境的影响呈“U”型。Higón（2017）研究认为发达国家和发展中国家样本中 ICT 与 CO_2 排放之间呈倒“U”型关系。Özge Barış-Tüzemen Ö 等（2020）用自回归分布滞后和分位数回归方法论证了土耳其信息通信技术和污染呈“U”型关系，而不是“N”型。Higon 等（2017）不仅利用全球 142 个国家 1995～2010 年的面板数据证实了 ICT 对环境影响的倒“U”型关系，而且还指出发展中国家的转折点高于全球平均值，发达国家当前已经步入 ICT 发展推动二氧化碳减排的阶段。李寿国和宋宝东（2019）利用 2008～2016 年省级层面数据实证检验了互联网发展对碳排放的线性和非线性关系，研究发现经济发展和碳排放存在倒“U”型关系，现阶段我国互联网的发展提高了人均碳排放量，但互联网发展水平超过门槛时又会抑制碳排放增长。

也有研究发现互联网对环境影响机制较为复杂，可能存在改善和恶化环境的双重效应。Avom 等（2020）研究了 21 个撒哈拉以南的非洲国家 1996～2014 年 ICT 与环境之间的关系及其传导机制，结果显示 ICT 使用显著降低了二氧化碳的排放，同时ICT的使用增加了能源的消耗，而ICT通过对外贸易降低了二氧化碳的排放，但ICT与二氧化碳的总效应是正相关的，ICT的发展恶化了环境。Amri等（2019）使用自回归分布滞后模型（ARDL）研究了突尼斯1975~2014年二氧化碳排放、全要素生产率和ICT之间的关系，结果显示ICT对二氧化碳减排效应虽然为负但统计上并不显著。

1.2.4 关于互联网与产业低碳发展的研究

1.2.4.1 互联网与产业转型升级

当前大多文献支持互联网有助于促进制造业转型升级，但对我国东中西地区的异质性作用却存在差异。纪玉俊和张彦彦（2017）分析了互联网对制造业升级的影响，研究发现互联网对制造业升级具有显著的正向影响，且对东部地区作用显著而中西部地区不显著。石喜爱等（2017）研究结论同样支持互联网促进中国制造业转型升级这一观点，发现互联网能够促进制造业向高度化和合理化进行转型升级，但对中部地区的影响最大，西部次之，东部最小。严北战和周懿（2020）从供给侧和需求侧分析互联网对制造业转型升级的影响，研究发现互联网能够促进制造业转型升级，但互联网需求侧对制造业升级的影响较大，而“互联网+”供给侧的影响不明显。石喜爱等（2018）从价值链攀升视角研究制造业转型升级，研究发现互联网有利于促进制造业价值链攀升，并通过空间外溢效应拉动周边地区制造业发展。许家云（2019）基于1995年互联网商用为自然试验，分析了互联网在工业结构升级中的作用，发现互联网通过生产率提升效应和资源配置效应显著促进了工业结构升级。

左鹏飞等（2020）研究了互联网发展、城镇化和产业结构转型升级的关系，发现互联网持续推动产业结构合理化，但与产业结构高级化存在倒“U”型关系，同时发现互联网与城镇化融合更能促进产业结构转型。柳志娣和张骁（2020）基于省级层面数据研究了互联网对产业结构转型升级的影响，研究发现互联网能够推动产业结构转型升级，并且互联网对市场化程度越高的地方，其产业结构高度化的促进作用更为显著。何大安和周法法（2022）研究了互联网平台应用对产业结构转型的影响，发现互联网平台应用能够通过增强技术创新和优化资源配置显著提升产业结构的合理化和高级化，但并未通过促进消费升级推动产业结构转型。叶初升和任兆柯（2018）利用地级市面板数据研究了互联网对经济增长和产业结构升级的影响，发现互联网在显著促进经济增长的同时还明显地促进了服务业部门的增长，从而有助于产业结构向服务业部门转型升级。但也有文献认为互联网不利于产业结构合理化，如徐伟呈和范爱军（2018）采用19个地区的产业面板数据研究发现，互联网仅能够驱动产业结构高级化，而不利于产业结构合理化，并认为这是由互联网与服务业的融合程度高于工业和农业造成的。

1.2.4.2 互联网与工业低碳发展的研究

当前，有部分文献从绿色发展的视角研究互联网或信息化对其的影响，但专门关注工业低碳转型发展的文献较少。例如，黄小勇等（2020）通过数理模型对互联网影响绿色经济增长的机制进行研究，发现互联网对绿色经济增长具有显著的促进作用，且互联网的普及程度与绿色经济发展程度呈正相关。张治栋和赵必武（2020）利用地级市层面数据研究发现，互联网和制造业的协同能够显著提升城市的绿色效率，并且互联网与制造业协同对城市绿色效率提升的间接效应大于直接效应。李金林等（2021）运用空间滞后模型和中介效应模型研究了互联网发展对城市绿色经济效率的影响及其作用机制，发现互联网发展能够同时推动本地区和周边地区城市绿色经济效率，互联网发展对东部地区和大型城市的影响效应更为显著，产业结构高级化和合理化是互联网影响绿色经济效率的重要途径。Yu（2022）研究了互联网对中国工业绿色发展的影响，结果表明互联网对当地和周边地区工业绿色全要素生产率均具有积极促进作用，机制研究显示互联网通过产业结构升级和技术创新作用于工业绿色全要素生产率的提升。

同时，部分文献从数字经济视角出发，研究数字经济对绿色发展或低碳发展的影响。例如，樊轶侠和徐昊（2021）利用2013~2017年省级面板数据实证研究发现，数字经济与经济绿色化之间存在倒"U"型关系，且与能源强度呈现"U"型关系，同时发现数字经济引致的收入效应和电力消费依赖形成的能源回弹效应是构成倒"U"型的主要因素。韩晶和陈曦（2022）研究了数字经济赋能绿色发展的内在机理，并基于地级市层面数据实证发现数字经济能够通过技术创新、企业成长和产业结构优化三条路径赋能绿色发展。刘强等（2022）基于省级面板数据实证分析了数字经济对绿色经济效率的影响，研究发现数字经济通过优化产业结构、促进技术创新和深化市场程度显著提升了绿色经济效率。郭丰等（2022）研究了数字经济对城市碳排放的影响，发现数字经济能够通过绿色技术创新显著促进城市碳减排，并且减排效应在东部地区、高人力资本城市和非资源型城市更为显著。邬彩霞和高媛（2020）则研究了数字经济驱动产业低碳发展的机制和效应，认为数字经济通过提高能源和资源的利用效率推动产业低碳转型发展，实证研究发现数字经济对低碳产业发展具有显著的驱动作用。

此外，也有文献从信息化和工业化融合视角研究工业绿色发展。谢康等

(2012) 对我国工业化和信息化融合（以下简称两化融合）质量进行理论分析和实证检验，研究发现两化融合虽然可以促进产业结构高级化，但是对减少单位地区生产总值电力和能源消耗影响较小。张亚斌等（2014）研究了两化融合对中国工业环境绩效的影响，发现两化融合水平的提升有效抑制了重化工业引致的环境污染和碳排放，异质性发现两化融合对国有企业环境绩效改善作用更大，高新技术产业虽能降低污染水平但会使碳排放稍微增加。岳良文等（2017）探讨了工业化、信息化和绿色化互动问题，发现互动发展水平从东部—中部—东北—西部呈递减趋势，认为国内外信息化和绿色化融合理论、政策和实践仍属于空白。

从已有文献看，秦业等（2015）、李少林等（2021）和卢福财等（2021）发表的论文是少有的几篇专门研究互联网与工业绿色发展的文献。秦业等（2015）分析了互联网与制造业融合发展助力生态文明建设的实践，认为制造企业通过网络化制造协调平台、以互联网平台为基础的全生命周期服务能力及依托互联网打通全价值链等能够提高资源利用效率、降低企业运行损耗。李少林和冯亚飞（2021）以区块链产业兴起为准自然试验对区块链影响制造业绿色发展的效应及其作用机制进行研究，发现区块链能够通过提高数字化全要素生产率、绿色技术创新和能源利用效率倒逼企业绿色转型。卢福财等（2021）利用地级市层面数据研究发现，互联网通过促进创新、降低成本、外部监督和结构转型等途径促进了工业绿色全要素生产率提升。

由以上文献梳理可知，关于互联网与产业发展的研究中，尽管有文献研究互联网与产业结构转型、互联网与产业绿色发展，但鲜有文献从工业领域视角出发，研究互联网对工业低碳发展的影响，而本书研究互联网对工业低碳转型的影响有助于丰富这一领域的文献。

1.2.5 关于互联网与低碳技术创新的研究

当前有较多文献研究互联网与技术创新的关系，但关注互联网对绿色创新或低碳技术创新的文献相对较少。

1.2.5.1 互联网对技术创新的影响

当前文献多数认为互联网促进了技术创新水平。王文娜和刘戒骄等（2020）以及王可和李连燕（2018）基于 2012 年世界银行中国企业调查数据，研究发现研发部门的互联网使用能够显著促进技术创新，而融资约束则会削弱互联网对技术创新的作用。与上述研究不同的是，武建龙等（2021）以蔚来新能源汽车为例研究了“互联网+”对创新生态系统构建的影响，认为“互联网+”从互联网技术交叉融合和互联网平台集成两个维度促进研发、制造和应用服务协同，进而提高创新生态效率。李雪等（2022）利用空间计量模型检验了互联网发展水平对区域创新的影响，发现互联网通过知识溢出促进创新，但存在东部地区正向促进效应显著而中部地区不显著的区域异质性问题。也有文献研究互联网基础设施对创新的影响，如赵星（2022）研究新型数字基础设施对技术创新效应的影响，发现新型数字基础设施通过降低交易成本、优化资源配置和扩大技术溢出等途径提升了区域技术创新水平。刘传明和马青山（2020）则以"宽带中国"试验作为外生冲击，研究了网络基础设施对全要素生产率的影响，研究发现网络基础设施建设通过技术创新、产业结构升级和缓解资源错配等途径显著促进了全要素生产率。

互联网不仅促进了技术创新水平，而且还促进了技术创新效率。唐晓华等（2020）从"互联网+"视角研究了高新技术制造业技术创新效率，发现"互联网+"对于研发阶段的技术创新效率有显著的正向影响，而对于转化阶段的技术创新效率不具有显著影响。韩先锋、惠宁和宋文飞（2014）发现信息化有助于提升工业技术创新效率，认为信息化成为工业技术创新效率提升的新动力源，两者之间存在显著的倒"U"型关系，并且对技术密度低、污染程度小、规模较小及盈利能力较弱行业的促进效应更强。韩先锋（2021）利用省级面板数据，从政府研发资助的视角研究了"互联网+"对企业创新效率的影响，研究表明"互联网+"显著推动了企业创新效率的改善，并且"互联网+"创新溢出存在明显的政府资助三重门效应，只有政府资助强度达到一定门槛时才能释放"互联网+"的创新溢出效应。然而，与上述结论不同的是，郭家堂和骆品亮（2016）从互联网技术、互联网平台、互联网思维和网络效应 4 个维度分析了互联网对中国全要素生产率的作用，发现互联网对技术进步有显著的促进作用，但对技术效率具有抑制作用。

同时，也有文献对互联网促进技术创新的机制进行研究。余永泽等（2021）利用地市级面板数据研究了互联网发展对技术创新的影响及内在传导机制，结果表明互联网通过降低创新不确定性、竞争效应、拓宽融资渠道、推动商业模式创新及促进创新知识外溢等途径显著促进了技术创新。罗超平和胡猛（2021）通过上市公司企业数据研究发现，互联网通过成本和人力资本对制造企业存在显著的促进作用，互联网通过降低交易、治理成本及加速人力资本积累作用于企业创新。岑聪（2022）基于省级面板数据并运用空间计量模型研究了互联网技术发展对中国创新效率的影响，发现互联网对区域创新效率具有显著增长效应和正向空间溢出效应，且互联网对区域创新效率的影响存在以知识产权保护为门槛的非线性特征。

此外，还有文献从企业进口和价值网络创新视角研究互联网对创新的影响。佟家栋和杨俊（2019）利用中国制造业进口企业数据考察互联网对企业创新的微观影响及作用机制，研究发现互联网使用显著提升了制造业进口企业的创新水平，并且主要通过提升进口制造业企业进口产品质量来促进创新，同时发现互联网既可以促进独立创新也可以促进协同创新。程立茹（2013）研究了互联网经济下企业价值网络创新，认为在互联网经济下存在节点创新和网络价值、硬件创新和软件创新及企业创新和产业地位三大正反馈机制，价值网络通过制度创新和管理创新促进技术创新。

互联网除促进技术创新外，还有助于促进技术扩散。薛成等（2020）利用“宽带中国”实验检验了网络基础设施建设对企业信息和技术知识扩散的影响，研究发现良好的宽带网络设施不仅可以促进企业内部各子公司之间的技术扩散，还可以增加公司之间的技术扩散，这对子公司创新水平和公司之间联合创新水平都有积极促进作用。

1.2.5.2　互联网对绿色技术创新的影响

当前关于互联网对绿色技术创新的研究处于起步阶段，特别是在互联网对低碳技术创新影响领域研究文献较为缺乏。已有文献大多认为互联网、数字化等信息技术有助于促进绿色创新绩效。陈兵和王伟龙（2021）利用地级市层面数据研究了互联网、产业集聚对绿色创新效率的影响，发现互联网发展显著促进了绿色创新效率的提升，不同规模和资源禀赋的城市互联网发展和产业集聚对绿色创新效率的影响呈现显著的差异性。岳丽荣等（2020）从在线化、定制化、智能化和服务化 4 个维度刻画工业互联网对绿色创新绩效的影响，研究发现工业互联网对绿色创新绩效有积极影响。周慧慧等（2021）研究了制造业数字化转型对绿色创新绩效的影响，结果表明数字化转型对绿色研发绩效、绿色制造绩效和绿色服务绩效都有显著影响。金环等（2022）利用国家电子商务示范城市建设试点这一信息化冲击，运用双重差分研究了信息化对企业绿色技术创新的影响，结果表明信息化能够通过降低企业内部管理性交易成本和外部市场性交易成本推动企业绿色技术创新。刘保留等（2022）基于地级市层面数据研究了互联网发展对城市绿色创新的效应及其机理，发现互联网通过降低交易成本、提高技术水平和加强外部监督三个途径对城市绿色创新产生积极促进作用，且互联网对绿色发明专利、中西部地区和大型城市的促进作用更为明显。

从以上文献梳理可知，互联网对绿色技术创新影响的文献相对较少，对低碳技术创新影响的研究几乎没有，而本书则试图研究互联网对低碳技术创新影响，以此探讨互联网作用于工业低碳转型的具体路径。

1.2.6 研究述评

综观上述文献可知，当前文献探讨了互联网对能源消耗、碳排放、产业发展及技术创新四个方面的影响。互联网对能源消耗和碳排放有正向、负向、非线性等多种影响，当前学术界也并没有统一的结论。而在产业发展和技术创新方面，互联网对其存在积极的促进作用被多数文献证实，但多数文献并没有关注互联网对产业低碳转型和低碳技术创新的影响。具体而言，互联网与低碳转型相关文献主要有三类：

第一类文献探讨了互联网对碳排放或能源消耗的影响。这类文献主要是从国家或区域等宏观层面进行研究，研究结论不尽相同，表明互联网对碳排放或能源消耗存在较为复杂的关系。在这一类文献中，多数基于 ICT 和互联网发展对碳排放或能源消耗的直接影响，而未深入到互联网对产业发展的赋能作用，这主要受互联网发展水平较低、互联网赋能作用较弱等因素影响，具有一定的历史局限性，但突出了学术界对互联网对碳排放或能源消耗影响的关注。

第二类文献研究了互联网对产业发展的影响。这类文献主要研究互联网对产业结构合理化、高级化的影响，而互联网对产业绿色化、低碳化的研究仍然相对较少。多数文献证实，互联网有助于促进产业结构合理化和高级化，互联网也有助于推动产业绿色化，但在互联网对产业低碳化研究领域仍然研究不足，其影响效应也有待于进一步研究和探讨。

第三类文献研究了互联网对技术创新的影响。这类文献主要是从技术创新水平、技术创新效率、技术创新机制以及绿色创新等微观层面进行研究，研究结论大多支持互联网促进了技术创新水平及效率提升，也有助于绿色技术创新。但由于绿色技术创新范围较广，目前关注互联网对低碳技术创新的文献仍然较少，而在碳达峰碳中和背景下深入研究互联网对低碳技术创新具有重要意义。

由上可知，较少文献将互联网作为影响工业低碳转型因素，而在互联网对工业低碳转型相关领域的研究中，多数文献从国家或区域等宏观层面研究互联网对能源消耗、碳排放及其效率的影响，而缺乏从中观层面的产业出发进行具体行业能源消耗及其效率研究。同时，在研究互联网对产业发展影响时，主要从产业结构转型升级进行研究，而在互联网对产业绿色化研究方面相对较少，互联网对工业等具体行业结构低碳化的研究更为缺乏，有必要加强这一领域的研究。此外，在互联网对技术创新的研究中，虽有文献研究互联网对技术创新水平及效率的影响，但在绿色技术和低碳技术创新上却鲜有文献进行深入研究，特别是在作用机制的剖析上缺乏机理分析。因此，为弥补当前文献在互联网对低碳转型研究中的不足，本书从互联网视角出发，研究互联网对工业能源效率、工业结构低碳化和工业低碳技术创新的影响效应及其机制，试图揭示在互联网等新一代信息技术对工业低碳转型的具体影响，以及通过何种机制作用于工业低碳转型，从而为“十四五”时期甚至未来更长时期内运用互联网加快工业低碳转型、助力工业碳达峰碳中和提供理论基础与政策参考。

1.3 研究目标与内容

1.3.1 研究目标

在互联网与产业深度融合及我国大力推动经济低碳转型背景下，互联网对工业低碳转型会产生何种影响及其影响机制是什么成为本书研究的主要目标。互联网对产业发展产生的影响逐渐增强，不仅提升了传统产业的互联网应用水平，还催生了一大批新产业、新业态和新模式，但互联网发展是否有利于我国经济低碳转型？如果有，那么影响机制是什么？这些都是需要进一步研究的问题。基于以上问题，本书将研究目标分为以下几方面：

（1）在界定互联网发展水平和工业低碳转型基本概念的基础上，重点构建理论分析模型，分析互联网对能源效率、产业结构低碳化和低碳技术创新的影响，并从机理上详细阐述互联网对以上三个层面的作用机制，从而为实证分析和政策建议奠定了基础。

（2）基于区域、行业和企业层面数据，实证研究互联网对工业能源效率、工业结构低碳化和工业低碳技术创新的具体影响，并且检验互联网对其影响的作用机制，从实证层面为理论分析提供经验证据。

（3）基于理论分析和实证分析结果，从能源效率、产业结构低碳化和低碳技术创新三个层面出发，提出互联网赋能工业低碳转型的政策建议，为加快我国工业低碳转型和尽早实现工业领域碳达峰碳中和提供政策参考。

1.3.2 研究内容

本书以工业低碳转型为研究对象，探讨互联网发展水平对工业低碳转型的影响机理及效应。首先，根据低碳经济转型的概念和内涵及我国高质量发展的现实要求，将工业低碳转型细分为工业能源效率提升、工业结构低碳化及工业低碳技术创新三个层面内容，分别对应经济高质量发展中的效率变革、质量变革和动力变革三个方面，并从发展现状和存在的问题两方面对上述三个方面进行详细分析。其次，基于历次工业革命中技术演变特点及其对低碳转型的影响，分析处于新一轮工业革命和技术革命历史性交汇点的互联网发展演变历程，重点突出互联网发展对低碳转型的多方面影响，以及我国当前关于互联网发展与低碳转型相关的政策演变。再次，基于熊彼特多部门模型和阿西莫格鲁环境与定向技术变革模型，从理论上分析和推演了互联网对工业能源效率、工业结构低碳化及工业低碳技术创新三个方面的影响机理。最后，运用双重固定效应模型、双重差分模型、GMM 模型等实证方法对理论分析中提出的命题假设进行检验。具体而言：

第 1 章，绪论。主要介绍了互联网发展对工业低碳转型影响机理及效应研究的背景及其意义，同时根据本书对工业低碳转型的定义，从能源效率、产业结构低碳化和绿色低碳技术创新三个方面进行文献综述，对已有文献进行述评并提出本书对已有研究的改进。

第 2 章，我国互联网和工业低碳转型发展的现状及问题分析。首先，对互联网发展演进和我国工业低碳转型的总体概况和存在的问题分别进行梳理和分析。其次，从工业能源效率、工业结构低碳化和工业低碳技术三个层面出发，具体分析工业低碳转型现状及存在的问题。

第 3 章，互联网发展水平影响工业低碳转型的机理分析。首先，本章界定了互联网发展和工业低碳转型概念并介绍了相关理论，在此基础上结合现有关于低碳转型理论推演出工业低碳转型的三个具体层面，即工业能源效率、工业结构低碳化和工业低碳技术创新。其次，运用熊彼特多部门模型和阿西莫格鲁环境与定向技术变革模型从理论上分析了互联网对工业能源效率、工业结构低碳化和工业低碳技术创新的影响机理和具体作用机制，从而提出了本书的研究命题。

第 4 章，互联网发展水平对工业能源效率影响的实证分析。根据第 3.3 节理论分析结果，本章从区域和企业两个层面出发，研究了互联网对工业能源效率的影响机制和效应。首先，基于 2006~2019 年中国省级层面数据，运用熵权法测算了期间中国互联网发展水平和采用 SBM-GML 方法测算了期间中国工业全要素能源效率，运用双重固定效应、GMM 模型及工具变量等方法实证检验了互联网对工业全要素能源效率的影响。同时，对研究结论进行内生性、稳健性和异质性分析。此外，分别从要素配置、技术创新、环境监督和回弹效应四个方面出发研究了互联网对工业全要素能源效率的具体作用机制。其次，为进一步探讨企业层面互联网对能源效率的影响，本章基于 2001~2010 年中国工业企业数据和中国工业企业污染数据库匹配数据，从微观层面研究互联网对工业企业能源效率的影响，并且对研究结论进行内生性、稳健性和异质性检验。最后，从要素优势配置、技术创新能力和环境规制水平三个方面进行作用机制检验。

第 5 章，互联网发展水平对工业结构低碳化影响的实证分析。根据第 3.4 节的理论分析结果，本章研究互联网对工业结构低碳化的影响。根据工业行业碳排放强度平均值分为低碳行业和高碳行业，以此度量工业结构低碳化水平，并基于 2006~2019 年中国省级层面数据实证检验互联网对工业结构低碳化的影响。同时，对研究结论进行了内生性、稳健性和异质性分析，并从产业结构合理化和能源结构清洁化两个层面进行了作用机制分析。此外，为进一步证实互联网通过生产制造服务化（服务型制造）对工业结构低碳化的影响，本章还利用 2005~2018 年中国投入产出表数据，从行业层面度量了互联网发展水平和工业行业服务化程度，并对结论进行内生性、稳健性和异质性分析，最后运用中介效应模型检验了互联网发展、服务型制造和低碳发展的关系。

第 6 章，互联网发展水平对工业低碳技术创新影响的实证研究。根据第 3.5 节的理论分析结果，本章研究互联网对工业低碳技术创新的影响。基于 2003~2019 年中国 285 个地级市层面数据，以及 CPC-Y02 低碳技术分类，采用“宽带中国”试点政策作为外生冲击，运用双重差分法实证检验了互联网对工业低碳技术创新的影响。同时，在运用双重差分法时进行了平行趋势和动态效应检验，并采用工具变量法对研究结论进行内生性检验。最后，本章从创新要素整合、创新方式变革和技术扩散加速三个方面探讨了互联网影响工业低碳技术创新的作用机制。

第 7 章，研究结论与对策建议。本章对全书的研究进行概括性总结，并根据研究结论从工业能源效率、工业结构低碳化和工业低碳技术创新三个方面提出具体的政策建议。

1.3.3 研究框架

本书研究技术路线如图 1-1 所示。

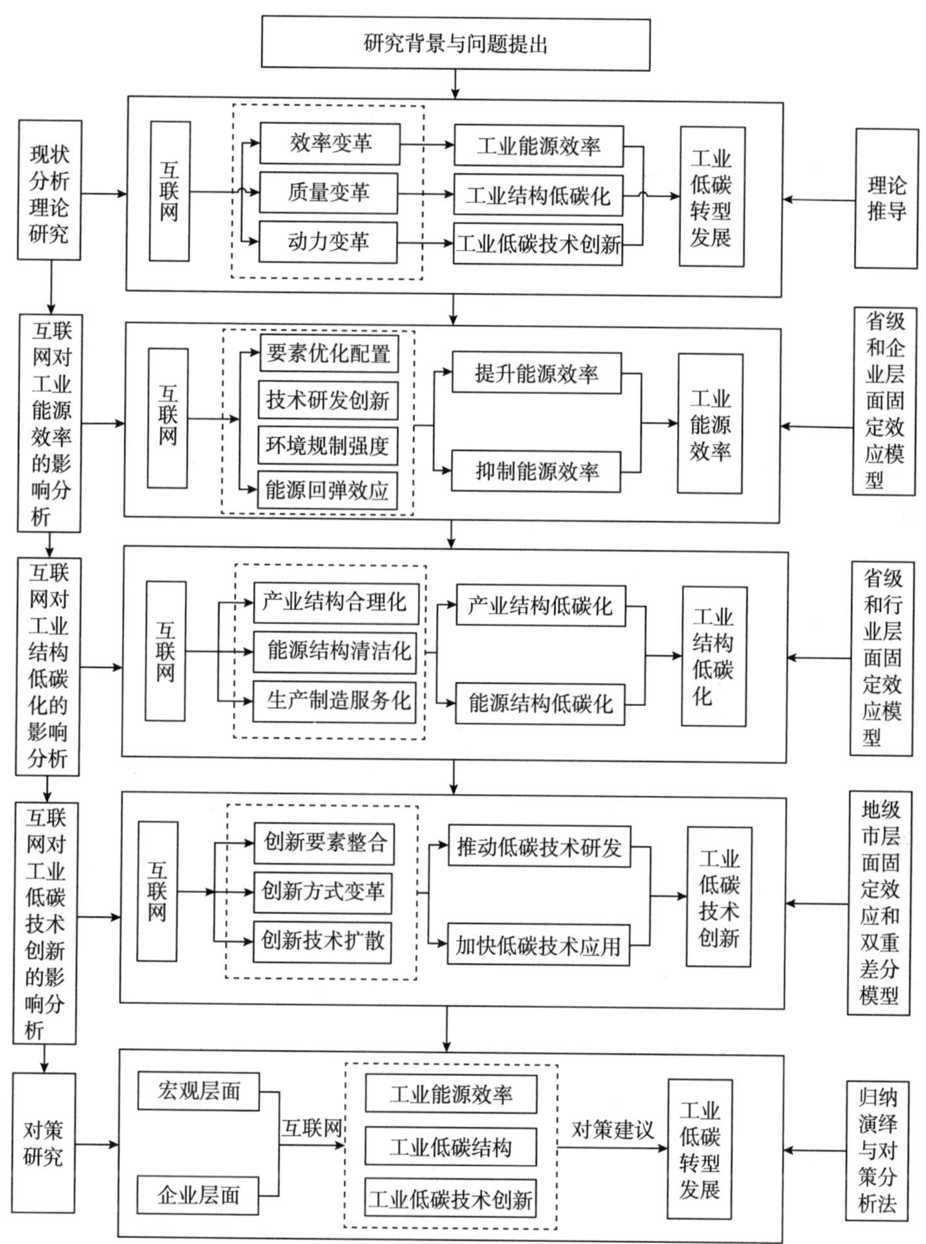

图 1-1　本书研究技术路线

1.4 研究方法

本书研究主要涉及产业经济学、信息经济学和环境经济学等学科领域，主要运用理论推演和实证分析的方法提出本书的研究命题并进行验证。具体而言，本书采用文献研究法、理论分析法、实证分析法和比较分析法等方法研究互联网发展水平对工业低碳转型发展的影响机理及效应。

1.4.1 归纳法

通过收集和阅读国内外关于互联网发展与工业低碳转型相关论文、书籍和报告等资料，总结和归纳现有文献研究的方向和重点，并在此基础上进一步扩展，从而提出本书研究的思路和框架。

1.4.2 理论分析法

本书基于熊彼特多部门模型和阿西莫格鲁环境与定向技术变革模型，并将互联网、能源、工业结构、低碳技术等纳入模型，从理论上分析了互联网对工业能源效率、工业结构低碳化及低碳技术创新的影响，推演出互联网对工业能源效率的影响机制、互联网对工业结构低碳化的作用途径及互联网赋能低碳技术创新进而推动低碳转型的理论命题，为本书研究奠定了较好的理论基础和为实证研究提供了具体的研究方向。

1.4.3 定量分析法

在理论推演的基础上，本书基于省级层面、地级市层面、行业层面和企业层面等中观和微观数据，使用双重固定效应模型、双重差分模型对研究命题进行实证分析，同时采用工具变量法、GMM 模型等方法对研究结论的内生性和稳健性进行检验，并结合研究命题特点进行相应的异质性分析，较好地证明了理论分析中提出的命题。

1.4.4 比较分析法

本书采用比较分析的方法研究互联网发展水平和工业低碳转型的区域和行业

差异，以及与西方发达国家存在的差距。本书在第 2 章使用了比较分析法研究我国互联网发展和工业低碳转型的区域、行业差异及我国在世界中的位置，从而有助于正确认识和把握我国互联网和工业低碳发展的现状和问题。

1.5 创新之处与不足

1.5.1 创新之处

（1）在研究视角方面，本书探讨互联网对工业低碳转型的影响机理及效应，从工业能源效率、工业低碳结构和工业低碳技术创新三个层面进行具体分析。部分文献虽然研究了互联网对绿色发展或能源效率的影响，但并没有聚焦到低碳发展和工业层面，而互联网对工业低碳结构和工业低碳技术的影响机理及效应研究仍然较为不足。本书从互联网视角研究工业低碳转型，聚焦工业低碳转型的三个具体层面，有助于弥补该领域研究的不足，为工业低碳转型发展提供新的研究视角。

（2）基于熊彼特多部门模型和阿西莫格鲁环境与定向技术变革模型，构建含有互联网发展、能源效率、工业低碳结构及低碳技术等在内的综合分析框架，从边际上拓展了内生经济增长和可持续发展理论，从理论上证实了互联网能够推动工业低碳转型发展，从而得到互联网能够促使工业文明和生态文明有机融合统一新认识，进而改变了历次技术革命作用下工业生产对环境和气候造成的负面影响。这为深入理解互联网发展与工业低碳转型的内在联系及演进趋势提供了新的理论视角。

（3）基于区域、行业、企业层面数据和双重固定效应、双重差分等计量模型，印证了互联网能够推动工业能源效率提升、促进工业结构低碳化及推动工业低碳技术创新，并揭示了互联网对工业能源效率、工业结构低碳化和工业低碳技术创新的具体作用机制。这为我国推动互联网等新一代信息技术在低碳转型发展中发挥更大作用提供了理论支撑和经验支持，从而为我国加快工业低碳转型及实现碳达峰碳中和目标提供了新的政策启示和路径导向。

（4）利用工企—污染数据、投入产出表数据及中国碳排放数据，较好地解决了变量识别难题。正确的因果识别策略是保证回归结果稳健性的重要保证。当前鲜有文献研究互联网对企业层面低碳发展的影响，最大的障碍在于企业层面互联网发展水平和低碳水平难以衡量。本书通过中国工业企业数据与中国工业企业污染数据的匹配，较为精准地衡量了企业层面互联网发展水平和低碳水平，从而有助于精准识别因果关系。同时，采用投入产出表数据，利用互联网行业对制造业的投入系数较为精准地识别了行业互联网发展水平。此外，还利用中国碳排放数据库（CEADs）数据，根据30个省份38个工业行业连续14年碳排放数据用于行业结构低碳化衡量，这均有助于提高因果识别质量。

1.5.2 不足之处

（1）第3章中使用理论模型推导互联网影响工业能源效率和工业结构低碳化的机制时，没有将能源回弹效应和服务型制造分别纳入理论模型，而是采取机理分析的方式进行阐述，存在一定的不足。

（2）本书在衡量工业低碳技术创新时，通过对比CPC-Y02中低碳技术专利，选择其中与工业相关的专利。由于较少文献专门针对工业低碳技术专利，因此分类方法也较少，本书采取的分类方法可能导致部分偏差。

（3）由于衡量企业层面互联网发展水平和能源消耗的数据较为缺乏，虽然本书使用中国工业企业数据库与中国工业企业污染数据库匹配数据较好地解决了该问题，但是数据只到2010年，不能完全反映互联网对企业能源效率的全部影响。

（4）刻画技术扩散的理想变量是技术被各地区企业引用的次数，但是现阶段很难有针对各项技术的引用率数据，只有各省份用于技术引进的金额，这样虽然能够部分衡量技术扩散的程度，但是却难以准确度量某类具体技术的扩散趋势。因地级市层面技术扩散衡量指标缺乏，本书采用省级层面数据研究互联网通过技术扩散作用于低碳技术创新，存在一定的不足之处。

2 我国互联网和工业低碳转型发展的现状及问题分析

2.1 互联网发展历史演进及现状分析

2.1.1 互联网发展演变

2.1.1.1 互联网的兴起与发展

互联网发展的演变始于信息通信技术。信息通信技术（Information and Communications Technology，ICT）是信息技术的扩展形式，是数据和信息收集、处理、储存、传输和交换的计算机应用和通信技术的集成，它更侧重通信的作用及其与计算机网络的融合，包含无线电、电视、手机、计算机和网络硬件、卫星系统等通信设备，以及与之相连接的服务和设备。ICT 概念中已包含数字化和网络的内容，强调以计算机为核心对信息和数据进行数字化储存和网络化传输，因此当前互联网、数字经济等概念都是建立在 ICT 基础之上的。随着交换技术从电路到分组转变、传送技术从点对点通信到光互联网通信转变、接入技术从窄带到宽带转变、无线技术从 3G 到 5G 转变，通信技术进步为互联网发展奠定了技术基础。信息通信技术是互联网发展的底层技术，互联网是信息通信技术不断发展的产物。

互联网是以 TCP/IP 通用标准协议连接的网络之间所串联而成的巨大网络，也被称作“国际互联网”。20 世纪 50 年代，随着分散网络、排队论和分组交换研究的进展，促进了计算机用户在通信网络之间的常规通信。1960 年美国国防部出于冷战考虑创建了阿帕网（ARPANET），阿帕网网络节点由最初的 2 个逐渐发展至1971年的15个，1973年挪威地震数组所成为美国本土之外第一个连接阿帕网的网络节点。1974年，随着定义网络之间的信息传输协议的TCP/IP的提出，美国国家科学基金会（National Science Foundation，NSF）于1986年建立了基于TCP/IP协议的NSFNET，这主要在美国、欧洲、日本、澳大利亚等国家的学术科研机构之间使用。1990年，构成万维网所需的超文本传输协议、超文本标记语言、网页浏览器、网页服务器和网站等工具均已具备，互联网商业化步伐不断加快，直至1995年完全商业化。接入互联网成为使用互联网的先决条件，接入方式由最初的拨号接入变成有线和无线接入，接入设备也朝移动设备方向发展，传输速度从最初的14.4kbps到上百兆甚至1Gbps。接入方式便捷化、接入设备多元化和传输速度快速化加速了互联网普及和互联网商业化进程。

信息技术的日新月异为互联网的飞速发展奠定了基础。1965年英特尔创始人戈登·摩尔提出了著名的摩尔定律，即在价格不变的情况下集成电路上可容纳的晶体管数每18个月增加1倍，性能也将增加1倍。自摩尔定律提出以来，处理器速度、存储容量、下载速度等呈现指数级增长，信息产品在价格大幅下降的同时，性能却得到了迅猛提高。例如，1TB硬盘存储在1980年的价格为1400万美元，但是在2022年下降到30美元左右。信息技术不断提高和信息产品价格大幅下降有力推动了互联网设备的普及和应用，有助于推动互联网与企业生产经营活动和个人生活的加速融合，极大地促进了新技术、新商业模式、新业态等新经济的发展，为互联网与实体经济全面深度融合奠定了扎实基础。

互联网通过移动或固定设备能够连接世界范围内的任何地方，即使是缺乏水、电或其他基础设施的地方也能够通过移动互联网与外界进行联系。随着移动互联网的兴起，互联网对生产和生活的渗透率进一步提高，促使互联网与实体经济融合程度不断提升，互联网也逐渐成为和水、电、气等同等重要的基础设施，深刻地影响着经济社会发展的各个领域。互联网超越了军事和技术层面的范畴，已经对人类经济社会的发展演进产生了全面而深刻的影响，它从最初的电脑之间的连接扩展至人与人之间的广泛互联，在原有的资料传输和共享基础上实现了质的飞跃，为人类的生产生活插上了新的翅膀。互联网是20世纪最伟大的发明之一，互联网的迅猛发展促进了经济生产方式的变革，增加了人类认识和改造世界的能力。

2.1.1.2　技术变革视角下的互联网发展

2012年美国通用电气公司（General Electric Company，以下简称GE公司）发布的《工业互联网——打破智慧与机器的边界》（*Industrial Internet：Pushing the Boundaries of Minds and Machines*）报告中首次提出工业互联网概念，并在

航空、能源、医疗、铁路、电力等 9 个行业部署工业互联网项目。GE 公司提出的工业互联网主要是关于产业设备和信息技术融合发展的，将智能设备、智能系统和智能决策作为关键要素，目标是通过高性能设备、低成本传感器、互联网、大数据收集和分析等技术组合，以提升现有产业生产效率及创造出新产业。GE 公司将工业互联网定位为新一轮革命，原因在于，从 18 世纪中期到 20 世纪初爆发的“工业革命”是产业界的第一场革命，20 世纪末爆发的“互联网革命”则是第二场革命，而工业互联网将前两次革命的产业设备和信息技术有机融合创造出了第三场革命。这与英国《经济学人》杂志将生产方式变革作为工业革命划分标准较为接近，第一场工业革命中包含水力机械化和电力机械化，第二场工业革命是信息化和自动化，第三场工业革命则是数字化和智能化①（见图 2-1）。

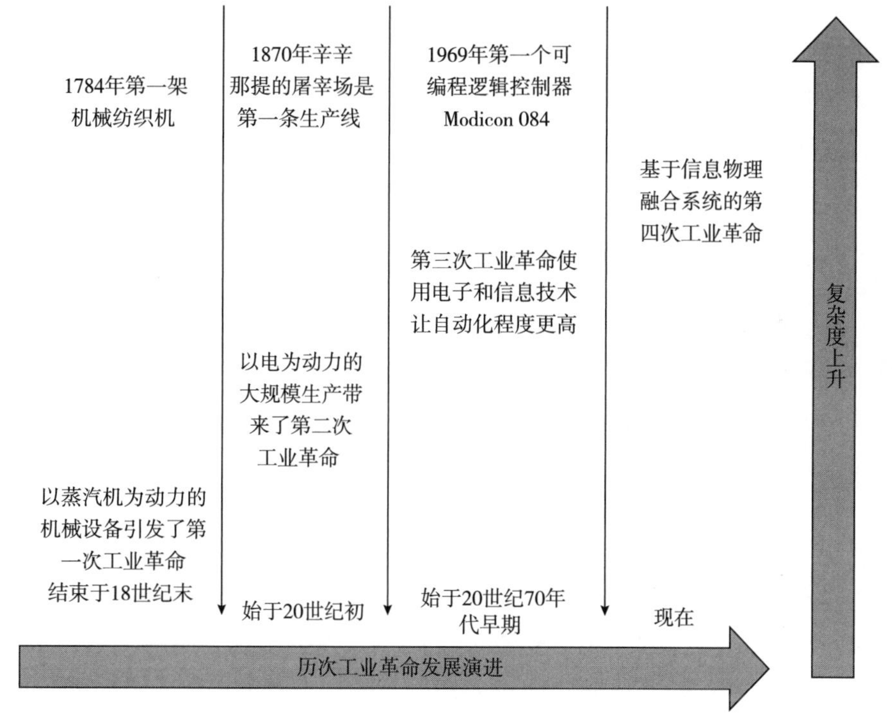

图 2-1　历次工业革命演进历程

资料来源：德国人工智能研究中心（DFKI），2011 年。

① 另一种关于第三次工业革命的划分以美国未来学家杰米里·里夫金的《第三次工业革命》为代表，划分标准是通信技术与能源技术的结合方式，互联网技术与能源技术的融合推动了第三次工业革命。这与美国通用电气公司提出的工业互联网、英国《经济学人》杂志提出的第三次工业革命及德国工业 4.0 侧重互联网与制造业融合有较大差异。

德国工业 4.0 与上述划分有异曲同工之妙，但更侧重新一代互联网技术与制造业的融合，将信息时代再细分为基于信息技术的自动化阶段（工业 3.0）和基于信息物理系统的智能化阶段（工业 4.0）。工业 3.0 只是广泛使用可编程逻辑控制器（Programmable Logic Controller，PLC）向物理世界单向输出信息，而工业 4.0 则是通过信息—物理系统（Cyber-Physical System，CPS）实现物理世界和信息世界的双向互动。工业 1.0 和工业 2.0 均是工业机械化，只是能源驱动力分为水力和电力的区别。

2013 年 4 月，德国政府在汉诺威工业博览会上推出由德国工程院、弗劳恩霍夫应用研究促进协会、西门子、博世等学术界和产业界联合发布《工业 4.0 实施建议》，这标志着德国将工业 4.0 上升为国家战略。工业 4.0 的核心在于信息物理系统，信息物理系统通过将物理设备连接到互联网的方式使物理设备具有计算、通信、控制、远程协调和自治五大功能，从而实现虚拟网络世界与现实物理世界的深度融合。基于信息物理系统的智能工厂能够实现人、设备、产品的协调互动，推动人类智能和机器智能的协同。工业 4.0 旨在通过信息物理系统（CPS）将工业生产过程中的决策、设计、供应、制造和流通数字化、智能化，从而促使全国形成快速化、个性化、多样性的产品供应体系，以在新一轮工业革命和技术革命中赢得制造业发展先机，从而“确保德国制造的未来”。

2.1.1.3 我国互联网发展演变

1994 年 4 月 20 日，中国通过美国 Sprint 公司连入国际互联网，实现了与国际互联网全功能连接，中国逐步进入互联网快速发展的新阶段，开启了中国全面铺设信息高速公路的新纪元。2015 年的《政府工作报告》中提出“互联网+”行动计划。我国高度重视互联网与实体经济融合发展，在 2015 年的政府工作报告中就提出“互联网+”行动计划，随后发布了《关于积极推进“互联网+”行动的指导意见》，提出“互联网+”在创新创业、协同制造、现代农业、智慧能源、普惠金融、益民服务、高效物流、电子商务、便捷交通、绿色生态、人工智能等领域的重点行动，以到 2025 年实现网络化、智能化、服务化、协同化的“互联网+”产业体系成为经济社会创新发展的重要驱动力。

2.1.2 互联网发展现状

2.1.2.1 互联网发展水平

（1）互联网资源状况。我国互联网资源整体上呈数量不断增多、质量不断提升的趋势，网页数和域名数都在持续增长，虽然发展过程中经历短暂下降，但总体增长态势依旧不变。网站个数和IPv4地址数则出现前期快速增长而后期相对平稳的趋势，IPv4由于长度仅为32位难以支撑日益增长的网址需求，从2015年起就基本稳定在3.86亿个左右，取而代之的是拥有长度为128位的IPv6。2017年，自中共中央办公厅和国务院办公厅联合下发《推进互联网协议第六版（IPv6）规模部署行动计划》以来，我国IPv6数量实现了在短时期内的大跃升。2021年我国IPv6地址数达到6.3亿块/32，Ipv6地址资源总量位居世界第一，Ipv6活跃用户数达6.08亿，这有效地满足了物联网、云服务等新一代信息技术对海量IP地址的需求（见图2-2）。

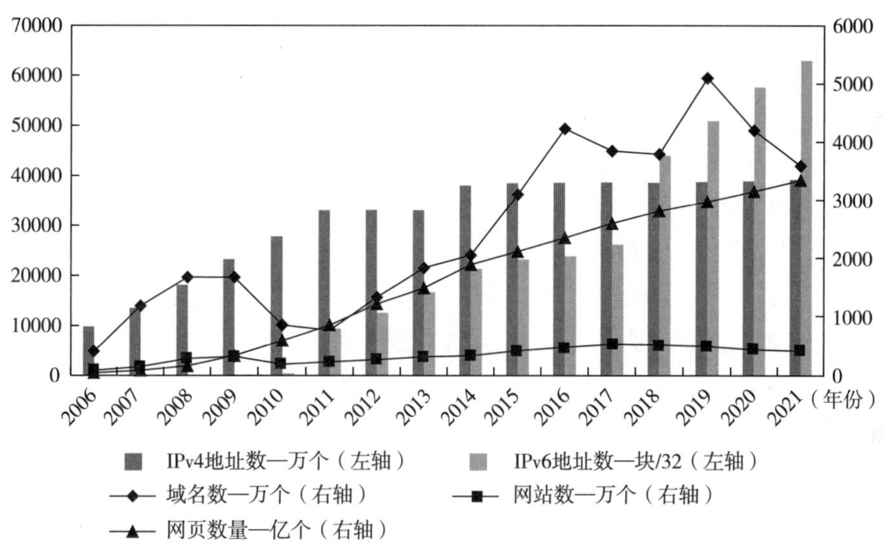

图2-2　2006~2021年我国互联网资源发展情况

资料来源：历年《中国互联网络发展状况统计报告》。

（2）互联网基础设施。基站是移动设备接入互联网的接口设备，能够在一定的覆盖区域内通过移动通信交换中心与移动设备进行信息传递，移动基站数量的多少可以反映地区网络通信能力的强弱。2021年底，我国移动电话基站数达到996万个，较2017年的619万个有较大幅度增加，其中4G基站590万个，5G基站142.5万个。5G基站从2018年3月首次在天津试用以来建设速度不断加快，2021年基本覆盖了全部地级市、95%以上县城城区及35%乡镇镇区，是全球规模最大的5G独立组网网络，占全球比重的70%以上。

数据中心是用于在互联网网络基础设施上传递、计算、储存、加速数据信息的全球协作网络设备，它是支持企业应用互联网的物理设备，对提升数据国家基础战略性资源和重要生产要素地位及加快建设数据强国具有重要意义。2021 年我国数据中心机架总规模超过 520 万标准机架，数据中心服务器规模高达 1900 万台，数据中心机架较 2017 年增加 2 倍，这为我国互联网高速发展奠定了坚实的基础。2021 年 5 月，国家发展改革委等四部门印发了《全国一体化大数据中心协同创新体系算力枢纽实施方案》，提出启动“东数西算”战略工程，在全国部署京津冀、长三角、粤港澳大湾区、成渝、贵州、内蒙古、宁夏、甘肃八大国家枢纽节点，从全局优化视角统筹我国数据中心一体化协同发展，这将有效提升全国网络互连互通水平和满足我国对数据资源存储、计算和应用的需求。

我国固定宽带速率呈现不断上升的趋势，2017~2021 年，固定宽带下载速率实现了较大幅度的提升，全国平均下载速率从 13.01Mbit/s 提升至 62.55Mbit/s，在 5 年时间里增长了约 4 倍，宽带速率大幅提升为互联网应用奠定了良好的基础。从区域层面看，我国固定宽带用户下载速率呈现从东部、中部到西部递减的趋势。从省市层面看，2021 年仅有上海、天津、北京、辽宁、江苏、山东、河南、浙江、重庆、河北 10 个省市宽带下载速率高于全国平均水平，其余省份则均低于平均水平，这说明省市之间下载速率仍存在较大的差异。

互联网骨干直联点是网络互连互通的关键枢纽，能够汇聚和疏通区域甚至全国网间通信流量，是我国互联网网间互联构架的顶层关键环节。2021 年我国国家级互联网骨干直联点数量已达到 19 个①，这有效提高了基础电信企业和大型互联网服务企业之间互连通道，有助于改善企业用网体验和提升用网效率。

（3）互联网普及程度。互联网普及是互联网应用的前提条件，互联网普及程度的高低能够直观反映互联网发展水平的整体情况。21 世纪以来，中国互联网普及率整体呈现上升态势，但在 2006 年之前普及率增速较为缓慢，而从 2006 年开始互联网普及率经历了长达 10 多年的快速增长期，2020 年普及率首次超过 70%，互联网已经成为中国经济社会发展不可或缺的重要基础设施。但是，从城乡地区互联网普及率看，互联网普及在城乡之间仍然存在较大的差距，2008 年以来城乡互联网普及率差距至少在 20 个百分点以上，2021 年城镇互联网普及率超过 80%，而农村地区则不到 60%（见图 2-3）。值得关注的是，近年来随着互联网基础设施建设向农村地区倾斜，城乡互联网普及率之间的差距逐渐缩小，实现了行政村“村村通宽带”，促进了农村产业融合发展。

---

① 按照国家批复先后顺序，这 19 个国家级互联网骨干直联点依次为北京、上海、广州、成都、武汉、西安、沈阳、南京、重庆、郑州、杭州、贵阳、福州、呼和浩特、南宁、太原、济南、青岛和南昌。

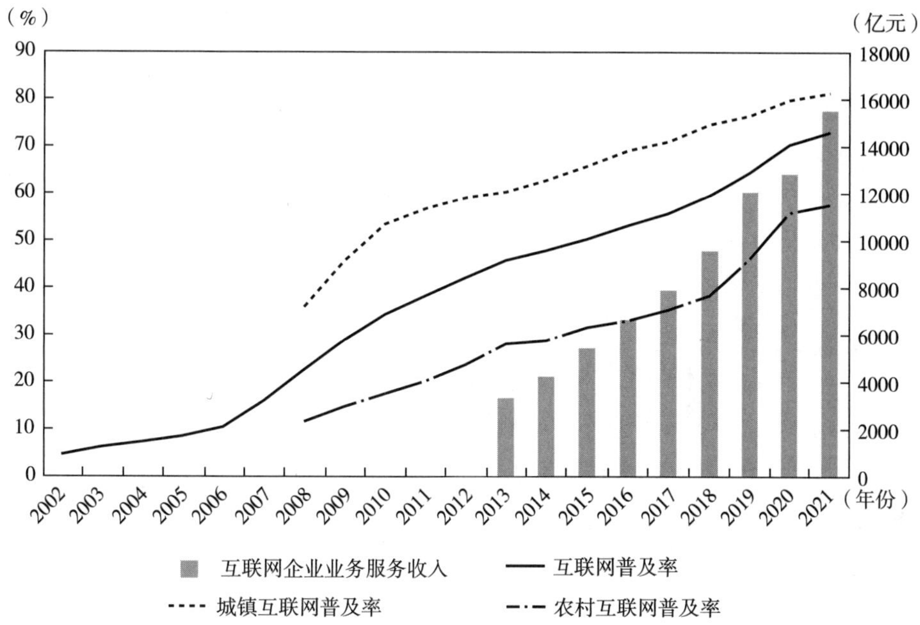

图 2-3　2002~2021 年中国互联网普及率和互联网企业业务服务收入

资料来源：历年《中国互联网络发展状况统计报告》。

（4）互联网产业应用。互联网服务收入快速增长。我国规模以上互联网服务业企业业务收入从 2013 年的 3300 多亿元上升至 2021 年的 15500 亿元，保持了快速增长的态势，年平均增速超过 20%，这反映出我国互联网企业迅速发展的良好势头①。互联网企业业务服务供给增加推动了产业互联网转型步伐，从而为发挥互联网赋能产业低碳转型奠定了基础。

工业互联网加速构建和应用。我国工业互联网已经应用到研发设计、生产制造和营销服务等各个环节，覆盖了 45 个国民经济重点行业。截至 2022 年 3 月，我国已经建立并运行北京、上海、广州、武汉、重庆五大国家顶级工业互联网标识解析体系，接入二级节点数 168 个，接入企业节点数超过 9 万家，形成了较为完备的工业互联网网络体系。在行业应用方面，工业互联网广泛应用于通用设备制造、石化、能源电力、工程机械、电子信息、汽车、航空航天、钢铁等领域，并且催生了网络化协同、服务型制造、个性化定制等新业态、新模式的发展。

互联网与制造业加速融合。我国互联网与制造业融合发展水平呈现显著的地

① 数据源自中国工业和信息化部。

区差异，从互联网与制造业融合的总体水平看，发展水平较高、中等和较低地区分布与东部、中部和西部区域划分高度重叠，反映出我国互联网与制造业融合发展水平是从东部向中西部逐渐递减的。各项细分指标也均符合东部—中部—西部逐渐降低的趋势，特别是在数字化研发设计工具普及和工业云平台应用两项指标上，东部和中西部相差分别在 10 个百分点和 20 个百分点左右，充分说明我国互联网与制造业融合发展过程中存在显著的“数字鸿沟”（见表 2-1）。

表 2-1　2021 年我国各省份互联网与制造业融合发展水平

分类	两化融合水平	生产设备数字化率（%）	数字化研发设计工具普及率（%）	关键工序数控化率（%）	应用电子商务比例（%）	实现网络化协同的企业比例（%）	开展服务型制造的企业比例（%）	开展个性化定制的企业比例（%）	智能制造就绪率（%）	工业云平台应用率（%）
较高	61.97	55.18	83.82	58.20	70.78	42.26	37.09	14.27	15.52	55.68
中等	53.47	48.61	73.56	53.96	63.17	34.06	25.22	9.95	11.12	46.05
较低	47.02	43.93	52.62	50.37	52.81	26.87	18.90	9.00	7.27	36.15
全国平均	57.80	51.50	74.70	55.30	65.60	38.80	29.70	10.30	11.30	50.40

注：根据互联网与制造业融合水平得分进行划分，将得分在 60 分以上的江苏、山东、浙江、上海、北京、广东、重庆、天津、福建划分为较高水平地区，将得分在 50~60 分的四川、安徽、河北、河南、湖北、湖南、辽宁、山西、内蒙古、陕西、江西划分为中等水平地区，将得分在 50 分以下的贵州、宁夏、吉林、黑龙江、云南、广西、海南、新疆、青海、甘肃、西藏划分为较低水平地区。

资料来源：全国两化融合服务公共平台。

2.1.2.2　我国推动互联网发展的政策措施

政策的推动加速了互联网基础设施建设和普及程度，为互联网赋能千行百业奠定了良好的基础。互联网基础设施建设是一项庞大的基础性工程，投资规模大、资金回收周期长且具有很大的正的外部性，需要国家主导建设投资。在互联网发展初期，基础设施建设成为首要任务，2013 年我国率先出台加强宽带网络等互联网基础设施建设的政策，从国家层面推进实施“宽带中国”战略，旨在提高我国互联网普及率及缩小我国与发达国家存在的“数字鸿沟”。随着互联网对经济、社会、生活等各方面逐渐产生日益深远的影响后，2015 年国务院开始启动实施“互联网+”行动计划，在创新创业、协同制造、智慧能源、绿色生态等 11 个重点领域全面实施“互联网+”行动。值得注意的是，这是我国首次在国家战略层面将互联网发展与绿色生态融合发展作为重要任务，是抓住全球新一轮科技革命和产业变革机遇破解我国资源环境约束的重要探索（见表 2-2）。

表 2-2 我国推动互联网发展政策一览

政策文件	颁布时间	主要内容
国务院关于印发《"宽带中国"战略及实施方案》	2013 年 8 月	推动网络宽带基础设施建设，提高固定宽带和移动网络普及率，促进网络基础设施区域平衡和城乡协调，推动网络应用水平，缩小与发达国家在网络基础设施上的差距
国务院印发《关于积极推进"互联网+"行动的指导意见》	2015 年 7 月	提出包含"互联网+绿色生态""互联网+智慧能源"等 11 个重点行动，进一步推动互联网与实体经济深度融合和协同互动，促进形成经济发展新动能
国家发展改革委办公厅印发《"互联网+"绿色生态三年行动实施方案》	2016 年 1 月	充分利用互联网加强资源环境动态监测，大力发展智慧环保，完善废旧资源回收利用，实现互联网与生态文明建设深度融合
国务院印发《关于深化制造业与互联网融合发展的指导意见》	2016 年 5 月	提高重点制造业骨干企业"双创平台"互联网普及率，提高能源利用效率，缩短新产品研发周期，以互联网与制造业深度融合助力制造强国建设
国务院印发《关于深化"互联网+先进制造业"发展工业互联网的指导意见》	2017 年 11 月	聚焦智能、绿色先进制造，提出夯实网络基础、打造工业互联网平台、加强产业支撑等主要任务，构建集网络、平台、安全于一体的工业互联网，助力先进制造业发展
中共中央办公厅 国务院办公厅发布《推进互联网协议第六版（IPv6）规模部署行动计划》	2017 年 11 月	抢抓互联网技术产业生态变革先机，提出加快互联网应用服务升级、加快互联网基础设施及应用基础设施改造升级等任务，建成全球最大的 IPv6 商业应用网络
工业和信息化部发布《工业互联网发展行动计划（2018—2020 年）》	2018 年 6 月	建成 5 个标识解析国家顶级节点和可适应工业互联网的企业外网络基础设施，构建一批工业互联网平台和推动 30 万家以上工业企业上云
中央深改委审议通过《关于深化新一代信息技术与制造业融合发展的指导意见》	2020 年 6 月	推动两化融合进入全新阶段，顺应科技革命和产业革命趋势，以智能制造为主攻方向，推动制造业数字化、网络化和智能化转型
工业和信息化部发布《工业互联网发展行动计划（2020—2023 年）》	2020 年 12 月	在 10 个重点行业打造 30 个 5G 全连接工厂，打造 3~5 个具有国际影响力的综合型工业互联网平台，重点企业生产效率提高 20% 以上，技术创新能力进一步提升
工业和信息化部发布《"双千兆"网络协同发展行动计划（2021—2023 年）》	2021 年 3 月	加强以千兆光网和 5G 为代表的"双千兆"网络建设，实施千兆城市建设行动，不断提高网络和 5G 承载能力水平，持续促进产业融合应用和用户体验提升
工业和信息化部发布《"十四五"信息化和工业化深度融合发展规划》	2021 年 11 月	实施"互联网+"绿色制造行动，加强新一代信息技术在污染监测、能源管理、碳减排等领域的积极作用

资料来源：笔者根据国务院政策文件库查询整理而得。

为落实“互联网+绿色生态”具体任务，国家发展改革委专门出台政策支持利用互联网加大环境监测和完善废弃物回收利用，但由于互联网与实体经济融合程度不深，这些举措仅仅着眼于发挥互联网基本的信息连接功能，而对互联网间接的物质替代、效率提升、结构升级等作用没有足够重视。随着互联网与制造业融合深度不断增加，互联网对绿色制造、智能制造的促进作用逐渐显现，2021 年发布的《“十四五”信息化和工业化深度融合发展规划》中明确提出“互联网+”绿色制造行动，提出加强互联网等新一代信息技术在碳减排、能源管理中的积极作用。互联网发展推动了以智能制造为重点为生产方式变革，促进了要素配置精准化、生产方式清洁化和能源管理节约化，特别是工业互联网和 5G 的融合发展，通过提升生产效率进而提升能源效率。因此，为进一步提升互联网对制造业发展的赋能作用，推动网络宽带等基础设施升级扩容和工业互联网与制造业深度融合成为政策发力的重点，同时发挥互联网等新一代信息技术赋能工业低碳发展也成为互联网发展政策中的一大亮点。

2.2 我国特色低碳经济转型发展历程及政策演变

2.2.1 我国低碳经济转型发展历程

节约能源始终是我国低碳经济的首要任务。改革开放以来，我国就逐步提出经济效益和能源效率并重、节约与开发并举的能源发展政策，始终将节约能源、提高能源效率作为低碳发展的首要选项，贯穿了“六五”计划至“十五”计划。作为发展中大国，中国推动工业化过程中对能源的需求量还在不断上升，在此背景下提高能源效率成为低碳发展的首要任务。这阶段主要是平衡低碳和发展的关系，在不能限制发展的前提下实现低碳的可选项并不多，当时经济发展方式以粗放型为主，能源技术水平较低、产业结构不合理，正处于工业化的重要时期，因此发展优先、兼顾低碳是该阶段时期低碳发展的主要特点。

21 世纪以来，由于长期粗放式发展导致的资源约束和环境问题越发严重，我国提出了节约能源和保护环境的基本国策，逐步提出以转变经济发展方式、加大节约能源力度等政策措施，并将单位 GDP 能耗作为约束性指标连续写入“十一五”到“十四五”国民经济和社会发展五年规划，并出台了一系列能源发展规划和节能减排工作方案。2010 年两会期间，我国将低碳发展确定为经济社会发展的重大战略，并将中国特色低碳发展道路写入“十二五”规划。2020 年 9 月 22 日，习近平主席在第七十五届联合国大会一般性辩论中指出，我国到 2030 年前要实现二氧化碳达峰、努力争取 2060 年前实现碳中和（“双碳”目标）。2020 年 12 月 12 日，习近平主席在气候雄心峰会上进一步明确了到 2030 年我国单位 GDP 二氧化碳排放比 2005 年下降 65%以上、非化石能源占一次能源消费比重达到 25%左右等具体目标。2020 年中央经济工作会议将做好碳达峰、碳中和作为 2021 年的八大重点任务之一。这表明，我国开始主动实施低碳发展政策，采取强制性措施逐步降低碳排放强度，这不仅有助于节约能源、降低碳排放量，还是有效倒逼经济增长方式转型的重要途径。

2015 年我国在“十三五”发展规划中将绿色发展与创新、协调、开放、共享一并作为五大新发展理念，提出要将绿色作为经济发展的鲜明底色，重申节约能源和保护环境的基本国策，提出建设美丽中国新任务。与此同时，我国环境监督体制也更为科学和完善，从之前“督企”为特征的监督方式转向“督政”为特征的中央环保督察方式。2016 年国家开始实施环境保护督察机制，中央通过对省、市党委政府环保例行督察、专项督察及“回头看”，并将督察问题和整改结果向社会公开，以此强化地方政府生态环保意识，督促地方政府落实国家绿色发展理念和整改环境领域突出问题，这有效推动了经济增长向绿色低碳转型。此外，我国还通过低碳城市试点积极推动经济低碳转型。国家发展改革委分别于 2010 年、2013 年和 2017 年分三批次进行低碳省份和城市试点，纳入低碳试点的城市总共有 160 个，试点城市碳排放量占全国比重超过 55%。

除采取政策性、制度性举措推动低碳发展外，我国还积极推动市场化手段助力低碳转型。2011 年 10 月，我国在北京、天津、上海、重庆、湖北、广东、深圳 7 省市启动碳排放权交易试点工作，试点市场覆盖了电力、钢铁、水泥等多个行业近 3000 家重点排放单位，这为构建全国碳排放权市场交易迈出了重要一步。2021 年 7 月 16 日，全国碳排放权交易市场正式启动上线交易，电力行业碳排放量大、数据基础较好、行业管理水平较高，因此成为首个纳入碳市场交易的行业。鉴于电力行业碳排放量占我国碳排放总量比重超过 40%，因此将电力行业纳入碳排放权交易市场对我国实现低碳转型和碳达峰碳中和目标具有重要的意义。截至 2022 年 7 月 15 日，全国碳市场碳排放配额累计成交量 1. 94 亿吨，累计成交额 84. 92 亿元，整体运行情况平稳，这不仅压实了高排放企业减排责任，还能为减排企业提供激励。

不仅如此，我国还积极参与国际气候合作，致力于共同应对全球气候变暖。为应对全球气候变暖，我国先后签署了《联合国气候变化框架公约》《京都议定书》和《巴黎协定》等国际公约，并实施国家应对气候变化战略。2007 年我国成立国家应对气候变化及节能减排领导小组，印发了《中国应对气候变化国家方案》，并于 2015 年在《强化应对气候变化行动——中国国家自主贡献》报告书中明确提出争取到 2030 年左右二氧化碳排放达到峰值、单位产值碳排放较 2005 年下降 60%~65%及非化石能源占一次能源比重达到 20%等目标。从我国实施的一系列应对气候变化的战略举措可知，单位产值碳排放和非化石能源比重等目标均不断提高，实现碳达峰目标进一步明确且给出了碳中和的具体时间表，这表明我国应对气候变化、推动国内低碳转型发展的信心和决心不断增强。

2.2.2 我国低碳经济转型政策演变

政府政策推动经济低碳转型是中国特色低碳经济转型的重要特征，“十一五”时期以来，我国持续发布促进经济低碳转型的政策，通过强有力的政府规制手段促使企业加大节能减排力度和低碳创新力度及加快结构调整步伐，这有效促进了我国能源效率提升、产业结构低碳化和低碳技术进步，从而促进了经济节能减排和推动了产业结构高级化合理化进程，这也是我国致力于推动共同应对全球气候变化而进行的不懈努力。如表 2-3 所示，我国低碳经济转型政策演变呈现以下特点：

表 2-3 我国推动低碳发展政策一览

低碳政策	发布日期	主要内容
国务院《关于印发节能减排综合性工作方案的通知》	2008 年 3 月	严格控制能源消耗增量，推动产业结构和能源结构调整与优化，加大节能工程、污染治理工程建设，推动节能减排技术研发与应用
国务院办公厅《关于印发 2008 年节能减排工作安排的通知》	2008 年 7 月	坚决遏制高耗能、高排放行业过快增长，加快淘汰落后产能，推进钢铁、有色、化工、建材等重点耗能行业节能
国务院办公厅《关于印发 2014—2015 年节能减排低碳发展行动方案的通知》	2014 年 5 月	通过推动产业结构调整、加强工业等重点领域节能降碳、强化低碳技术创新等举措推动单位 GDP 能耗和单位碳排放分别下降 3.9%和 4%
国务院《关于印发“十三五”节能减排综合工作方案的通知》	2017 年 1 月	通过推动产业和能源结构转型、加强重点领域节能，强化重点污染物减排等举措，在 2020 年达到单位国内生产总值能耗较 2015 年下降 15%，能源消费总量控制在 50 亿吨标准煤之内

续表

低碳政策	发布日期	主要内容
中共中央　国务院《关于全面加强生态环境保护　坚决打好污染防治攻坚战的意见》	2018 年 6 月	促进经济绿色低碳循环发展。促进传统产业优化升级，构建绿色产业链体系。在能源、冶金、建材、有色、化工、电镀、造纸、印染、农副食品加工等行业，全面推进清洁生产改造或清洁化改造
国务院《关于加快建立健全绿色低碳循环发展经济体系的指导意见》	2021 年 2 月	推动工业绿色转型升级，加快钢铁、石化、化工、有色、建材、纺织、造纸、皮革等行业绿色化改造。推动能源体系绿色转型，完善能源消费总量和强度双控制度
国家发展改革委关于印发《完善能源消费强度和总量双控制度方案的通知》	2021 年 9 月	通过设置国家和地方能源强度和能源消费总量双控目标，以及加强国家重大项目和高耗能高排放项目能源管控，促使能源强度大幅下降和能源消费总量得到合理控制
中共中央　国务院《关于完整准确全面贯彻新发展理念做好碳达峰碳中和工作的意见》	2021 年 9 月	深度调整产业结构，制定能源、钢铁、有色金属、石化化工、建材、交通、建筑等行业和领域碳达峰实施方案。加快推进工业领域低碳工艺革新和数字化转型。大力发展绿色低碳产业，推动互联网、大数据、人工智能、第五代移动通信（5G）等新兴技术与绿色低碳产业深度融合
国务院《关于印发 2030 年前碳达峰行动方案的通知》	2021 年 10 月	通过能源绿色转型、节能降碳行动、工业领域碳达峰、低碳技术创新等措施实现 2030 年前碳达峰
中共中央　国务院《关于深入打好污染防治攻坚战的意见》	2021 年 11 月	以工业、能源、城乡建设、交通领域和钢铁、有色、建材、石化化工等行业为重点，深入开展碳达峰行动。推动能源清洁低碳转型，加快煤炭减量、严控煤炭增长，“十四五”时期非化石能源比重提高到 20%
工业和信息化部关于印发《“十四五”工业绿色发展规划》的通知	2021 年 11 月	提出“十四五”时期工业碳排放量降低 18%，能源效率稳步提升，实施工业领域碳达峰行动、推动产业结构高端化、加快能源消费低碳化、推动生产方式数字化及构建绿色低碳技术体系等
国务院《关于印发“十四五”节能减排综合工作方案的通知》	2021 年 12 月	进一步完善实施能源强度和总量双控，推动钢铁、有色、化工等重点行业节能降碳，实施园区节能环保工程，推动煤炭高效清洁利用工程
国家发展改革委　国家能源局《关于完善能源绿色低碳转型体制机制和政策措施的意见》	2022 年 1 月	坚持将节能降耗作为首位，引导工业企业进行能源替代和降低碳排放，完善能耗强度和总量“双控”和非化石能源目标
工业和信息化部、国家发展改革委等六部门印发《工业能效提升行动计划》	2022 年 6 月	到 2025 年，规模以上工业单位增加值能耗较 2020 年下降 13.5%，使节能提效作为降耗减碳的首要举措。充分发挥数字技术、工业互联网对工业能源管理和效率提升的积极作用

续表

低碳政策	发布日期	主要内容
工业和信息化部、国家发改委和生态环境部印发《关于印发工业领域碳达峰实施方案的通知》	2022年7月	在重点任务中提出要推进工业领域数字化转型，通过新一代信息通信技术与制造业的深度融合助力绿色低碳发展，推动“工业互联网+绿色低碳”

资料来源：笔者根据国务院政策文件库整理而得。

第一，经历了低碳政策数量由少到多、低碳政策强度由松到严的转变过程。“十一五”之前，我国虽然提出了节约使用电力、煤炭、石油等能源的倡议及注重提高能源效率，但并没有出台强制性的节能减排目标。2006 年以来，国务院开始发布关于控制能源消费增量的政策措施，将节能减排作为政府宏观调控的重点任务，并出台专门针对钢铁工业等高耗能行业节能减排的政策文件。此后，“十二五”“十三五”“十四五”期间均出台了节能减排综合工作方案，这期间出台的政策措施逐渐增多，特别是“十四五”初期密集出台了多项政策措施，为实现碳达峰碳中和目标提前谋划。与此同时，节能减排目标逐步纳入各级政府考核体系之中，对节能减排工作落实不力的地方官员进行问责，GDP 单位能耗下降指标成为强制性完成任务，这反映了我国推动经济低碳转型的力度和决心不断增强。

第二，能耗从单一的强度控制到总量和强度双控制转变。“十四五”之前，我国主要以单位 GDP 能耗下降作为节能减排的目标，这种单一的强度控制一直贯穿着“十二五”时期和“十三五”时期。随着“双碳”目标的提出，我国在 2021 年正式提出能源强度大幅下降和能源总量得到合理控制的能耗双控目标，并将作为正式的考核任务分解到地方各级政府。从单一强度控制到总量和强度双控制转变，是我国根据经济发展阶段和应对气候变化需求作出的战略选择。在单一能耗强度控制阶段，我国仍然依赖大量的能源资源投入推动工业化，经济增长主要以粗放式为主，这一阶段对能耗总量的控制不符合经济发展的实际。随着我国持续推动经济高质量发展，经济发展方式急需从资源能源驱动向创新驱动转变，通过控制能源消耗总量有助于实现低碳转型和增长动力转换目标，是我国主动加压倒逼经济向高质量发展转变的战略部署。从以上分析可知，我国低碳政策的发展演变与经济发展的阶段紧密相关，推动经济低碳转型既要量力而行又要顺势而为。

第三，以互联网为代表的新一代信息通信技术成为低碳政策的重要内容。自从 2015 年我国提出“互联网+”战略以来，“互联网+生态环保”成为低碳政策中不可或缺的内容。然而，这些政策多停留在发挥互联网信息连接和环境监督等层面的作用上，而忽视了互联网对能源效率和绿色产业发展的积极作用。2021 年，中共中央国务院发布的《关于完整准确全面贯彻新发展理念做好碳达峰碳中和工作的意见》明确提出要推动互联网等新兴技术与绿色产业深度融合，此后在《“十四五”工业绿色发展规划》《工业能效提升行动计划》《关于印发工业领域碳达峰实施方案的通知》等政策文件中均提出推动互联网与制造业深度融合助力绿色低碳发展，特别是要发挥工业互联网对绿色低碳转型的积极作用。以上分析表明，政策层面已经重视互联网等新一代信息通信技术对绿色低碳转型的积极作用，而本书研究的目的就是要从理论和实证方面厘清这两者之间的关系。

2.3 我国工业低碳转型发展现状分析

2.3.1 我国工业能源效率现状

能源是人类赖以生存和经济社会发展的重要物质基础，是国民经济正常运行的重要保障。中国已经成为世界上最大的能源消费国和最大的二氧化碳排放国，2020 年能源消耗总量达 49.8 亿吨标准煤，二氧化碳排放量达到 116.8 亿吨，占世界二氧化碳排放总量的 32.48%①。从工业能耗占全部能耗比重看，工业能源消耗总量 2020 年达到 33.26 亿吨标准煤，占比 66.8%，是最大的能源消耗部门。虽然近 10 年来工业能源消耗总量呈持续下降趋势，但仍然占比很高，近 10 年平均占比达到 68.6%。

从工业碳排放能源结构看，工业碳排放主要以煤炭等化石能源碳排放为主，由煤炭产生的碳排放量占工业碳排放总量的比重在近 20 年来一直在 60%以上。从图 2-4 可知，煤炭一直是中国工业消费的最主要能源，也是二氧化碳排放的最大来源。1997~2019 年，原煤消费产生的二氧化碳占工业碳排放总量的比重一直在 60%以上，但比重处于缓慢下降趋势，从 1997 年接近 70%下降至 2019 年的 60%左右。煤制品产生的二氧化碳比重则处于上升趋势，从 1997 年的 14%上升至 2019 年的约 26%。可见，煤炭类能源产生的二氧化碳始终处于较高比重，原煤和煤制品二氧化碳产出占比保持在 85%左右，以煤为主要能源动力的消费结构

---

① 数据源自全球大气研究排放数据库（EDGAR）。

是造成我国工业二氧化碳排放的主要原因。原油消费产生的二氧化碳占比则呈现持续下降的态势，从 1997 年的约 7.7%下降至 2019 年的 0.98%。天然气消费产生的二氧化碳比重总体保持稳定，在 2.6%左右，生产过程中产生的二氧化碳占比也保持相对稳定。

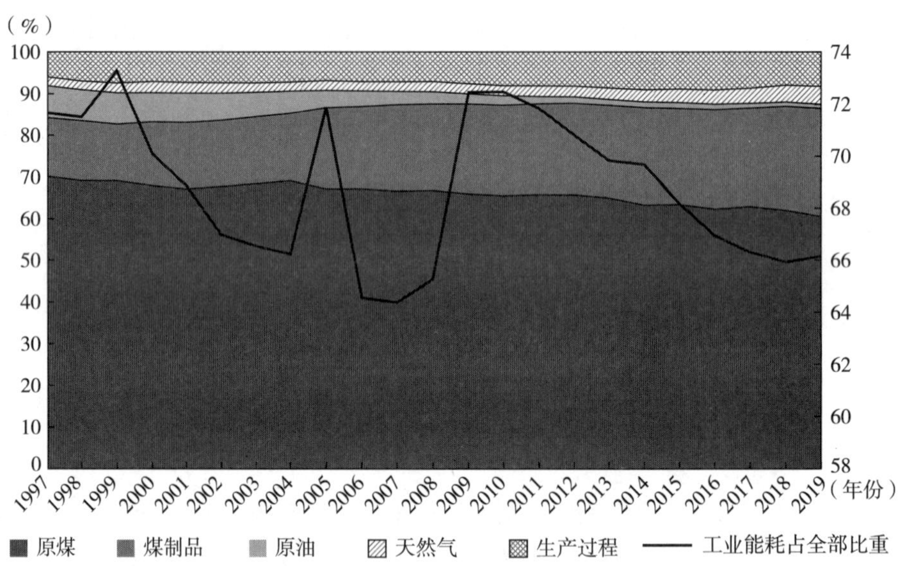

图 2-4　1997~2019 年中国工业能耗占比及分能源品种碳排放量占比

资料来源：中国碳排放数据库（CEADs）和中经数据库。

根据我国设定 2030 年前碳达峰目标，2030 年能源消耗总量需不超过 60 亿吨标准煤，按照当前工业能源消耗占 66%的比重看，2030 年我国工业能源消耗总量需不超过 40 亿吨标准煤。考虑到我国工业能源消耗比重呈下降趋势，工业能源消耗总量将会进一步压缩。2019 年工业能源消耗总量已经达到 31 亿吨标准煤，这意味着在此后的 11 年间工业能源消耗每年增幅需低于 1 亿吨标准煤才能达到目标。为此，需进一步提升工业能源效率以加快实现能源节约和推动碳减排步伐，为实现工业领域 2030 年前碳达峰目标奠定了扎实的基础。

从工业碳排放占全国碳排放总量比重看，2019 年工业碳排放量达到 82.8 亿吨，占全国二氧化碳排放总量（97.95 亿吨）① 的 84.5%，因此工业领域碳达峰

① 根据 CEADs 数据，因计算方法不同，主要是碳排放因子不同，CEADs 与全球大气研究排放数据库（EDGAR）的数据会有差别。

对实现我国碳达峰目标具有决定性作用。能源效率提升是现阶段我国推动低碳转型的首要任务，进一步提高能源利用效率、降低工业能源强度，有助于我国在实现经济增长的同时实现低碳转型（见图 2-5）。

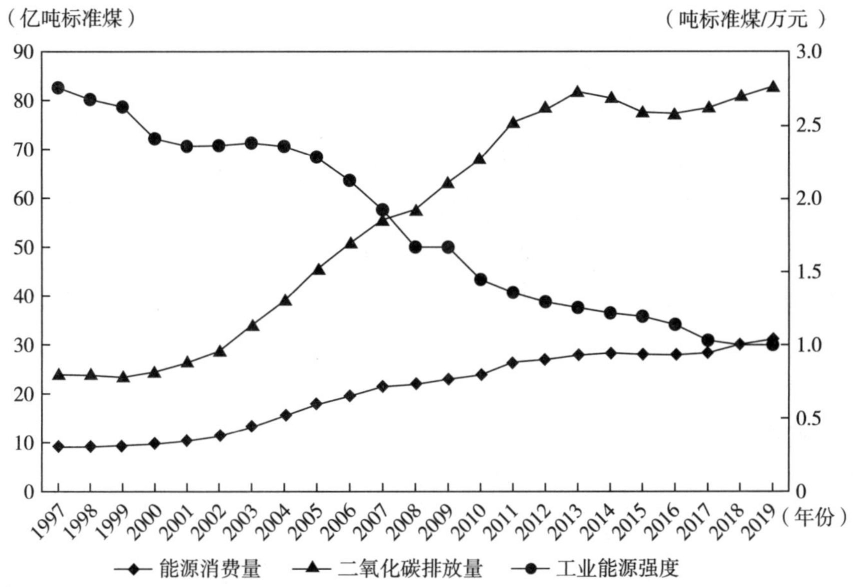

图 2-5　1997~2019 年中国工业能源强度、能源消费量及碳排放量

资料来源：根据历年《中国统计年鉴》、《中国工业统计年鉴》、《中国能源统计年鉴》及中经数据库和中国碳排放数据库数据整理绘制而成。

从图 2-5 可知，以万元工业增加值综合能耗衡量的工业能源强度①在 1997~2019 年整体呈下降趋势。尽管工业能耗占能源消耗总量的比重在 2004~2010 年有较大波动，以及工业能源消费量和二氧化碳排放量总体上仍呈上升的趋势，但工业能源强度仍然持续下降，这表明我国工业能源效率不断提升，单位工业增加值能耗逐步降低，同时折射出我国工业经济逐渐从粗放型发展向集约式发展转变。2000 年以来，我国工业能耗量持续上升，直到 2013 年排放总量达到峰值，但之后又有缓慢上升的趋势。工业碳排放量变化趋势与工业能源消耗量基本保持一致，在 2013 年达到峰值后逐步下降，但 2018 年之后又有上升的趋势。在此背

① 单要素能源效率有能源生产率和能源强度两种衡量方法，能源生产率可表示为国内生产总值/能源投入量，能源强度则为能源投入量/国内生产总值，因此能源生产率与能源强度成反比，能源强度的降低表示能源效率的提升。具体参见李双杰和李春琦（2018）。

景下，工业能源强度依然实现了逐步下降，从 1997 年的万元工业增加值能耗 2.75 吨标准煤下降至 2021 年的约 1.00 吨标准煤，特别是在 2009 年之后下降速率不断加快，反映了我国大力推动低碳经济转型后实现了工业能源效率的不断提升。2012 年以来，我国持续推进经济质量变革、动力变革和效率变革，确立包含创新发展和绿色发展在内的新发展理念，在 2019 年工业能源效率首次低于 1 吨/万元工业增加值，有效推动了工业绿色低碳转型。

尽管我国工业能源效率在近 20 年实现了较大幅度提升，但与世界主要国家相比，我国能源强度仍然处于高位，进一步提高能源效率的空间仍然较大。如表 2-4 所示，比较 1 中使用单位产值能源消耗作为各国能源效率的比较，表示每单位 GDP 产值能耗的石油当量。从中可知，2001 年以来我国每单位 GDP 产值消耗的石油当量均高于世界平均水平，与世界平均水平的差距逐渐缩小，但与世界主要发达国家存在较大差距，2014 年单位产值能耗约为英国的 3 倍、德国和日本的两倍。2019 年，比较 2 中碳排放强度由低到高的国家分别是英国、德国、日本、美国、韩国、中国，比较 1 中单位产值能源消耗由高到低的国家正好与比较 1 中碳排放强度顺序相反，这印证了两个指标分析结果的一致性，均能反映出我国当前能源效率与世界主要发达国家存在较大差距的事实。值得注意的是，本书采用国家层面能源效率进行国际比较，一方面是由于国际层面工业能源效率数据缺乏；另一方面是基于工业作为能源消耗的主要部门，从国家层面的比较也能够较好地反映工业能源效率的大致情况。

表 2-4　2001~2019 年中国与世界主要发达国家能源效率和碳强度指标比较

年份	2001	2005	2010	2011	2012	2013	2014	2015	2016	2017	2018	2019
比较 1	单位产值能源消耗（千克石油当量/2015 年不变价美元）											
中国	0.242	0.251	0.209	0.204	0.196	0.188	0.180	0.169	0.157	0.152	0.150	0.148
世界	0.150	0.145	0.136	0.136	0.131	0.129	0.126	0.122	0.120	0.118	0.117	0.114
英国	0.100	0.090	0.081	0.074	0.075	0.072	0.066	0.065	0.063	0.060	0.059	0.057
美国	0.160	0.149	0.136	0.132	0.127	0.127	0.125	0.120	0.117	0.114	0.114	0.111
日本	0.109	0.106	0.102	0.094	0.091	0.089	0.086	0.084	0.082	0.082	0.080	0.078
韩国	0.175	0.159	0.154	0.155	0.153	0.149	0.147	0.146	0.147	0.144	0.140	0.136
德国	0.104	0.101	0.092	0.084	0.084	0.086	0.080	0.079	0.078	0.076	0，074	0.071
比较 2	单位产值二氧化碳排放（千克二氧化碳/2015 年不变价美元）											
中国	1.087	1.225	1.038	1.037	0.990	0.957	0.885	0.825	0.770	0.737	0.712	0.710
世界	0.479	0.479	0.471	0.469	0.462	0.457	0.444	0.431	0.420	0.413	0.409	0.406

续表

年份	2001	2005	2010	2011	2012	2013	2014	2015	2016	2017	2018	2019
比较 2	单位产值二氧化碳排放（千克二氧化碳/2015 年不变价美元）											
英国	0. 231	0. 206	0. 180	0. 163	0. 169	0. 160	0. 143	0. 135	0. 125	0. 118	0. 114	0. 109
美国	0. 411	0. 365	0. 328	0. 309	0. 289	0. 292	0. 285	0. 270	0. 261	0. 251	0. 252	0. 239
日本	0. 289	0. 284	0. 271	0. 284	0. 290	0. 286	0. 275	0. 263	0. 260	0. 250	0. 239	0. 234
韩国	0. 532	0. 448	0. 437	0. 439	0. 430	0. 416	0. 395	0. 397	0. 390	0. 385	0. 379	0. 359
德国	0. 289	0. 271	0. 246	0. 228	0. 232	0. 236	0. 219	0. 217	0. 214	0. 204	0. 195	0. 183

资料来源：IEA CO_2 emissions from fuel combustion highlights（2020）、Enerdata 数据库和世界银行数据库。

比较 2 中使用碳排放强度侧面反映各国能源效率。从纵向看，我国在近 20 年中碳排放强度持续下降，从 2001 年的 1. 087 千克/美元下降至 2019 年的 0. 710 千克/美元，降幅高达 34%，这表明我国在持续推动经济增长方式转变、促进绿色低碳转型的进程中取得了较大的进步。但从世界主要国家和地区单位产值碳排放量看，我国碳排放量总体上处于偏高水平，2019 年我国碳排放强度为 0. 710 千克/美元，高于世界平均水平的 0. 406 千克/美元，与美国、英国、德国、日本和韩国等发达国家相比仍然偏高，这折射出我国能源效率仍然有较大的提升空间。

2. 3. 2　我国工业结构低碳化现状

工业结构低碳化程度是指工业行业中碳排放总量和强度的大小。从一个相对较长的时期内考察行业碳排放量变化，能够较好地把握行业碳排放演变特征。因此，本书考察 2003~2019 年工业分行业碳排放总量和 2003~2016 年工业分行业碳排放强度变化①，以此分析我国工业分行业低碳化程度和特征。

2. 3. 2. 1　工业分行业碳排放量

从工业分行业碳排放量看，年均碳排放量在 1 亿吨以上的行业依次为电力、热力、燃气及水生产和供应业，石油、煤炭及其他燃料加工业，黑色金属冶炼及压延加工业，化学原料及化学制品制造业，非金属矿制品业，煤炭开采和选洗业及有色金属冶炼及压延加工业，这涵盖了六大高耗能行业，说明高耗能行业也是

① 工业分行业碳排放数据源自中国碳排放数据库（CEADs），其中分行业碳排放数据范围为 2003~2019 年。工业碳排放强度由于需要使用工业分行业总产值数据，而我国自 2016 年以来不再公布该数据，因此碳排放强度数据只到 2016 年。本书实证部分使用了到 2019 年的数据，原因是在全国层面不再公布该数据后，多数省份仍然继续公布，从而使省级层面数据可以到 2019 年。

高碳排放量行业，以煤炭为主导的能源结构决定了能源消耗与碳排放量之间的强关联性。值得关注的是，煤炭开采和选洗业年均碳排放量也位居前列，但不属于六大高耗能行业范畴，这表明该行业在早期碳排量较大而后期实现了较低的排放。实际上，我国持续推动煤炭开采业兼并重组、结构优化，从源头上促进了清洁生产，大型煤矿综合能耗下降至 2020 年的 10.51 千克标准煤/吨，有效推进了煤炭开采业的绿色低碳发展。除此之外，工业行业年均碳排放量排名前 20 的其他 13 个行业碳排放量均低于 1 亿吨，从中可反映出工业行业碳排量具有很强的行业异质性，而且碳排放量主要集中在高耗能行业。

从工业分行业平均能源消耗量看，黑色金属冶炼及压延加工业，化学原料及化学制品制造业，非金属矿物制品业，电力、热力、燃气及水生产和供应业，石油、煤炭及其他燃料加工业以及有色金属冶炼及压延加工业这六大行业能源消费量最高，期间年均能源消耗量均在 1.5 亿吨标准煤以上，上述前三个行业能源年均消耗量在 3 亿吨标准煤以上，黑色金属冶炼及压延加工业更是达到了年均 5.7 亿吨标准煤。上述六大行业与我国对高耗能行业的划分一致，六大高耗能行业占工业耗能总量的比重高达 73.53%，推动高耗能行业绿色低碳转型对实现工业低碳转型具有决定性的作用（见图 2-6）。

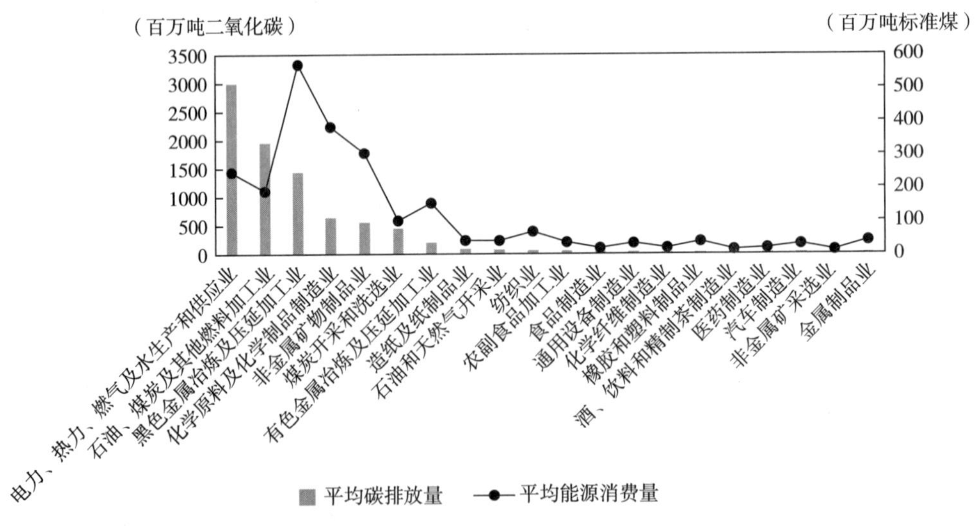

图 2-6　2003~2019 年平均碳排放量排名前 20 的工业行业

资料来源：中国碳排放数据库（CEADs）。

从碳排放量较低的工业行业看，行业之间碳排放量虽有差异，但较高碳排放行业更小。从图 2-7 中可知，专用设备制造业，黑色金属矿采选业，电气机械及器材制造业，其他制造业及开采专业及辅助性活动年均碳排放量在 1000 万吨二氧化碳以上，其余行业均低于这一水平。值得关注的是，计算机、通信和其他电子设备制造业平均能源消费量高但碳排放量相对较低，这可能是清洁能源使用量占比较高，从而导致能源消耗量大但碳排放量小。实际上，能源消耗大并不一定导致碳排放量大，关键是能源结构中高碳能源和清洁能源的构成，推动能源低碳化转型有助于实现高能耗行业低排放的目标。

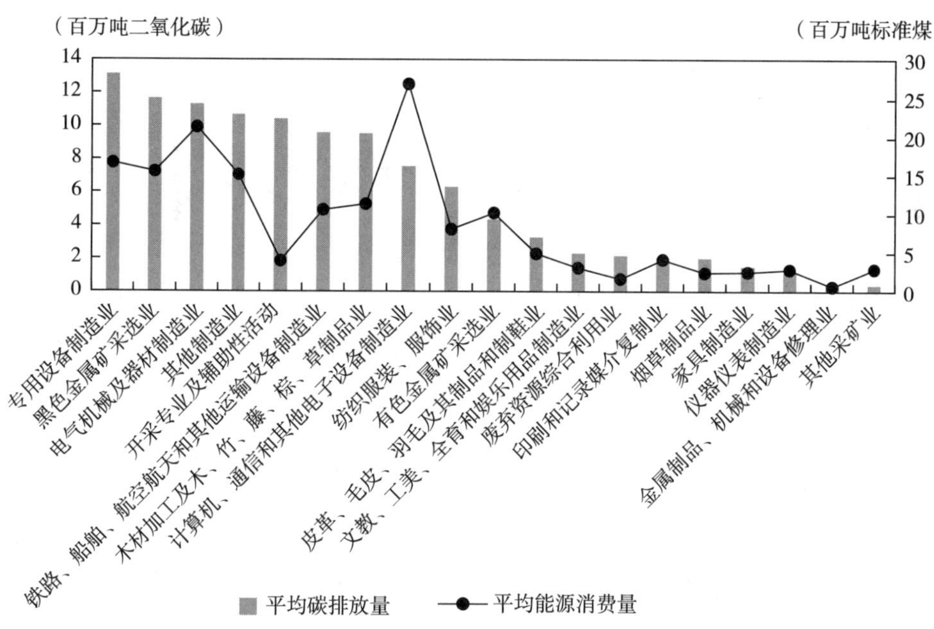

图 2-7 2003~2019 年平均碳排放量较低的工业行业

资料来源：中国碳排放数据库（CEADs）。

2.3.2.2 工业分行业碳排放强度

图 2-8 反映了 2003~2016 年我国工业碳排放的行业总体特征。从中可知，碳排放强度高的前七大行业与碳排放量总量高的前七大行业基本一致，其碳排放强度均在 2.5 吨二氧化碳/万元以上。酒、饮料和精制茶制品业以后的行业碳排放强度均在 0.5 吨二氧化碳/万元以下，行业之间碳排放强度仍然存在较大的差异。其中造纸业碳排放量排在第八位，而碳排放强度则排在第六位，表明造纸业碳排放量大而产值偏低，从而导致碳排放强度较大。与之形成对比的是，计算机、通信和其他电子设备制造业碳排放量相对较高，但碳排放强度在所有行业中倒数第二，突出反映了该行业产值较高。

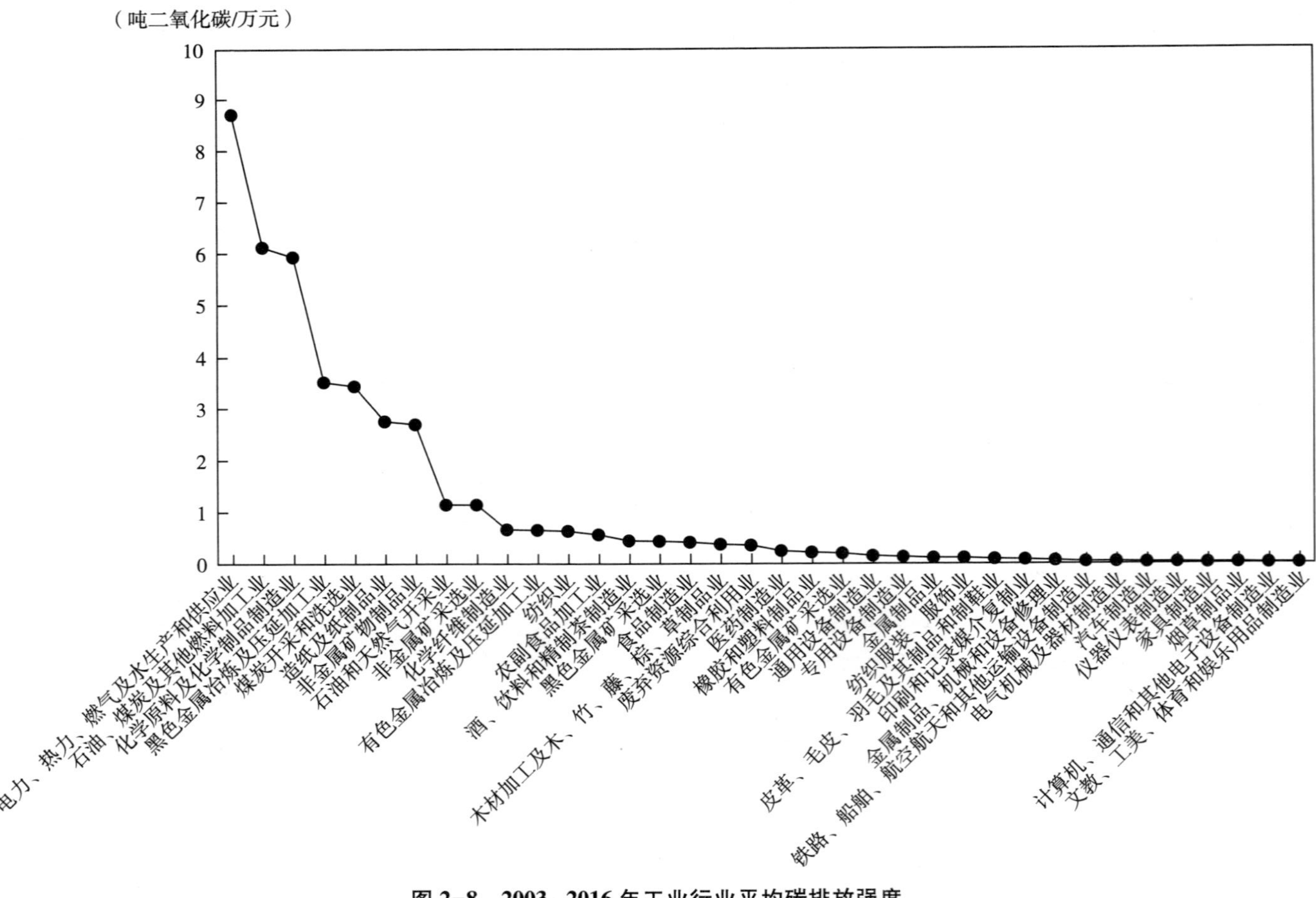

图 2-8　2003~2016 年工业行业平均碳排放强度

资料来源：中国碳排放数据库（CEADs）和国家统计局。

从碳排放强度演变看，六大高耗能行业在 2003~2016 年均出现了较大幅度的下降趋势，2003 年六大高耗能行业平均碳排放强度为 9.52 吨二氧化碳/万元，而 2016 年则下降至 3.03 吨二氧化碳/万元，下降幅度高达 68.17%。其中，化学原料及化学制品制造业碳排放强度下降最快，从 2003 年的 12.59 吨二氧化碳/万元下降至 2016 年的 0.97 吨二氧化碳/万元。尽管如此，高能耗行业碳排放强度仍远高于我国平均碳排放强度。值得注意的是，石油、煤炭及其他燃料加工业碳排放强度下降较慢，并从 2011 年开始出现了反弹，这是值得关注的现象（见图 2-9）。

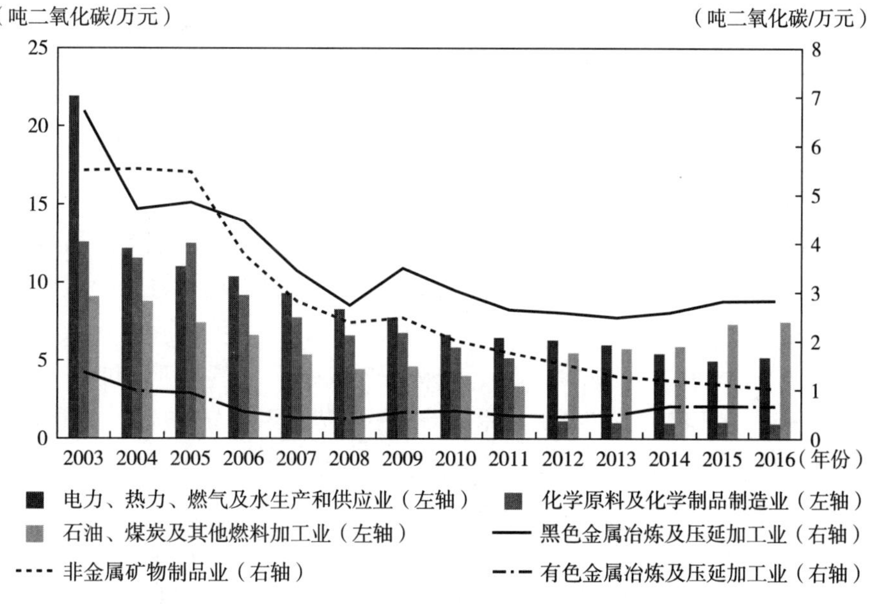

图 2-9　2003~2016 年我国六大高耗能行业碳排放强度变化

资料来源：中国碳排放数据库（CEADs）和国家统计局。

2.3.3　我国工业低碳技术现状

2.3.3.1　我国低碳技术发展总体概况

2021 年我国研发经费投入总额达到 27864 亿元，同比增长 14.2%，占 GDP 的比重达到 2.44%，已经接近 OECD 国家 2.47%的平均水平。同时，世界知识产权组织 2021 年发布的全球创新指数（GII）显示，我国科技创新能力在 132 个经济体中排名从 2015 年的第 29 位上升至 2021 年的第 12 位，稳居中等收入经济体首位。研发经费的高速增长对提升我国研发实力具有重要的促进作用，为我国实现关键绿色低碳技术自主可控奠定了扎实的基础。

中国工业低碳技术创新能力不断增强，特别是在太阳能光伏、电池及发光二极管（LED）等能源技术领域的创新，大幅降低了太阳能光伏和汽车锂电池的成本，促进了光伏发电的大规模推广应用及新能源汽车产业的发展。近年来，中国对包括低碳技术领域的研发投入持续增加，2020 年中国能源研发公共支出占全球的 1/4，低碳能源研发支出占全球的 15%，成为世界上能源研发支出总量最大的国家。中国在煤炭转化、核能、特高压输电等领域技术创新步伐不断加快，并在太阳能光伏、锂电池、电动车、氢能、数字技术等领域处于技术前沿。根据中国科学技术发展战略研究院对煤炭、可再生能源、氢能、核能及储能等能源领域相关技术统计，截至 2021 年我国有 19.7%的绿色低碳技术达到国际领先水平，54.4%的绿色低碳技术与国际平均水平持平，25.9%的技术落后于世界平均水平（刘仁厚等，2022）。尽管如此，由于中国低碳技术研发起步较晚，而欧美发达国家较早对低碳技术进行研发，因此在绿色低碳技术领域占据较大的优势，特别是在关键绿色低碳技术上形成了强大的技术壁垒，这就造成中国与欧美发达国家在绿色低碳技术上有较大的差距，大而不强、自主创新能力弱、技术价值链发展不均衡等问题较为突出。

2.3.3.2 我国工业低碳技术发展趋势与区域分布

为进一步分析我国工业低碳技术发展演变趋势及区域分布特点，本书基于国际低碳技术分类标准对我国工业低碳技术进行统计分析，以更好地呈现了工业低碳技术整体发展趋势和区域发展特点。

2013 年 EPO 和 USPTO 联合推出的合作专利分类（CPC）对应对气候变化技术进行了分类，由于 CPC 及相关 IT 技术的变化，CPC-Y02 逐渐被扩展为 Y02 和 Y04S，分别是 Y02A（适应气候变化）、Y02B（建筑物）、Y02C（温室气体储存和捕获）、Y02D（旨在减少自身能源使用的 ICT）、Y02E（能源生产、分配和运输）、Y02P（工业和农业）、Y02T（运输）、Y02W（废弃物和废水）和 Y04S（智能电网）[①]。在此基础上，本书对工业低碳技术进行界定。通过对 CPC-Y02 和 Y04S 的分析表明，其中既有通用型专利又有专业型专利，通用型专利对所有行业低碳发展都有积极作用，而专业型专利仅对某个领域发挥作用，如温室气体储存和捕获就是通用型专利，而建筑和交通等专门针对某一个领域。因此，

---

① 2021 年 3 月 EPO 公布应对气候变化的最新 CPC-Y02 和 Y04S 专利体系，详见 https://www.epo.org/news-events/in-focus/classification/classification/updatesYO2andY04S.html。

本书将工业低碳专利分为通用型专利和工业领域的低碳专利，具体分类如下：在Y02A中删除Y02A10/100（沿海地区及河流领域防护技术）和除Y02 A40/90（食品加工与处理技术）外的Y02A 40（农业、林业、畜牧业或农业食品生产中的适应技术）专利，删除Y02B（建筑物）、Y02T（交通）、Y02P中的农业部分（Y02P 60/00）、Y04S中的交通部分（Y04S30）后剩余专利作为工业低碳技术专利，具体分类如表2-5所示。

表2-5　基于CPC-Y02标准的工业低碳技术分类

分类号	名称	分类号	名称
Y02A	适应气候变化的技术	Y02E70	减少温室气体排放的其他能源转换或管理系统技术
Y02A20	高效供给和使用水和能源	Y02P	生产或加工货物中的低碳技术
Y02A30	调整或保护基础设施及其运营，如电力和供热技术	Y02P10	金属加工相关的低碳技术
Y02A40/90	农林牧业食品生产加工技术	Y02P20	化学工业相关的低碳技术
Y02A50	人类健康保护方面的技术，如减少有害气体排放技术	Y02P30	与炼油和石油化工有关的低碳技术
Y02A90	应对气候变化有间接贡献的技术，如ICT	Y02P40	与矿物加工相关的低碳技术
Y02C	对温室气体进行捕捉、存储、封存或处置的技术	Y02P50	与农业、畜牧业或农业加工业相关的低碳技术
Y02C10	二氧化碳捕获或存储技术	Y02P60	最终工业或消费品生产过程中气候变化减缓技术
Y02C120	捕获或处置其他温室气体的技术	Y02P70	减缓气候变化技术在全产业中的应用
Y02D	信息和通信技术中的气候变化减缓技术	Y02P80	对温室气体减排有潜在贡献的使能技术
Y02D10	节能计算，例如，低功耗处理器、电源管理或热管理	Y02W	与废水处理或废物管理相关的低碳技术
Y02D30	降低通信网络的能耗	Y02W10	废水处理技术
Y02E	与能源发电、输电、配电相关的低碳技术	Y02W30	固体废弃物管理技术
Y02E10	可再生能源发电技术	Y02W90	对温室气体排放有潜在或间接贡献的其他技术
Y02E20	具有气候缓解能力的燃烧技术	Y04S	与电力网络运营、通信信息技术相关的系统集成技术，即智能电网技术
Y02E30	核能发电技术	Y04S10	支持发电、输电或配电的系统
Y02E40	高效的发电、输电和配电技术	Y04S20	终端管理和控制系统
Y02E50	非化石来源的燃料生产技术	Y04S40	用于发电、输电、配电及用电的管理系统
Y02E60	对减少温室气体排放有潜在或间接贡献的其他技术	Y04S50	与电力网络运营和信息通信技术集成的市场活动，如能源交易和服务

资料来源：笔者在CPC-Y02基础上根据工业生产活动特点进一步分类整理而得。

基于 incopat 专利搜索平台对 2003~2019 年我国工业低碳技术专利进行检索，检索时间为 2021 年 12 月 7 日。结果显示，2003~2019 年我国共有工业低碳发明申请专利数 56.81 万件，工业低碳发明授权专利 22.53 万件，工业低碳实用新型专利 34.45 万件。历年专利申请获得数量如图 2-10 所示。从中可知，无论是全部申请专利和公开专利，还是发明申请专利和公开专利，整体上均呈不断上升的态势，全部申请专利和发明申请专利在 2019 年出现不同程度下滑，但发明公开专利趋势则出现增长态势，并在该年首次超过申请专利数，这表明我国低碳技术水平正稳步提高。

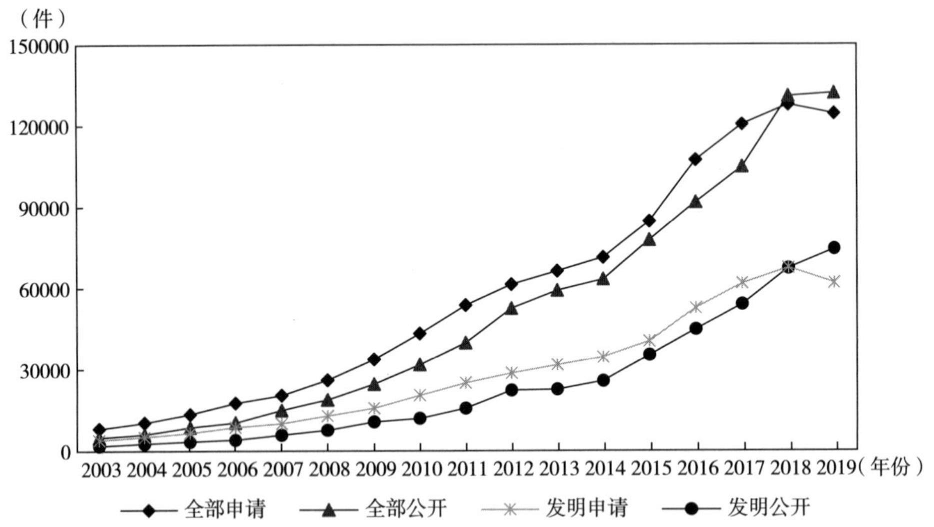

图 2-10　我国工业低碳技术专利发展态势

即便如此，工业低碳申请专利中获得授权的专利占比相对较低，样本期间发明专利授权数占发明专利申请数的 39.66%，而低碳专利中实用型专利有 34.45 万件，在工业低碳专利中的比重高于发明专利。

从地域分布上看，广东省和江苏省工业低碳专利数量均超过 10 万件，位居全国 31 个省份前二位，北京、浙江、安徽和上海等省市低碳专利数量也均超过 3 万件。我国工业低碳专利分布不平衡的现象较为突出，排名前五位的广东、江苏、北京、浙江工业低碳专利数量占全部工业低碳专利数量的 48.2%，同时排在后面的近一半省份工业低碳专利数量不足 1 万件，这表明沿海发达省份由于存在人才、资金等方面的独特禀赋，从而使创新要素在省域间分配不均，进而导致各省份在低碳技术研发创新上差距较大。值得注意的是，广东虽然是低碳专利数量最多的省份，但是在发明申请数量上最多的省份却是江苏，表明江苏低碳技术创新活动更活跃。同时，北京在发明申请数量上不及江苏，但在发明授权专利上却更多，这表明北京在低碳技术创新质量上更胜一筹（见图 2-11）。

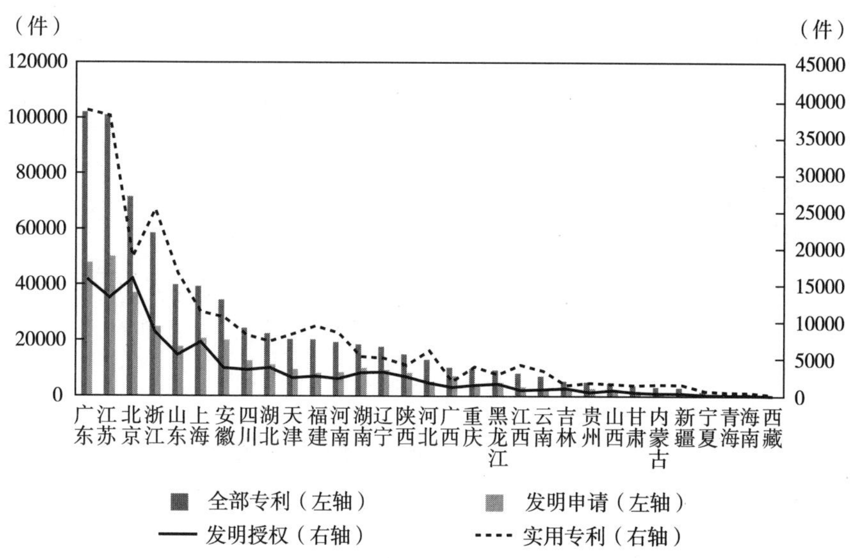

图 2-11　2003~2019 年我国工业低碳技术专利分省分布情况

从地级市工业低碳技术专利分布看，如图 2-12 所示，2003~2019 年排名前 30 位的地级市工业低碳技术专利数量占比达到 67.64%，北京以 7.15 万件低碳技术专利遥遥领先各大城市，而这期间地级市平均低碳专利数为 1978 件，中位数只有 327 件，从中可知，地级市层面工业低碳专利技术地区间差距更为明显。若剔除北京、上海、天津、重庆等直辖市，深圳、苏州、南京、广州、杭州等城市工业低碳技术专利排名领先，专利数量大多在 2 万件以上，是工业低碳技术创新的重要集聚地。

同时还可以发现，前 30 名中大多为沿海城市，除武汉、合肥、西安、长沙、郑州、成都等中西部城市及东北地区的哈尔滨外，其余均为沿海省份城市。沿海城市经济发展水平较高，在经历了以高能耗高污染为主要特征的工业化阶段后，经济增长的动能从资源驱动转向创新要素驱动，同时人们对环境质量的要求不断提高，这都要求工业增长向低碳化、清洁型转变。除此之外，更为重要的是沿海地区有天然便利的交通，信息资源优势十分明显，这有助于促进新技术的发明、传播和应用。随着互联网技术的快速发展，沿海城市也是互联网接入和应用的领跑者，这进一步提升了沿海城市的信息资源优势，进而为人才优势、技术优势奠定了扎实的基础。

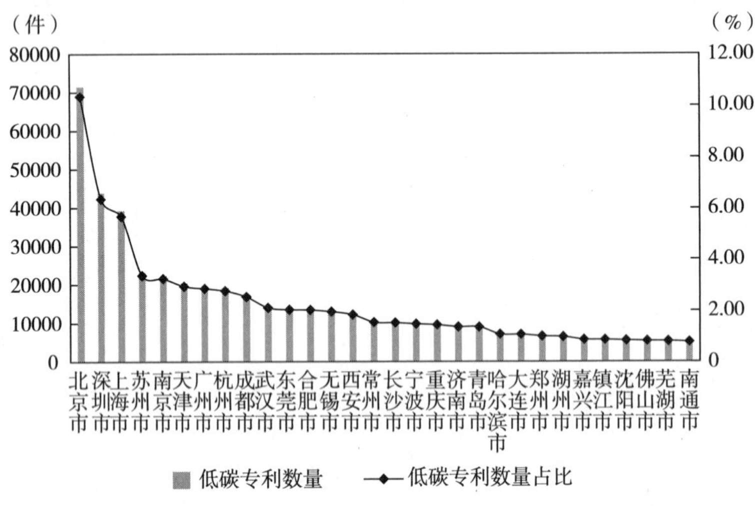

图 2-12　我国地级市工业低碳技术专利数量前 30 名一览

2.4　我国工业低碳转型面临的问题与挑战

2.4.1　低碳转型时间紧且任务更艰巨

我国提出 2030 年前实现碳达峰和 2060 年前实现碳中和目标，碳达峰到碳中和之间仅有 30 年，而当前欧美等发达国家这一过渡期普遍在 50~70 年，多数发达国家已经实现了碳达峰，如英国在 1971 年、德国在 1979 年、美国在 2005 年、日本在 2013 年均实现了碳达峰，而我国要在 2030 年前实现碳达峰并且在过渡期只有 30 年内实现碳中和，与世界碳达峰到碳中和平均用时 53 年相比，我国低碳转型时间之紧迫和任务之繁重前所未有。更为关键的是，我国仍然没有完成工业化进程，正处于能源消费增长的关键时期，而欧美发达国家能源消费趋向稳定甚至呈下降趋势。在此背景下，我国要实现低碳发展不仅要抵消高碳能源产生的碳排放量，而且还要控制新增能源的碳排放量，只有这样才能在发展中实现碳达峰和碳中和目标。因此，我国推动工业低碳转型与欧美发达国家并不相同，国外低碳转型的经验很难在中国复制，中国需要探索符合自身国情的特色低碳转型之路。

同时，我国是世界上最大的二氧化碳排放国，面临着越来越大的国际减排压力，在国际气候谈判中面临较大压力。中国以煤炭为主的能源消费结构使碳排放量居高不下，在应对气候变化谈判中面临较大压力。全球油气消费占比长期维持在60%左右，俄罗斯及欧美国家均在世界平均水平之上，而中国则不足25%，较巴西、印度等金砖国家还低。据全球大气研究排放数据库（EDGAR）数据显示，2021 年中国二氧化碳排放总量达到 124. 66 亿吨，占全球比重的 32. 93%，是排名第二的美国的 2. 6 倍。为此，为提高我国在气候变化谈判中的主动权，必须加快推动工业低碳转型，建立低碳化工业生产体系和清洁化能源生产体系。

2. 4. 2 能源效率较低且回弹风险偏大

虽然我国工业能源效率持续提高，但我国工业能源利用效率与世界主要发达国家相比仍有较大差距，工业能源效率也长期低于世界平均水平，提升我国工业能源效率仍然有很大潜力和空间。例如，我国钢铁行业、电解铝行业能耗较世界先进水平多出 3%~5%的能源；我国水泥综合能耗 13297 千克标准煤/吨，而国际先进水平仅为 97 千克标准煤/吨；2018 年我国合成氨综合能耗 1453 千克标准煤/吨，而国际先进水平是 990 千克标准煤/吨。此外，我国工业综合能效利用率低，余热资源利用率只有 30%左右，低于发达国家 40%~60%的比例，能源综合利用率仍有待进一步提高。

同时，能源效率的提升虽然降低了单位产值能源消耗，但也有可能导致能源回弹风险，也即产生杰文斯悖论。杰文斯悖论是指能源效率提升短期内可以降低能源消耗，但长期看会导致更高能源消耗的现象。1865 年，杰文斯（Jevons）在《煤炭问题》一书中对“能源的节约会带来消费的减少”这一观点提出质疑，认为新的经济模式或技术进步引发的能源效率提升增加了能源消费才更符合实际状况。从我国经济发展实践看，能源回弹效应一直存在。自“十一五”规划提出能源强度约束目标以来，我国能源强度整体呈不断下降趋势，但我国的能源消费总量却呈快速增长态势，能源强度下降而能源消费总量上升这一“悖论”可归结于回弹效应。能源回弹效应部分抵消了技术进步带来的节能效应，据邵帅等（2022）的估计，近年来我国能源消费的回弹效应为 70%，表明技术进步仅仅提高了 30%的能效。我国正处于工业化进程的中后期，对能源需求量仍处于上升阶段，因此工业能源效率的提升也会导致能源需求总量的增加，这将部分抵消能效提升对碳减排的积极作用，从而使低碳转型步伐放缓。

2.4.3 工业结构偏重使低碳化周期长

我国产业结构不合理且高耗能行业比重偏高，造成工业结构低碳化周期较长。2021 年我国工业增加值占 GDP 比重 32.6%，均高于发达国家水平，同时钢铁、煤炭、化工、建材等高能耗行业比重偏高，并且我国高能耗、高污染、低能效的经济发展模式没有得到根本改变。这意味着降低工业产业中高能耗行业比重及提高高新技术行业比重需要经历较长的调整时期，工业结构低碳化难以在短期内迅速实现。工业结构低碳化是一项长期的系统性工程，无论是传统工业的低碳化改造还是新兴低碳工业的发展，都需要经历较长的发展演变过程。钢铁、水泥、化学原料等行业是工业化进程中不可或缺的重要部门，也是高能耗高排放行业，推动这些重要部门在发展中低碳化改造涉及能源结构、技术结构及产品结构等多种影响因素，需要在发展过程中逐步推动低碳化。

同时，高碳行业低碳化面临较高的转型成本。高碳行业具有一定的锁定效应，一旦行业装备了低效率的高排放技术，行业高排放特征在相当长时期内保持锁定，因为更换设备将导致高昂的重置成本。截至 2022 年 5 月，我国火电装机容量达到 13 亿千瓦时，这些火电装机一旦投产就有 30~50 年的锁定期。因此，在“双碳”目标下实现工业结构低碳化不仅面临着周期长的难题，同时也面临高碳设备投入具有较长锁定期的问题，这使中国工业低碳化面临较大的转型成本。如何在加速推动工业结构低碳化的同时减少固定资产设备等投资损失，从而缩短行业高碳锁定，是工业低碳转型中要面对的重要问题。

2.4.4 “卡脖子”技术多且技术扩散难

低碳技术是我国由“高碳”向“低碳”转变的最大制约和挑战。我国虽然在太阳能和风电等低碳领域的技术水平位居世界前列，但是在低碳技术领域的核心竞争力仍有待于进一步提升。我国虽然建有完备的工业体系和齐全的工业门类，但这是借鉴欧美发达国家工业体系建立起来的，因此生产工艺提升和低碳技术改造仍然依赖欧美发达国家，从而造成低碳技术依赖问题。我国在很多低碳技术领域落后于欧美国家，例如，我国燃煤电厂平均厂龄只有 13 年，而欧洲、美国分别约为 35 年和 40 年，欧美国家在碳捕捉及利用封存、共燃技术等领域积累了大量先进技术，我国燃煤电厂低碳转型仍然依赖这些低碳技术，但由于欧美国家对我国实施高端低碳技术封锁及《联合国气候变化框架公约》中有关技术转让的谈判进展缓慢，导致我国在低碳领域关键核心技术面临着诸多“卡脖子”难题，这对我国关键核心技术自主可控目标产生了较大威胁。

再如，电弧炉短流程炼钢是推动钢铁行业低碳发展的重要工艺，但我国电弧炉炼钢比例偏低且在节能方面与世界先进水平存在较大差距。据联合国开发署研究，中国需至少掌握钢铁、水泥、建筑、电力、交通、化工和石油等部门中的62种通用技术和关键专用技术才能实现碳减排目标，而中国并不掌握其中43种核心技术。这表明我国要实现工业低碳转型仍面临诸多关键核心低碳技术的制约，并且只能通过自主研发才能突破低碳技术瓶颈。然而，受低碳技术高端人才缺乏和产、学、研、用相结合的体制不完善的影响，我国低碳技术自主研发能力仍然较弱，在新能源领域众多关键技术装备依赖发达国家，如风力发电设备的整机控制系统、太阳能电池高纯度原料等。

同时，低碳技术在扩散过程中面临 Jaffe－Stavins 悖论。Jaffe 和 Stavins（1994）发现具有明显低碳节能技术在历经推广 30 多年后的普及率仅有 20%~25%，这一能源技术扩散受阻现象被称为 Jaffe－Stavins 悖论。众多学者对阻碍能源技术扩散的原因进行分析，主要形成了以下几种观点：一是能源技术的研发周期长、技术专用性强，导致研发风险高、投入较大而预期回报率低，使能源技术领域研发投入匮乏；二是由于存在路径依赖，低碳能源市场对传统能源市场替代需要较长的时间，市场规模受限难以支撑能源技术快速推广；三是企业作为能源技术的使用者缺乏积极性，企业通常是在政府环境规制要求下被动接受新能源技术，政策驱动而非企业自身需求的扩散模式加剧了能源技术扩散难度。我国低碳技术同样存在扩散难的问题，由于研发领域与应用领域联系不紧密，产学研用一体化程度低，低碳技术转化应用市场不健全，导致低碳技术信息流通不畅，进而导致转化率低。更为严峻的是，我国低碳技术转移多为简单设备和工程服务等第一类技术，而有利于低碳技术知识传播和再创新的第二类和第三类技术转移活动严重缺乏，这导致低碳技术创新体系和扩散体系面临更多障碍。

3 互联网发展水平影响工业低碳转型的机理分析

3.1 互联网发展水平和工业低碳转型概念界定

3.1.1 互联网发展水平的概念界定

3.1.1.1 互联网的概念和内涵

互联网通常被认为是网络与网络之间通过一组通信协议相连而成的巨大国际网络，所以有时也称作国际互联网。这是互联网自身的概念，由于互联网普及时间较长和接受程度较高，当前文献已经较少地对概念进行解释，转而对它的功能作用进行描述和分析。《中国统计年鉴》中将互联网定义为：互联网是指在世界范围内的公共计算机网络，它提供一系列通信服务（包括万维网）的接入，并传送电子邮件、新闻、娱乐和数据文件等。这种定义指出互联网是计算机网络，并且通过接入通信服务后的作用功能。因此，从互联网内涵出发才能全面深刻剖析互联网概念。

本书认为，互联网至少包含基础设施、产业、技术和要素四大属性。首先，从狭义层面而言，互联网需要实体和虚拟形态的支撑才得以运行，这包括计算机、服务器、光纤等硬件基础设施，以及操作系统、通信软件等软件基础设施，硬件和软件基础设施支撑了互联网的运行。从广义层面而言，互联网成为继以公路、铁路、机场为代表的传统基础设施之后必不可少的信息基础设施，并发挥着愈加重要的作用。其次，互联网还具有产业属性。从互联网自身所处行业看，不仅涉及第三产业中的信息传输、软件和信息技术服务业，还涉及制造业中的计算机、通信和其他电子设备制造业。从互联网与其他行业融合看，互联网作为通用目的技术能够渗透到农业、制造业和服务业，不仅能够改造传统产业，还能够催生新兴产业。再次，互联网具有技术属性，互联网以信息通信技术为底层技术，自身具有较强的技术属性。同时，互联网还是一种通用目的技术，具有普遍性、改良性和创新性三大特性，能够促进其他产业或技术的持续创新。最后，互联网还具有要素属性。互联网发展使信息和数据等要素流动起来，通过传播分享和再次挖掘加工成为价值创造的重要生产要素，并逐渐形成数据和信息要素对传统生产要素的替代或互补，进一步重构了生产要素体系。

值得注意的是，互联网四大属性并不是相互独立的，而是相互关联、紧密协作的整体。其中，基础设施是支撑互联网发展和整个经济运行的重要保障，互联网基础设施水平受产业发展需要和技术水平影响。产业属性是互联网内涵中的宏观层面，也是互联网与实体经济产生互动的主要领域。技术属性是互联网内涵中的中观层面，它不仅渗透到互联网其他三个属性中，还对其他产业和技术产生了广泛性影响。要素属性是互联网内涵中的微观层面，主要是互联网推动数据成为新的生产要素，从而改变了生产要素体系格局，进而促使产业运行和价值创造逻辑发生改变。同时还应注意，互联网瞬息万变，它的内涵随着其发展形态也将会发生变化，正如信息通信技术的发展推动了互联网的诞生、互联网又成为新一代信息技术的更新升级的支撑一样，就是在这样螺旋式相互支撑、相互作用下实现互联网形态演变。

3.1.1.2 互联网的特征和外延

(1) 互联网的技术特征。

第一，互联网最基本的技术特征就是连接一切。互联网促使人与人通过电子邮件、即时通信软件、社交网络等手段连接起来，同时也通过传感器将物与物连接起来，最终形成人与人、人与物、物与物相互连接的多种场景。不仅如此，互联网还促使生产生活中各个环节和节点相互连接，能够为各个环节和节点提供实时数据，从而为生产生活决策提供支撑（里夫金，2014）。

第二，互联网促使数据成为重要的生产要素。互联网在运行过程中产生了大量的数据，一方面数据通过流动和分享不断增大自身价值；另一方面通过大数据、云计算等信息处理技术可以进一步挖掘信息价值，从而使互联网成为像公路、铁路、电力一样重要的基础设施，使数据成为资本、劳动、土地一样重要的要素投入。

（2）互联网的生产模式特征。

第一，互联网促进了智能制造的发展。从近代发生的三次工业革命的生产组织方式看[①]，第一次工业革命中机械化使纺织工厂替代了家庭作坊，第二次工业革命中以福特流水线为代表的大规模自动化生产方式逐渐形成，而方兴未艾的第三次工业革命则初步显现出以数字化为重要特征的生产方式。无论是德国的“工业4.0”还是美国的工业互联网，都是以构建信息物理系统（Cyber Physical System，CPS）为目标，从而将人、机器、资源和产品有机联系在一起，这就推动了智能工厂的发展，最终实现柔性化生产以满足客户个性化需求。

第二，互联网有助于协同制造的发展。互联网突破了传统生产协作模式，由原先生产、流通、销售的单向协同模式扩展至以客户需求为导向的双向协同模式。互联网通过提高资产专用性水平，促使柔性化、个性化等大规模定制生产以较低成本进行，从而实现以客户需求为导向的生产模式。基于客户需求的生产制造存在不确定大、产品复杂度高等特点，只有协同生产才能满足市场需求，促进协同制造的发展。

（3）互联网的产业业态特征。

第一，互联网促进了产业融合发展。互联网与传统产业的融合使传统产业焕发出新的生机和活力，同时催生出一大批新业态、新模式和新经济，从而使产业边界模糊化，出现线上与线下融合、虚拟与实体融合、服务与制造融合等产业融合新趋势。互联网作为信息通信技术发展的产物，有较高的知识和技术含量，通过产业融合能够提升产业发展效率和质量，推动产业知识和技术等“非物质”投入增加，有助于降低对能源资源的依赖程度。

第二，互联网促进了制造业服务化进程。在互联网发展水平较低的时期，制造企业提供增值服务的成本很高，导致制造业服务化投入不足，例如，工业产品销售出去后很难获得客户反馈信息和产品使用状况数据，这就制约了企业提供增值服务。互联网发展水平提高后，制造企业能够低成本地在研发设计、生产制造、销售流通、交付安装、培训维护及回收利用等价值环节提供专业化的服务，例如，飞机发动机供应商GE公司早期只能被动地提供维修服务，但借助互联网之后就能实时监测发动机的运行情况，能够在机器出现故障之前就进行维修（黄群慧等，2016）。

① 当前关于工业革命的划分存在较大的争议，但绝大多数学者都是从生产方式的视角对工业革命进行考察，且认为信息技术和互联网是新一轮工业革命的基础。

3.1.1.3 互联网发展水平概念界定

从互联网的内涵、外延、特征及其发展演变历程可知，互联网起初是网络与网络之间串联而成的巨大网络，包含交换机、路由器、服务器、计算机及其他终端等构成要件，这是支撑互联网运行的基础设施。随着互联网技术的进步，互联网基础设施的数量和质量都在不断提升，从而促使互联网基础设施升级换代，这是互联网基础设施水平的提升（马化腾等，2015）。同时，网络与网络之间信息传输的内容及其质量则由互联网资源支撑，例如，网页、网站、APP 等互联网资源的丰富程度反映了信息数量和质量的高低，互联网资源对信息传输和呈现方式及其效果都有重要影响，是互联网发展水平的重要方面。此外，如果说互联网资源是互联网发展水平在深度上的积累，那么互联网普及率则是互联网发展水平在宽度上的延伸，由梅特卡夫定律①可知，要有更多的网络节点才能使互联网发挥最大的网络价值，因此需要有更多的企业和个人使用互联网才会发挥它的价值，在互联网发展的高级阶段，也就是万物互联时代，意味着更多的物通过传感器与物和人发生互动，通过人与人、人与物、物与物之间的连接提升整个网络的价值（安筱鹏，2019；孙毅，2021）。最后，互联网基础设施、互联网资源和互联网普及程度为互联网运行创造了良好的条件，那么互联网与生产生活融合的效果如何呢？这就涉及互联网的应用程度。互联网发展的目的始终要以提高生产效率、推动经济增长和社会进步为导向，互联网与生产生活的融合程度是互联网发展水平的重要体现，它反映了互联网对实体经济的作用效果，这也是技术进步的意义所在。

以上从互联网的基本概念出发，对互联网发展水平的内涵进行推演，认为互联网发展水平包含互联网基础设施、互联网资源状况、互联网普及程度及互联网应用程度四个方面，分别对应着互联网的基础设施属性、要素属性、技术属性和产业属性。值得注意的是，这四个方面是从互联网的概念和内涵中提炼出来的，但并不表示四个方面是相互独立的，恰恰相反，以上四个方面联系紧密、相互作用。例如，互联网资源的丰富程度一方面依赖于互联网基础设施水平的高低，另一方面也取决于经济社会对互联网应用的需求，同时互联网资源又反作用于它

---

① 梅特卡夫定律由 3Com 公司创始人罗伯特·梅特卡夫提出的一种网络技术发展规律，主要是指网络的价值为网络节点数的平方。梅特卡夫定律对于工业低碳转型的意义在于，只有更多的工业企业实现网络化、数字化和智能化转型，才能发挥互联网对更多企业能源效率提升的促进作用使要素在更广的范围内优化配置。

们，从而形成良性互动、共同发展的紧密关系。从吉尔德定律[①]可知，当前带宽等网络技术已经相当成熟，影响带宽进一步扩大的主要原因是来自生产生活的实际需求，也就是说互联网应用反作用于互联网基础设施和互联网资源。

3.1.2 工业低碳转型的概念与内涵

由文献综述中关于低碳转型的研究可知，低碳转型是指通过一定的手段促使经济向高能效、低能耗和低排放模式转变，低碳转型的实质是实现经济增长与碳排放逐步脱钩，即在推动经济高质量发展过程中不断降低碳排放，直到零排放或负排放。要实现工业低碳转型，则需在工业研发设计、生产制造、流通销售及回收利用等全生命周内实现低碳化，既包含生产过程的低碳化，也包含生产结果的低排放。此外，还可从微观、中观和宏观层面对工业低碳转型内涵进行分析。

从微观层面看，工业低碳转型就是要实现要素投入的低碳化、清洁化，推动依赖能源资源等物质资本的工业增长模式向依靠创新驱动为主的模式转变，创新驱动更多地依赖知识和技术，因而较物质资本要素更为清洁（阿吉翁和霍伊特，2004）。这实际上是创新要素对能源资源等要素的（部分）替代，从而推动投入要素低碳化，进而从源头上促使工业低碳转型。从中观层面来说，工业低碳转型就是要使用低碳技术促进生产制造、销售流通及回收利用等阶段低碳化，通过绿色低碳技术重构现有生产制造模式，从而推动产品生产过程低碳化及二氧化碳排放最小化（Kaya，1990；付华等，2021）。从宏观层面来看，工业低碳转型就是要推动工业结构向能源消耗低的行业发展，这主要通过对传统产业低碳化改造以及催生低碳环保型的新产业新业态两种方式加以实现，以此推动工业经济低碳转型发展。

从我国工业能源消耗现状看，工业低碳转型的首要任务就是提高能源效率。我国仍然处于工业化进程的中后半段，经济增长对能源的消耗仍然在不断增加，这就决定了短时期内我国依然依赖以煤炭为主的能源作为动力，而煤炭是二氧化碳等温室气体的主要排放来源（毛涛，2022）。在经济增长和低碳转型双重压力下，努力提高工业能源效率不仅是当务之急，而且是相当长时期内实现低碳转型的重要途径。为此，工业和信息化部 2021 年发布的《“十四五”工业绿色发展规划》中就将效率优先作为工业绿色发展的基本原则之一，提出了要把提高能源

① 吉尔德定律由乔治·吉尔德提出，主要是对光纤技术发展速度的判断，认为光纤的带宽每 6 个月增长 1 倍。这一速度是摩尔定律中预测的计算机 CPU 增长速度的 3 倍，光纤通信网络的飞速发展印证了这一判断。

资源利用效率作为首要任务。同时，由于我国能源效率处于较低水平，提高能源利用效率可进一步挖掘节能减排潜力，有利于在能源需求上升和碳减排压力增大之间找到新的平衡点，从而有助于为我国经济高质量发展提供必需的能源动力（平新乔等，2020）。

从以上分析可知，本书认为工业低碳转型是通过一定的制度和技术手段促使工业从高碳生产过程向低碳生产过程转变、高碳能源向低碳能源转变、高碳工业结构向低碳工业结构转变、高碳技术向低碳技术转变的演化过程，最终实现工业发展和工业碳排放绝对脱钩。要推动工业低碳转型，需要从能源效率、能源结构、工业结构及低碳技术等方面发力，低碳技术贯穿能源效率、能源结构及行业结构全过程，能够提升既有产业能源效率及促进现有生产工艺低碳化转型，同时低碳技术还能够催生一大批新的低碳产业，因此低碳技术的研发和应用对现有产业和未来新兴产业低碳化都具有积极的促进作用，这也就是本书在第4章节中仍然将技术进步作为互联网影响能源效率的重要机制的原因。在本书工业低碳转型分析框架中，能源效率提升是工业低碳转型的首要，工业结构和能源结构低碳化是工业低碳转型的核心，低碳技术是工业低碳转型的动力。

值得注意的是，本书将工业低碳转型的概念与内涵凝练成能源效率提升、结构低碳化和低碳技术创新三个主要层面，是着眼于当前我国工业低碳转型发展现状及碳达峰碳中和目标实际，并兼顾我国能源安全和低碳转型目标，从实现工业低碳转型的首要任务、核心任务及根本动力出发界定的研究框架，能够从整体上把握工业低碳转型的内涵及符合我国工业低碳转型的实际需求，也与经济高质量发展要求的效率变革、质量变革和动力变革相契合。同时，也应该注意到，影响工业低碳转型的因素不只有以上三个层面，本书对工业低碳转型的概念界定和内涵剖析是基于当前我国工业低碳转型发展实际需求，从当务之急、关键核心和根本动力三个主要层面进行定义。

3.2　互联网发展水平影响工业低碳转型的理论基础

3.2.1　低碳经济理论

3.2.1.1　低碳经济理论内涵与演变

低碳（Low Carbon）是指较低的温室气体（主要是指二氧化碳）排放，低碳经济（Low-carbon Economy）则是指以最大限度地减少煤炭、石油等化石能源消费的经济。从低碳到低碳经济意味着人们开始思考碳排放这种自然现象与经济社会发展的关系，经济增长产生的碳排放超过了自然界净化速度，从而对人类的可持续发展产生威胁。低碳经济的概念率先被最早完成工业化的英国提出，2003年英国政府在名为《我们能源的未来——创建低碳经济》的能源白皮书中首次提出低碳经济，此后逐渐受到人们的关注和重视。当前对低碳经济的概念缺乏一个约定俗成的定义，目前被广泛引用的是英国环境专家鲁宾斯德的表述，即低碳经济是在市场经济的基础上，通过制度框架和政策措施的制定和创新，推动和促进高能效技术、节能技术和可再生能源技术的开发应用，促进整个社会向高能效、低能耗和低排放模式转变。

低碳经济包含经济发展和碳排放减少两个方面，并且要在保持必要经济增长的同时减少碳排放和能源消耗，最终实现经济增长与碳排放脱钩。低碳经济既不是有经济、无低碳的传统褐色经济，也不是有低碳、无经济的纯粹的节能减排，而是通过投资于碳生产率和新能源促进经济增长和能源资源脱钩的发展（盛馥来和诸大建，2015）。

低碳经济概念的提出与工业化进程中能源资源消耗对环境产生的影响密切相关。第一次工业革命时期，以蒸汽机的发明、制造和应用为代表的技术革新促进了纺织业、采矿业和冶金业等工业的快速发展，这加大了对煤炭等资源的需求，由煤炭生产和消费带来的环境资源问题逐渐产生，但当时并未受到人们的关注。第二次工业革命时期，以电力、内燃机的发明和广泛应用为代表的技术革新推动人类从“蒸汽时代”进入“电力时代”，自动化成为该时期工业生产方式的典型特征，第二次工业革命推动工业结构从轻工业向以电力、石油、化学及机器制造等为代表的重工业转变，这进一步推动了煤炭和石油的大规模使用，工业能源结构的转变使能源消耗急剧增长，碳排放和环境污染等问题也日益突出。第三次工业革命时期，以电子和信息技术等为代表的技术革新推动人类进入信息化时代，但世界上不同发展阶段的国家工业结构不同，许多发展中国家仍然经历着工业化进程，这就形成了发达国家低碳化生产和发展中国家高碳化生产并存的碳排放格局，这就导致了全球气候问题更加突出。

互联网发展重塑低碳经济理论。以互联网为重要支撑的第四次工业革命对环境和气候的影响与前三次工业革命有根本的不同，首先从技术本身的能源驱动力看，前三次工业革命以煤炭、石油等化石能源为主且需要持续投入才能增加工业产出，而互联网发展虽然以电力为驱动，其中也会消耗化石能源，但由于互联网存在梅特卡夫定律和虚拟对实体的替代功能，使互联网对能源的消耗仅仅为维持自身基本运转，互联网赋能生产效率提升、生产结构升级和技术创新所带来的能源节约远远大于自身的能耗，因此互联网时代的工业革命对环境和气候的影响将与前三次有根本的不同，互联网为实现工业文明和生态文明融合发展提供了有效支撑和强大动力。

3.2.1.2　低碳经济理论模型

模型是阐释低碳经济理论的重要组成部分，理论模型的构建能够更为深刻地理解经济理论（陈诗一，2022）。卡亚恒等式、IPAT 模型和 STIRPAT 模型等低碳经济模型对分析低碳经济影响因素和测度低碳经济发展水平具有重要作用，是当前学术界用于研究低碳经济的重要理论依据，也是本书界定工业低碳转型影响因素的重要依据。

（1）卡亚恒等式。卡亚恒等式揭示了影响碳排放的因素，有助于针对性地制定和实施碳减排政策，是低碳经济领域的经典理论。Kaya（1990）首次提出了卡亚恒等式（Kaya Identity），将二氧化碳排放影响因素分解为碳排放强度、能源强度、人均 GDP 和人口规模 4 个方面，用公式表示为：

$$C=\frac{C}{E}\times\frac{E}{GDP}\times\frac{GDP}{P}\times P \tag{3-1}$$

其中，C 为二氧化碳排放量，E 为能源消耗量，GDP 为地区生产总值，P 为总人口，上式表明二氧化碳排放取决于碳排放强度（C/E）、能源强度（E/GDP）、人均 GDP（GDP/P）和人口总量（P）。卡亚恒等式表明，除影响二氧化碳排放的经济规模和人口规模等宏观因素外，能源结构的类型和能源强度的高低也是重要的影响因素。从中可知，能源强度是影响碳排放的重要因素。在卡亚恒等式基础上加入产业低碳结构因素，将工业碳排放分为低碳行业碳排放和高碳行业碳排放之和，将式（3-1）扩展为：

$$C_h=\frac{C_h}{E_h}\times\frac{E_h}{IS_h}\times\frac{IS_h}{GDP}\times\frac{GDP}{P}\times P \tag{3-2}$$

$$C_l=\frac{C_l}{E_l}\times\frac{E_l}{IS_l}\times\frac{IS_l}{GDP}\times\frac{GDP}{P}\times P \tag{3-3}$$

其中，C_h、C_l 分别为高碳行业和低碳行业碳排量，IS_h、IS_l 分别为高碳行业和低碳行业产值，E_h、E_l 分别为高碳行业和低碳行业能源消费量。从扩展后的卡亚恒等式中可知，碳排放的影响因素不仅包含高碳行业和低碳行业能源强度（E_h/IS_h 和 E_l/IS_l），同时还包含高碳行业和低碳行业在 GDP 中的占比（IS_h/GDP 和 IS_l/GDP），也就是产业的低碳结构也影响二氧化碳的排放。从式（3-2）和式

（3-3）可知，其他条件不变情形下，如果低碳行业比重越大，那么低碳行业能源强度就越小，二氧化碳排放量就越少。

（2）IPAT 模型和 STIRPAT 模型。IPAT 模型由美国生态学家 Ehrlich 和 Commoner 于 20 世纪 70 年代首先提出，用于分析人口、经济和技术对环境的影响。IPAT 的一般表达式为：

$$I=P\times A\times T \tag{3-4}$$

其中，I、P、A、T 分别表示环境影响（Impact）、人口（Population）、富裕程度（Affluence）和技术水平（Technology）。在本书研究中，将环境影响设为碳排放，也就是 $C=P\times A\times T$。该模型突出了技术对环境的重要影响，其基本逻辑在于技术水平的提升会促进经济活动从而扩大对环境的影响，这在 20 世纪 70 年代是符合实际情况的。但是该模型并未区分技术的偏向性，Acemoglu（2001）首次提出了技术的偏向性，如果是低碳技术或清洁技术的发展，那么则可以减少经济活动对环境的影响。

IPAT 模型虽然形式简洁，但由于模型只表现为线性形式，难以呈现非线性、不同比例的变化，因此在应用上受到较大的限制。Dietz 和 Rosa（1994）建立的 STIRPAT（Stochastic Impacts by Regression on Population，Affluence and Technology）模型突破了这种限制，使模型的应用性大为增强，被广泛应用于研究环境和污染影响因素领域。STIRPAT 模型的一般形式为：

$$I=\beta_0 P^{\beta_1} A^{\beta_2} T^{\beta_3} e^{\varepsilon} \tag{3-5}$$

其中，I、P、A、T 分别表示环境影响（Impact）、人口规模（Population）、人均财富（Affluence）和技术（Technology），e 为误差项。

从中可知，碳排放的主要影响因素包括能源强度、产业低碳结构和技术。要实现工业低碳转型，也需要从降低工业能源强度、提升工业低碳行业占比及推动低碳技术创新上发力，围绕工业能源效率提升、低碳结构升级和低碳技术创新，从效率变革、结构变革和动力变革三个层面推动工业低碳转型。以上三个层面中，工业能源效率提升是我国当前以化石能源为主要背景下的当务之急，我国推进“碳达峰碳中和”目标所实施的政策举措中多将能源效率提升作为首要任务，可见当前提升能源效率、降低能源强度的重要性和紧迫性。与此同时，推动传统产业低碳化转型和推动低碳产业发展也是工业低碳转型的重中之重，这是我国推动产业结构转型升级的中长期目标，也是能否实现工业低碳转型的核心，只有工业结构低碳化才能在减少对能源消耗的基础上实现工业高质量发展。此外，无论是能源效率的提升还是工业结构的低碳化，都离不开低碳技术，低碳技术创新不仅能够对能源效率产生积极作用，还能支撑低碳产业发展壮大，是推动能源效率和结构低碳化的重要动力。

3.2.2 可持续发展理论

3.2.2.1 可持续发展理论内涵与演变

可持续发展的概念首次提出于 1987 年，在世界环境与发展委员会上发布的《布伦特兰报告》中提出，可持续发展是指“既满足当代人的需求，又不损害后代人满足其自身需求的能力”。可持续发展的另一个比较有影响力的定义是 1991 年世界自然基金会、国际自然保护联盟和联合国环境规划署共同发布的《关爱地球：一项可持续生活的战略》报告：“可持续发展就是在起支撑作用的生态系统的承载能力范围内改善人类生活质量”（WWF、IUCN & UNEP，1991）。可持续发展理念的提出带有鲜明的时代烙印，20 世纪五六十年代，西方发达国家经济发展对资源和环境带来的负面影响愈加严重，人们开始通过经济、技术和政府干预等手段避免资源和环境危机，可持续发展的概念中也蕴含了上述理念。可持续发展理论包含两大核心内容，分别是协调与公平。协调是指经济发展与资源环境承载力之间的协调，经济发展对资源环境的消耗速度不能超越其自身恢复的速度，两者之间需要协调发展。公平是指人类与其他物种之间的公平、当代人与后代人之间的公平及不同地区和国家之间的公平，只有满足不同物种、代际之间和地区之间的公平才能促进人类社会和自然界持续共生。

过去 30 多年间，可持续发展理论逐渐演化为两种形式，分别是“弱可持续发展”理论和“强可持续发展”理论。前者的主要倡导者是经济学家罗伯特·索洛，该理论以人为中心，认为可持续发展只要求包括人造资本、自然资本和人力资本在内的资本总量不减少，这意味着自然资本和人造资本、人力资本之间可以进行相互替代。而后者主要由环保学者提出，认为可持续发展要求“自然资本”不得减少。

3.2.2.2 可持续发展理论的发展

可持续发展理论与经济学的融合发展形成了环境与资源经济理论、生态经济学理论等理论分支（张晓玲，2018）。本书研究互联网对工业低碳转型的影响，因此在阐述生态经济学理论时会侧重产业生态化理论。尽管可持续发展理论与经济学融合发展形成的理论分支可能存在交叉重叠，但它们的关注重点和分析范式均有所差异，共同为本书的研究提供理论支撑。

（1）环境与资源经济理论。环境与资源经济理论主要研究经济发展与环境保护、资源消耗之间的相互关系，以及探讨区域经济发展与资源环境协调发展的基本规律，从而使经济效益和环境效益总量最大化。环境与资源经济理论的核心思想是环境和资源是有价值的，因此经济活动对资源环境造成的损害是有成本的。因此，环境与资源经济理论的主要研究内容包括资源环境的价值评估、污染损失估算、环境治理投入效益成本评估等内容。环境与资源经济理论是经济学和环境科学的有机融合，将环境科学和生态学的内容纳入经济学的分析框架，在环境科学的基础上增加了经济学分析视角。环境与资源经济理论的一个重要概念是环境承载力，即依据环境与资源的实际承载力确定人口和经济增长的速度。资源数量和环境容量是有限的，而为了维持人类生产生活需要有持续的资源供给及足够的环境容纳人类的排放物，因此人类生产生活活动受到资源和环境的双重约束。

低碳发展与资源环境问题紧密相连。碳排放导致气候变暖与环境经济学中的污染问题类似，众多文献已经证实环境污染存在“越境污染”“污染天堂”等问题，而各个国家的碳排放直接对全球气候变暖产生影响，是人类共同面临的问题。同时，碳排放的主要来源于碳基能源的燃烧，是基于资源的消耗产生的碳排放问题，因此资源问题与碳排放问题是紧密相连的，推动新能源的发展能够有效降低碳排放量。

（2）产业生态化理论。产业生态化是基于生态系统的概念，遵循生态经济理论和循环经济理论中的原理和规律，在自然生态系统承载能力范围内，对特定区域空间内产业系统、生态系统和社会系统进行有机融合和深度优化，从而实现自然生态系统和产业发展系统协调可持续发展。生态系统的概念首先是由英国生态学家坦斯利 1935 年提出的，认为在生态系统中生物成分和非生物成分之间存在能量流动、物质循环和信息传递，是两者之间相互联系、相互作用和相互影响的集合体。产业生态系统则是指多个产业之间资源共享、能量互换、废弃物集中处理而构成的共生系统。产业生态系统从企业间和产业链整体层面统筹原材料、能源资源配置，从整体上设计清洁生产方案和能源资源循环利用方案，推动实现上下游产业及企业资源相互利用，从而减少能源资源浪费，进而实现产业生态化。产业生态化的过程就是产业系统不断形成基于系统内部的物质循环反馈体系，是推动经济社会可持续发展的重要动力。

产业生态化理论有以下四个鲜明的特征：首先，产业生态化以一定的区域为依托，仿照自然生态系统空间集聚现象，在特定的地理空间范围内进行物质、能源的交换及废弃物的集中处理。其次，产业生态化以构建产业生态系统为核心，通过在系统内企业和部门之间建立产业生态网络，促进企业和部门之间物质循环与再利用，从而提供产业生态系统物质能量循环高效利用率。再次，产业生态化的最终目的是促进产业的可持续发展，通过对区域内资源合理开发，减少对环境的污染及提高能源利用效率，从而实现产业可持续发展。最后，产业生态化是一个动态演化过程，随着工业革命和技术革命交互演进，产业生态系统也不断转型升级。一方面，产业形态不断更新；另一方面，推动系统内物质和能量循环高效利用的技术也不断创新，通过产业的更迭和技术的进步，推动产业生态系统形态的更新和生态化程度的提高。

3.2.3 内生经济增长理论

经济增长理论的演进先后经历了古典增长、新古典增长和内生经济增长三个阶段，前两个理论均将技术进步作为决定长期经济增长的外生变量。20 世纪 70 年代，经济学家开始将能源、自然资源和环境污染问题纳入新古典增长理论。90 年代，为应对全球气候变化问题，经济学家开始将气候变化问题纳入内生增长理论。与新古典增长理论相比，内生增长理论在解释能源、资源和气候变化等可持续发展问题上更具优势，因为基于内生增长理论的分析方法认为，在自然资源有限的约束下，经济能够实现可持续发展的关键在于生产知识的技术比生产物质的技术更为清洁。罗默在 1986 年提出的内生经济增长模型认为，知识生产率的不断递增可以抵消甚至超过物资资本递减的生产率，从而使经济可以实现长期增长。在经典的索洛模型基础上，罗莫（Romer，1990）、格罗斯曼和赫普曼（Grossman & Helpman，1991a）和阿吉翁和豪伊特（Aghion & Howitt，1992）将研发部门分离出来，将索洛模型：

$$Y=AF(K,\ L) \tag{3-6}$$

改写为：

$$Y=A(t)F(K(t),\ L(t)) \tag{3-7}$$

$$Y(t)=[(1-a_K)K(t)]^a[A(t)(1-a_L)L(t)]^{1-a},\ 0<a<1 \tag{3-8}$$

其中，a_K 和 a_L 为用于研发部门的资本和劳动，且都为外生不变的，同时由于知识具有非竞争性，因此生产部门和研发部门都使用相同的知识存量 A。由以上可知，内生经济增长模型将技术进步内生化，技术进步被视为经济系统内生因素共同作用的结果。

Aghion 和 Howitt（1998）在熊彼特“创造性破坏”模型基础上将不可再生自然资源纳入生产函数，而熊彼特模型区分了物质资本和智力资本，模型表明只要智力资本累积速度超过物质资本就能抵消自然资源利用的下降，从而证明了资源约束下技术能够促使经济可持续发展。本书探讨互联网对工业低碳转型的影响，实质是互联网技术的发展如何影响工业增长和碳排放之间的关系，这涉及技术对经济增长的作用，也就是经济增长理论。互联网技术对资本、劳动和能源资源的替代或利用，将减轻资源依赖、提高要素效率，以此实现经济增长的可持续性。

3.2.4 技术创新扩散理论

创新扩散理论的创始者埃弗雷特·罗杰斯在《创新的扩散》一书中认为，创新扩散是以一定的方式在社会系统的各个成员之间进行传播，且新技术在向社会推广和扩散的过程中，信息技术发挥着十分重要的作用。影响技术扩散的主要因素有地理距离、技术差距、要素禀赋和制度环境等。传统技术扩散受地理距离影响较大，较远的距离会增加直接交流的成本，Keller（2001）发现发达国家之间技术扩散速度随着距离的增加而减慢，当距离超过 1200 千米时技术扩散几乎处于停滞状态，同时还发现发达国家内部技术扩散速度快于国家之间，例如，在欧洲技术扩散呈现的创新溢出效应仅在 300 千米范围之内显现，多数技术扩散仍然局限于本国之内。互联网极大地促进了技术信息在更广地区更多领域低成本实时交流沟通，打破了地理距离对技术扩散的阻碍，对传统技术扩散模式也产生了重大变革。

技术扩散理论认为，技术扩散一般经历“S”型曲线，即导入、加速扩散和扩散速率衰减三个阶段，如图 3-1 所示。在新技术发明到早期应用阶段，由于技术发明者与需求方之间存在较大的信息不对称情况，进而使需求方对新技术使用可能带来的风险产生顾虑，这一导入阶段技术路径依赖现象较为突出，技术扩散速率也较为缓慢。当市场上使用新技术的规模达到一定程度时，关于技术的知识、信息及其产生的效益等逐渐被市场主体认知，同时导入阶段技术可能存在的缺陷也逐步被技术发明者加以改进，技术实用性不断增强，此时技术扩散进入到加速期。技术加速扩散不断提高技术市场占有率，当技术扩散在市场边界内达到饱和点时，技术扩散速率就会逐渐下降。根据马克思平均利润理论，技术初期和加速期能够获取额外的利润，这将促使更多企业进入这一技术领域，从而加剧该技术领域竞争，进而使技术产生的收益归于平均利润水平，这将导致技术扩散速度逐渐下降，直到技术被市场淘汰。

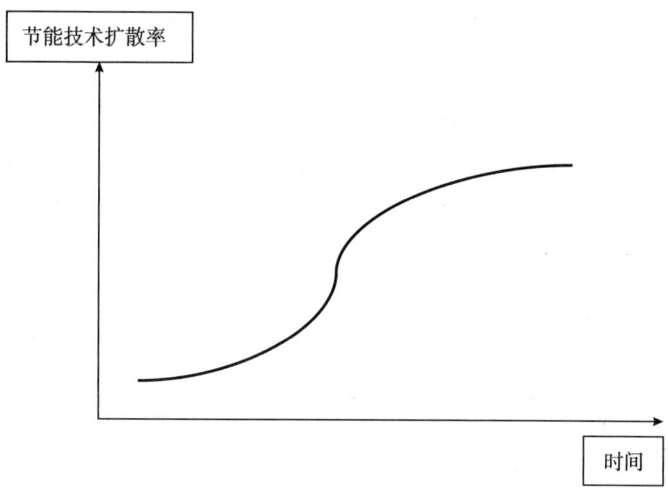

图 3-1 节能技术“S”型扩散曲线

低碳技术从创新者到接受者一般经历了解阶段、兴趣阶段、评估阶段、试验阶段和采纳阶段五个阶段，同时低碳技术传播需要在一定的社会网络中进行，互联网对低碳技术的初始阶段传播具有重要的促进作用，可以加快低碳技术在潜在接受者之间的传播速度，缩短创新者、早期采用者、早期采用人群、后期采用人群、后期使用者等人群类别的间隔时间，从而达到低碳技术传播扩散和应用的目的。互联网能够加快技术“S”型曲线的扩散速率，促进新旧技术的更新迭代。在市场导入阶段，互联网发展能够促使技术发明者和需求方之间信息更好的传递，促进技术信息的传播，使需求方更好地了解技术的相关知识，从而加快技术从导入期转向加速期。在技术加速期阶段，因互联网具有的网络效应，技术将会以更快的速度扩散至市场饱和点，同时因互联网能够推动技术创新，新技术的研发进程加快将逐渐取代原有技术，从而进入新一轮研发周期，进而进入新一轮技术扩散周期。

3.3 互联网发展水平对工业低碳转型的影响机制

3.3.1 互联网发展水平对工业能源效率的影响

3.3.1.1 理论模型推导

根据前文对互联网内涵和外延的分析，互联网含有技术属性，为此将互联网技术从整体的技术进步 A 中分离出来。假设市场上存在两个互联网发展水平存在差异的企业 1 和企业 2，企业 1 的互联网发展水平较高，记为 I_1，企业 2 的互联网发展水平较低，记为 I_2。借鉴潘雄锋等（2017）做法，首先建立全要素能源效率函数，在既定能源总量情况下，全社会能源效率最优时的能源配置满足以下条件：

$$\max TFEE=\frac{f_1(E_1,\ K_1)+f_2(E_2,\ K_2)}{E_1+E_2}$$

$$E_1+E_2=E \tag{3-9}$$

$f(A,\ E,\ K,\ L)$ 为柯布—道格拉斯生产函数①，即：

$$f(E,\ K)=AIE^{\alpha}K^{1-\alpha} \tag{3-10}$$

其中，A、I、E、K 分别为技术进步、互联网发展水平、能源消耗和资本，α 和 $1-\alpha$ 为能源和资本的份额且 $0<\alpha<1$。分别对 E_1、E_2 求约束条件下的一阶导数为：

$$\left(\frac{A_1I_1}{A_2I_2}\right)\left(\frac{K_1}{K_2}\right)^{1-\alpha}=\left(\frac{E_1}{E_2}\right)^{1-\alpha} \tag{3-11}$$

式（3-10）即为经济初始状态下的均衡，两个企业分别使用 E_1^0 和 E_2^0 的能源，全社会初始全局最优能源效率为 EE_0^*。当企业 1 互联网应用水平提升时，能源配置也同样满足式（3-11），两个企业此时使用的能源分别为 E_1^1 和 E_2^1，全社会全局最优能源效率为 EE_1^*。如果市场资源配置水平较高，不存在市场扭曲，那么能源流向互联网发展水平高的企业就会提高能源效率，从而使得 $EE_1^*>EE_0^*$。为进一步说明互联网发展水平能否优化资源配置、缓解市场扭曲现象进而提升能源效率，本书从利润函数出发进行分析。企业的利润函数设为：

$$\pi=\max f(E,\ K)-pE-rK \tag{3-12}$$

其中，p 和 r 分别为能源和资本的市场价格②，对式（3-12）中的能源 E 求一阶导数得到能源需求量为：

$$E^*=\left(\frac{\alpha AI}{p}\right)^{\frac{1}{1-\alpha}}K \tag{3-13}$$

由此可知能源需求量主要由技术进步、互联网发展水平、资本和能源价格决定。进一步对式（3-13）求全微分得出：

---

① 本书为了表达形式的简洁忽略了劳动力要素，这样并不会影响理论分析结果。同时，本书引入了互联网发展水平，因为互联网作为通用目的的技术和能源存在替代或互补关系。同理，资本和能源在短期或长期内也具有类似关系，因此一并引入这两个要素。

② 此处将产品价格标准化为 1，能源价格是产品价格的 p 倍。

$$\Delta E^* = \frac{K}{1-\alpha}\left(\frac{I}{p}\right)^{\frac{1}{1-\alpha}} A^{\frac{\alpha}{1-\alpha}} \Delta A + \frac{K}{1-\alpha}\left(\frac{A}{p}\right)^{\frac{1}{1-\alpha}} I^{\frac{\alpha}{1-\alpha}} \Delta I + \left(\frac{AI}{p}\right)^{\frac{1}{1-\alpha}} \Delta K + \frac{K}{\alpha-1}\ (AI)^{\frac{1}{1-\alpha}} p^{\frac{\alpha-2}{1-\alpha}} \Delta p \tag{3-14}$$

因为系数 $\alpha^{\frac{1}{1-\alpha}}$ 不影响本书分析结论，故在求全微分过程中将其省略。从全微分结果看，均衡时能源需求量由技术进步变化、互联网发展水平变化、资本存量变化以及能源价格变化决定。由式（3-14）可知，技术进步、互联网水平提升以及资本存量增加均提高了能源需求，而能源价格的提高则抑制了需求。因企业1互联网发展水平较高，当能源市场价格不存在扭曲时，能源就会流向互联网水平高的企业。此时，在不考虑能源消费总量的情况下，互联网水平高的企业能够提高能源边际生产率，从而提高能源效率，即 $EE_1^* > EE_0^*$。同时，因互联网技术属于通用目的技术，能够促进其他技术创新，从而使 $A_1 > A_2$。此外，互联网能够有效降低交易费用和信息不对称程度，这有助于促进要素资源优化配置，缓解市场价格扭曲程度，使 p 能够真正反映市场需求，从而推动能源向高技术水平企业流动。随着碳达峰碳中和目标的推进，控制能源消耗总量已纳入各级政府的考核中，互联网有效提升了环境规制水平，规制强度的增加会使能源价格进一步提升，使得 $\Delta p>0$ 且持续上升，这从整体上抑制了全社会的能源需求，使得 ΔE^* 逐渐变小，从而倒逼企业能源效率提升。

但在企业互联网使用水平较低时，能源要素更多地向互联网发展水平及技术水平高的企业流动，如果企业能源效率提升量 ΔEE_1^* 不足以抵消能源消耗增加量 ΔE_1^* 时，就有可能出现能源回弹效应，此时就会出现 $EE_1^* < EE_0^*$ 的情况，即互联网发展水平高的企业能源效率低于互联网发展水平低的企业能源效率，而这只有在互联网对能源效率提升作用逐渐变大后才能使得全局能源效率不断提升。因此，互联网对能源效率的影响可能存在先抑制后促进的“U”型关系。

据此，提出研究假说1-1：互联网对工业能源效率的影响存在先抑制后促进的“U”型关系。

3.3.1.2　具体机制分析

根据以上模型推导和分析，本书认为互联网发展能够通过优化要素配置水平、促进技术创新、提高环境规制强度及产生回弹效应等方面作用于全要素能源效率，前三个途径均直接促进了能源效率的提升，而回弹效应则暂时抑制了能源效率提升。以下部分为互联网对工业能源效率影响的具体作用机理（见图3-2）。

（1）互联网通过优化要素配置促进工业能源高效利用。要素市场扭曲对我国能源效率的提升有显著的负向作用（林伯强和杜克锐，2013），而互联网既是典型的通用目的技术，又是重要的数字基础设施，能够有效降低搜寻成本、复制成本、运输成本、追踪成本和验证成本（Avi Goldfarb and Catherine，2019）。互联网通过提升企业内部、企业之间和区域之间要素匹配效率，减少原材料和能源等要素库存和浪费，达到效率提升和节能减排的目的。从企业内部而言，互联网通过数据和信息要素代替物质投入使工业生产方式更为清洁，通过线上对线下的替代、虚拟对实体的替代，不仅减少了工业生产的中间环节，还有效地节约了物质和能源。而互联网信息和软件从理论上而言可以被低成本无限次重复使用，边际成本几乎为零，与工业社会靠大量物质投入不同，互联网的应用主要是依靠知识和信息的虚拟扩张，从而促使工业物质消耗减量化和生产方式清洁化。从企业之间关联看，互联网通过整合产业链、供应链和价值链，促进上下游企业资源和信息共享、供需高效对接，从而实现企业间自动地相互提供零部件和货源，降低了企业能源使用和原料库存，通过提升企业间协同效率降低能源消耗。对区域工业发展而言，互联网与工业的融合发展将产生网络效应、集聚效应、规模效应和协调效应等多种效应，可促进区域工业集聚化、规模化发展，要素集聚将有效提高区域工业生产效率，有助于在提高区域整体产出的同时降低单位能源消耗。

据此，提出研究假说1-2：互联网通过优化要素配置提升工业能源效率。

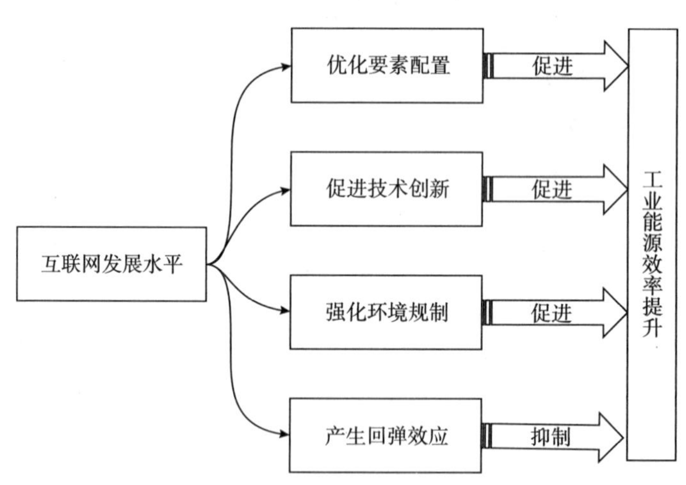

图3-2　互联网影响工业能源效率机理

（2）互联网通过技术创新作用于工业全要素能源效率提升。熊彼特在1934年提出了“新的生产方式组合”这种创新模式，韦茨曼在1998年提出“再组合增长”创新模式，这实质都是组合创新，它基于一种或者一系列技术形成各种各样的元件（Component），然后将各种元件重新组合，从而催生新的技术和创造新的产品。互联网作为通用目的技术，是组合创新中的重要元件，能够打破创新要素时空阻隔，促进创新要素高效重组，推动创新主体协同研发，加速包括能源效率提升在内的技术创新和应用步伐。因生产知识的技术比生产物质的技术更为清洁（Aghion & Howitt，1998），技术创新对能源高效利用和节约具有积极的促进作用。

已有文献表明，互联网有助于推进技术创新效率（韩先锋等，2019）。互联网作为通用目的技术，有助于推动能源利用技术创新和应用，打破能源领域长期存在的技术锁定效应。迅速发展壮大的工业互联网可使原材料和能源的需求和储备无缝对接，杜绝原材料和能源的浪费，实现全产业链能源节约和高效利用。互联网借助智能化传感器收集和传输设备生产过程中的能源信息，监测能源消耗动态信息，在机器不运作时降低电力消耗，休眠模式下减少用电，及时识别能耗异常或峰值情形，有助于优化调整工业全流程能源消耗，通过智能化生产促进工业能源节约。同时，互联网通过打破时空约束促进了技术信息的传播和扩散，创新主体能够及时全面获取使绿色低碳技术创新所需的海量信息，同时促进创新主体之间进行广泛的合作和交流，促进创新思维的碰撞和创新要素的高效重组，推动包括低碳技术在内的技术创新，从而作用于工业能源效率提升。此外，借助能源互联网①，能够有效推动多种能源的开放互联和优化调度，为能源的综合开发、梯级利用和共享创造有利条件，特别是有助于开发和利用非化石能源，这将降低高能耗行业的碳排放，从而提升工业全要素能源效率。

据此，提出研究假说 1-3：互联网通过技术创新作用于工业能源效率提升。

（3）互联网通过提高环境规制水平促进工业能效提升。互联网有助于增强政府环境规制能力，政府通过互联网等信息技术手段实时监控企业能源消耗和污染物排放情况，能够有效加大对高能耗企业的监管力度，这将倒逼企业加强能耗管理、提高能源效率，从而达到工业能效提升的作用。在本书研究期限内中国正逐渐加大能源消耗管控力度，不断对各地区及不同规模企业提出能源消耗的管控要求，且管控力度呈现逐渐加强态势。在这种背景下，企业必须将能源过量消耗的成本纳入生产决策中，环境规制产生的企业成本增加可能促进企业加快创新步伐，以加大创新投入抵消企业因超出能源强度而付出的行政处罚等成本。因此，

---

① 能源互联网是能源生产、传输、存储、消费以及能源市场深度融合的能源产业发展新形态，具有设备智能、多能协同、信息对称、供需分散多元、系统扁平、交易开放等主要特征。参见清华大学能源互联网创新研究院发布的《2021 年国家能源互联网发展年度报告》。

企业在环境规制压力下有动力进行技术创新及产品创新，以更低的能源消耗来满足政府的环境规制要求，同时企业也可以以此作为绿色发展理念的践行者，从而有助于提升企业品牌形象。

据此，提出研究假说 1-4：互联网通过加强环境规制作用于工业能源效率提升。

（4）互联网引致回弹效应抑制工业能源效率提升。能效提升节约的能源可能被由其引发的产出效应、收入效应和替代效应等机制产生的新的能源需求部分或完全抵消（Greening et al.，2000），这就产生了能源回弹效应。互联网迅速发展的同时会对经济增长起到促进作用，降低信息通信等产品的成本和价格，引致产品需求的增加，这反过来刺激了生产，从而导致更多的能源消耗。由于信息通信产品具有通用性特征，产品成本和价格的下降不仅促进了自身的需求，它更能刺激其他领域的产品需求，从而带动更多行业的需求和生产，从而引发更广层面的回弹效应，进而完全或部分替代互联网对节能降耗的作用。能源回弹效应使互联网对工业全要素能源效率的影响机制更为复杂，互联网对工业全要素能源效率的影响还取决于促进效应和回弹效应的大小，只有互联网对工业能源的节约和能效提升作用大于回弹效应才能促进工业全要素能源效率提升。因此，在互联网发展初期，由于互联网网络效应难以达到发挥作用的临界值，互联网的节能降耗作用可能低于其增长效应，此时互联网发展可能降低工业全要素能源效率；随着互联网发展到一定程度，互联网的节能降耗作用逐渐超过其增长效应，从而可能促使工业全要素能源效率的提升。

据此，提出研究假说 1-5：互联网引致的能源回弹效应抑制了工业能源效率提升。

3.3.2 互联网发展水平对工业结构低碳化的影响

3.3.2.1 理论模型推导

本书借鉴 Aghion 和 Howitt（1992）建立的熊彼特多部门经济增长模型①，参照易信和刘凤良（2015）、田秀娟和李睿（2022）构建的多部门熊彼特内生经济增长理论，将互联网技术创新和互联网与生产活动的融合应用纳入模型，并将能源生产部门作为单独的部门，为生产活动提供能源保障，以此构建涵盖通用产品

---

① 工业低碳转型属于宏观经济学范畴，因此选取宏观经济学方法模型。宏观经济学模型一般分为增长和波动两种类型的模型，前者适合分析长期问题，后者适合分析经济波动问题，且主要以 DSGE 模型为代表。基于以上分析，本书选取宏观经济学中的增长模型分析工业低碳转型问题。

生产部门、行业产品生产部门（包括中间品生产和最终产品生产）、互联网技术创新应用部门及能源生产部门等多部门经济增长模型。通用产品生产部门采用不变替代弹性技术（CES），通过投入 i 个行业的最终品进行生产。最终产品生产部门采用投入劳动力和最新技术的中间品垄断生产一种最终品。中间品由技术研发部门进行研发和生产，从而促进中间产品的升级换代。为聚焦互联网对工业结构低碳转型的影响和简化分析，本书将技术研发部门设定为互联网技术创新及应用部门，互联网发展水平对最终品生产产生直接影响，同时互联网与生产活动和能源供给融合应用间接地对生产效率和能源供给效率产生影响。互联网通过影响行业生产部门的效率和要素配置及能源部门清洁能源比重等途径对行业结构低碳化产生作用，从而推动工业结构低碳化转型。

（1）通用产品部门。通用产品的生产满足 CES 生产函数，设为：

$$Y_t = \left(\sum_{i=1}^{n} \omega_{it} Y_{it}^{\frac{\varepsilon-1}{\varepsilon}} \right)^{\frac{\varepsilon}{\varepsilon-1}} \tag{3-15}$$

其中，Y_t 为通用产品产量，Y_{it} 是第 i 个行业的最终产品，ω_{it} 为第 i 个行业最终产品对通用产品生产的重要性程度，且 $0<\omega_i<1$，$\sum_{i=1}^{n}\omega_i = 1$。$\varepsilon$ 为行业最终产品的替代弹性，且 $\varepsilon>0$。当 $0<\varepsilon<1$ 时，行业最终品在中间品生产中具有互补性，当 $\varepsilon>1$ 时，行业最终品在中间品生产中具有替代性。其中，CES 生产函数满足规模报酬不变、严格凹性和稻田条件。

（2）最终产品部门。假定经济中有 j 个行业，每个行业的最终产品市场均处于完全竞争状态。根据标准文献的通常做法，最终产品部门利用劳动和连续加总为 1 的中间品进行生产，生产函数设为规模报酬不变的柯布—道格拉斯生产函数：

$$Y_{it} = [\theta_{it} A_{it}(j)]^{1-\alpha} L_{it}^{1-\alpha}(j) \int_0^1 x_{it}^{\alpha}(j)\, dj \tag{3-16}$$

其中，Y_{it} 为最终产品产量，$L_{it}(j)$ 为劳动力投入，$x_{it}(j)$ 为 i 行业最终品生产中使用的第 j 种中间品投入。为聚焦互联网发展水平，假定 A_{it} 表示互联网技术发展水平，θ_{it} 表示互联网对最终产品生产过程中融合应用的程度，$\theta_{it}A_{it}$ 表示互联网对生产部门效率的改善，$\theta_{it}A_{it}L_{it}$ 则表示生产部门效率改善下的有效劳动。由最终产品生产函数形式可知，其满足规模报酬不变、严格凹性和稻田条件。在完全竞争市场条件下，行业 i 在中间产品价格 $P_{it}(j)$ 和劳动力工资水平 W_{it} 约束下选择最优的中间品 $x_{it}(j)$ 和劳动力数量 $L_{it}(j)$ 进行最终品的生产，以实现利润最大化。

（3）技术研发部门。为简化分析互联网发展水平对工业结构低碳转型的影响，本书将经典的研发创新部门主要界定为互联网技术及其应用的研发创新。在实践过程中，投入到互联网基础设施、互联网普及、互联网应用及互联网资源等领域的研发资金有助于提升互联网发展水平的整体提升，特别是如何将互联网技术和理念应用到生产制造各项活动中，从而提升生产效率和能源效率。

研发人员从事生产技术的研究，由企业提供报酬。根据 Acemoglu 和 Aghion（2012）的假定，每名研发人员只从事清洁或非清洁一种技术研发活动。如果研发成功，则会产生一种更具生产效率的新形式的中间产品，具体而言，本期使用的中间产品生产效率将由上一期的 A_{t-1} 上升至 $A_t=\gamma A_{t-1}(\gamma>1)$，研发人员从企业获得研发报酬。如果研发失败，则本期与上期使用的中间产品生产效率相同，即 $A_t=A_{t-1}$，研发人员无报酬。因此，研发人员都期望研发报酬较高的生产技术，定义 s_{jt} 为 j 类生产技术研发人员的比例，且 j 类生产技术的平均值 $A_{jt}=\int_0^1 A_{jit}di$，那么 j 类技术演化的动态方程为：

$$A_{jt}=(1+s_{jt}\eta_j\gamma)A_{jt-1} \tag{3-17}$$

其中，η_j 为研发人员研发成功的概率，γ 为研发成功之后的技术进步率。上述方程表明，越多研发人员从事某一项技术研发将会加快该技术的进步，如果研发人员在不同技术（清洁技术和非清洁技术）间的分布不对称，那么就存在特定技术增长更快的“定向技术进步”（Directed Technical Change，DTC）。

与此同时，本书根据 Aghion 和 Howitt（2009）的研究，将技术研发成功的概率表示为研发投入的函数，研发投入用行业最终产品表示。为避免研发函数产生研发人员增长而生产效率却没有显著增长的规模效应，借鉴易信和刘凤良（2015）的做法，将研发成功的概率表示为如下形式：

$$\eta_{ijt}=\lambda_i\left(\frac{R_{ijt}}{L_{it}A_{ijt}^*}\right)^{\frac{1}{2}} \tag{3-18}$$

其中，R_{ijt} 为研发投入，A_{ijt}^* 为研发目标，λ_i 为研发效率。

（4）能源生产部门。能源生产部门包括清洁能源生产部门和化石能源生产部门，清洁能源生产部门主要由水电、风电、光伏发电等能源生产形式组成，化石能源生产部门则主要包括煤炭为动力的能源形式。能源生产部门中清洁能源的比重直接影响到中间产品生产的清洁度，从而对最终产品碳排放量产生影响，进而会影响到行业低碳化程度。

互联网与能源部门的融合应用能够促进可再生能源的发展，通过提高可再生能源比例促使能源结构低碳化，从而作用于工业结构低碳转型。可再生能源发电存在随机性、波动性和间歇性等特征，如太阳能在晚上不能发电，风力发电受天气影响较大，新能源发电大量并网将使电源结构比例和电力系统运行机理产生新变化，同时也会给电力平衡系统和电力安全运行带来新挑战，这迫切需要构建能源互联网推动运行模式创新。能源互联网有助于微电网和分布式能源的有机结合，实现风电、光伏、水电、火电、储能（“风光水火储”）多种能源互补和“源—网—荷—储”互动运行，通过保障可再生能源充分消纳促进能源系统资源配置效率，提升可再生能源在不确定性环境下的分析和调控能力。

从生产端看，能源互联网能够使电力输送网络转变成信息能源网络，促进分散式可再生能源生产者以网络的形式对剩余能源进行分享。从消费端看，智能网络能够根据工业生产用电情况进行动态调节，这不仅可以避免电网出现超负荷的情况，同时也可以根据电力分时定价情况调整生产以低廉成本消纳电力。综上可知，能源互联网不仅有助于促进可再生能源的生产，同时还有助于能源消费的优化配置，从清洁能源生产和能源高效利用两个方面促进能源结构清洁化和能源利用高效化。

为此，将互联网作用于能源部门效率提升的转换因子设为 δ，则 δA_{it} 为互联网对能源效率提升的影响程度。同时，本书进一步区分互联网对能源部门中的清洁能源和非清洁能源效率提升的转换，分别记为 δ_c 和 δ_n。那么，$\delta_c A_{it}$ 和 $\delta_n A_{it}$ 则分别表示互联网对清洁能源生产效率和非清洁能源生产效率的提升作用。互联网部门的创新使能源资源更密集地使用，从而节约了这种能源的使用量。

根据以上模型设定，再对各部门行为进行优化。

（5）厂商的最优行为。根据模型设定中最终产品厂商的生产函数，第 i 个厂商通过选择最优的劳动投入和中间品数量以实现利润最大化，表示为：

$$\max P_{it}[\theta_{it}A_{it}(j)]^{1-\alpha}L_{it}^{1-\alpha}\int_0^1 x_{it}^{\alpha}(j)\,dj - W_{it}L_{it} - \int_0^1 P_{it}(j)x_{it}(j)\,dj \tag{3-19}$$

在中间品市场和劳动力市场均完全竞争的条件下，第 i 个厂商使用的第 j 类中间品价格等于其边际产品价值，同理第 i 个厂商投入的劳动力价格等于劳动力的边际产品价值，即：

$$P_{it}(j)=P_{it}\frac{\partial Y_{it}}{\partial x_{it}(j)}=\alpha P_{it}[\theta_{it}A_{it}(j)L_{it}]^{1-\alpha}x_{it}^{\alpha-1}(j) \tag{3-20}$$

$$W_t=P_{it}\frac{\partial Y_{it}}{\partial L_{it}}=(1-\alpha)[\theta_{it}A_{it}(j)]^{1-\alpha}P_{it}L_{it}^{-\alpha}\int_0^1 x_{it}^{\alpha}(j)\,dj \tag{3-21}$$

中间品市场是完全竞争市场，厂商可以自由进入。根据熊彼特“创造性破坏”机制，厂商有动力获取最新技术以保持产品的垄断，中间品市场份额将会被技术水平更为先进的厂商占有。根据本书主要研究互联网对工业结构低碳化影响的主题，为简化分析，假定能源是中间品生产的唯一投入，在位中间品厂商需要获取能源才能进行生产，并且假定一单位能源投入生产一单位中间品，中间品厂商根据中间品价格选择最优中间品产量以实现利润最大化，表示如下：

$$\max P_{it}(j)x_{it}(j)-E_{it}x_{it}(j) \tag{3-22}$$

其中，E_{it} 为单位中间品生产所需能源的价格。将式（3-20）代入式（3-22）可得：

$$\max \alpha P_{it}[\theta_{it}A_{it}(j)L_{it}]^{1-\alpha}x_{it}^{\alpha-1}(j)x_{it}(j)-E_{it}x_{it}(j) \tag{3-23}$$

根据最优化条件对 $x_{it}(j)$ 求一阶段得到中间品的最优产量为：

$$x_{it}^{*}(j)=\alpha^{\frac{2}{1-\alpha}}\left(\frac{P_{it}}{E_{it}}\right)^{\frac{1}{1-\alpha}}A_{it}(j)\theta_{it}L_{it} \tag{3-24}$$

将式（3-24）代入式（3-20）可得：

$$P_{it}(j)=\frac{E_{it}}{\alpha} \tag{3-25}$$

将式（3-24）和式（3-25）代入式（3-22）中可得中间品厂商的利润：

$$\pi_{it}(j)=(E_{it}-\alpha)\alpha^{\frac{1+\alpha}{1-\alpha}}\left(\frac{P_{it}}{E_{it}}\right)^{\frac{1}{1-\alpha}}\theta_{it}L_{it}A_{it}(j) \tag{3-26}$$

将式（3-23）代入式（3-15）可得 i 行业厂商在技术和劳动力给定下的最优产量：

$$Y_{it}=\alpha^{\frac{2\alpha}{1-\alpha}}\left(\frac{P_{it}}{E_{it}}\right)^{\frac{\alpha}{1-\alpha}}A_{it}(j)\theta_{it}L_{it} \tag{3-27}$$

从中可知，第 i 个行业的均衡产出取决于劳动投入量、技术进步水平、互联网对生产部门的融合应用程度及产品和能源价格。

（6）研发部门的最优创新行为。厂商为了在市场竞争中持续获得垄断利润，就必须不断加入研发投入。假设厂商以最终产品投入到研发活动中，并以概率 η_{ijt} 的概率创新。那么，厂商选择科研开支进行研发活动的最大净利润为：

$$\max \eta_{it}(j)\pi_{it}(j)-P_{it}R_{it}(j) \tag{3-28}$$

根据式（3-18）可知：

$$R_{it}(j)=L_{it}A_{it}^{*}(j)\left[\frac{\eta_{it}(j)}{\lambda_{i}}\right]^{2} \tag{3-29}$$

由式（3-28）可知，研发投入与创新成功的概率呈正相关，因而厂商研发投入利润最大化问题可转化为创新成功概率最大化问题。因此，将式（3-26）和式

（3-29）代入式（3-28）可得：

$$\max(1-\alpha)\alpha^{\frac{1+\alpha}{1-\alpha}}\eta_{it}(j)P_{it}L_{it}A_{it}^{*}(j)-P_{it}L_{it}A_{it}^{*}(j)\left[\frac{\eta_{it}(j)}{\lambda_i}\right]^2 \tag{3-30}$$

求 $\eta_{it}(j)$ 最大化一阶条件可得：

$$\eta_{it}(j)=\frac{1}{2}\theta_{it}\alpha^{\frac{1+\alpha}{1-\alpha}}(E_{it}-\alpha)P_{it}^{\alpha}E_{it}^{\frac{1}{\alpha-1}}\lambda_i^2 \tag{3-31}$$

从式（3-31）可知，研发成功的概率与参数 α、研发效率 λ_i、互联网与最终产品融合程度 θ_{it} 及最终品和能源部门产品的价格相关。

技术研发成功能够提高生产部门效率，使技术进步率 $A_t=\gamma A_{t-1}$。技术研发失败则不会推动生产部门效率提升，却使研发投入成为沉没成本。为此，假设研发成功的概率为 η_{it}，技术改进程度为 γ_i，定义技术进步的函数形式为：

$$A_{it}=\begin{cases}\gamma_i A_{it-1}, & \eta_{it}\\ A_{it-1}, & 1-\eta_{it}\end{cases} \tag{3-32}$$

基于上述分析可知，当技术研发成功时，技术进步增长率为 $g_t=\frac{A_t-A_{t-1}}{A_{t-1}}=\frac{\gamma_i A_{t-1}-A_{t-1}}{A_{t-1}}=\gamma_i-1$；当技术研发失败时，$g_t=\frac{A_{t-1}-A_{t-1}}{A_{t-1}}=0$。技术进步率由以上概率分布决定，根据大数定律可知：

$$g_{it}=E(g_t)=\eta_{it}(\gamma_i-1) \tag{3-33}$$

（7）通用产品部门的最优化行为。根据中间品生产函数，其最优行为可表示如下：

$$\max P_t\left(\sum_{i=1}^{n}\omega_i Y_{it}^{\frac{\varepsilon-1}{\varepsilon}}\right)^{\frac{\varepsilon}{\varepsilon-1}}-\sum_{i=1}^{n}P_{it}Y_{it} \tag{3-34}$$

最大化一阶条件为行业最终品价格等于中间产品使用最终产品投入的边际产品价值，即：

$$P_t=\frac{P_{it}}{\omega_i}\left(\frac{Y_{it}}{Y_t}\right)^{\frac{1}{\varepsilon}}\Leftrightarrow Y_{it}=Y_t\left(\frac{P_t\omega_i}{P_{it}}\right)^{\varepsilon} \tag{3-35}$$

（8）能源生产部门的最优化行为。能源部门生产效率受互联网发展水平及互联网与能源部门的融合应用程度影响，为最大化能源部门利润，在能源价格为 E_t 的情形下选择劳动力投入进行生产。能源生产部门主要是利用煤炭、水力、风力、太阳能等自然界已有的资源进行生产，因此假定劳动力是能源生产中的主要投入。假设能源生产函数为 $Q_t=f(q_t)$，Q_t 为能源生产量，生产每单位能源产品

的成本为 c_t，则能源部门的最优选择为：

$$\max\pi_E=\delta A_tQ_tE_t-c_tQ_t=\delta A_tf(q_t)E_t-c_tf(q_t) \tag{3-36}$$

能源部门厂商利润最大化时的均衡价格如下：

$$E_t=\frac{c_t}{\delta A_t} \tag{3-37}$$

3.3.2.2 互联网发展与工业结构低碳转型分析

产业结构转型是生产要素在部门间的重新配置，是现代经济增长的重要特征之一（Kuznets，1966）。据此，本书认为工业结构低碳转型就是生产要素持续向低碳部门流动而从高碳部门不断流出的过程，以及在部门内部通过要素重组和升级降低部门碳排放量和碳强度的过程。这主要体现在最终产品的相对价格、劳动力的结构变化及清洁能源在部门中使用比例变化上。互联网发展促使要素加快在部门间流转和重组，推动产业结构向合理化和高级化方向转变，在这一进程中，因要素得到优化配置，部门能源效率将会得到提升，从而互联网通过推动要素重组进而促进产业结构合理化、高级化，并通过结构合理化和高级化作用于结构低碳化。同时，互联网发展推动了能源互联网的发展，并有效地促进了清洁能源的利用、传输和消纳，提升了部门清洁能源可及性程度，从而推动行业低碳化转型。参照 Acemoglu 和 Aghion（2012）的做法，根据生产过程中使用一次性能源的种类差异，将中间产品 j 分为“清洁”（c）和“非清洁”（n）两类，即 $j=\{c, n\}$，其中清洁类生产是无二氧化碳等温室气体排放，非清洁类生产有温室气体排放。为此，将中间品行业分为低碳行业（Y_{ct}）与高碳行业（Y_{nt}）两类，低碳行业和高碳行业的产出结构可以表示为：

$$\frac{Y_{ct}}{Y_{nt}}=\frac{Y_t\left(\dfrac{P_t\omega_c}{P_{ct}}\right)^{\varepsilon}}{Y_t\left(\dfrac{P_t\omega_n}{P_{nt}}\right)^{\varepsilon}}=\left(\frac{\omega_c}{\omega_n}\frac{P_{nt}}{P_{ct}}\right)^{\varepsilon} \tag{3-38}$$

将式（3-27）代入式（3-38）可得：

$$\frac{Y_{ct}}{Y_{nt}}=\frac{\alpha^{\frac{2\alpha}{1-\alpha}}\left(\dfrac{P_{ct}}{E_{ct}}\right)^{\frac{\alpha}{1-\alpha}}A_{ct}(j)\theta_{ct}L_{ct}}{\alpha^{\frac{2\alpha}{1-\alpha}}\left(\dfrac{P_{nt}}{E_{nt}}\right)^{\frac{\alpha}{1-\alpha}}A_{nt}(j)\theta_{nt}L_{nt}}=\left(\frac{P_{ct}E_{nt}}{P_{nt}E_{ct}}\right)^{\frac{\alpha}{1-\alpha}}\frac{A_{ct}\theta_{ct}L_{ct}}{A_{nt}\theta_{nt}L_{nt}}=\left(\frac{\omega_c}{\omega_n}\frac{P_{nt}}{P_{ct}}\right)^{\varepsilon} \tag{3-39}$$

由于互联网能够促进劳动力生产要素在低碳产业和高碳产业之间的加速流动，当劳动力市场达到均衡时，高碳行业和低碳行业劳动力市场报酬相等，即：

$$\frac{W_{ct}}{W_{nt}}=\frac{(1-\alpha)[\theta_{ct}A_{ct}(j)]^{1-\alpha}P_{ct}L_{ct}^{-\alpha}\int_0^1 x_{ct}^{\alpha}(j)dj}{(1-\alpha)[\theta_{nt}A_{nt}(j)]^{1-\alpha}P_{nt}L_{nt}^{-\alpha}\int_0^1 x_{nt}^{\alpha}(j)dj}=1 \tag{3-40}$$

将式（3-24）和式（3-36）代入式（3-40）得：

$$\frac{P_{ct}}{P_{nt}}=\left(\frac{\theta_{nt}A_{nt}}{\theta_{ct}A_{ct}}\right)^{1-\alpha}\left(\frac{E_{ct}}{E_{nt}}\right)^{\alpha}=\frac{A_{nt}}{A_{ct}}\left(\frac{\theta_{nt}}{\theta_{ct}}\right)^{1-\alpha}\left(\frac{\delta_{nt}}{\delta_{ct}}\right)^{\alpha} \tag{3-41}$$

对式（3-41）两边取对数再对时间求导得：

$$\frac{\dot{P}_{ct}}{P_{ct}}-\frac{\dot{P}_{nt}}{P_{nt}}=\left(\frac{\dot{A}_{nt}}{A_{nt}}-\frac{\dot{A}_{ct}}{A_{ct}}\right)+(1-\alpha)\left(\frac{\dot{\theta}_{nt}}{\theta_{nt}}-\frac{\dot{\theta}_{ct}}{\theta_{ct}}\right)+\alpha\left(\frac{\dot{\delta}_{nt}}{\delta_{nt}}-\frac{\dot{\delta}_{ct}}{\delta_{ct}}\right) \tag{3-42}$$

由此可知，高碳行业和低碳行业最终品价格与技术进步之间存在反向关系且相对系数为 1，若高碳行业技术进步速度更快，那么该行业价格变化就更慢；反之亦然。同时，行业相对价格增长率与互联网在生产部门的应用（相对系数为 $1-\alpha$）和在能源部门的应用（相对系数为 α）变化率均成反比。

联立式（3-40）和式（3-42），两边取对数并对时间求导可得：

$$\frac{\dot{Y}_{ct}}{Y_{ct}}-\frac{\dot{Y}_{nt}}{Y_{nt}}=\varepsilon\left[\left(\frac{\dot{A}_{ct}}{A_{ct}}-\frac{\dot{A}_{nt}}{A_{nt}}\right)+(1-\alpha)\left(\frac{\dot{\theta}_{ct}}{\theta_{ct}}-\frac{\dot{\theta}_{nt}}{\theta_{nt}}\right)+\alpha\left(\frac{\dot{\delta}_{ct}}{\delta_{ct}}-\frac{\dot{\delta}_{nt}}{\delta_{nt}}\right)\right]=$$

$$\varepsilon\left[(g_{ct}-g_{nt})+(1-\alpha)\left(\frac{\dot{\theta}_{ct}}{\theta_{ct}}-\frac{\dot{\theta}_{nt}}{\theta_{nt}}\right)+\alpha\left(\frac{\dot{\delta}_{ct}}{\delta_{ct}}-\frac{\dot{\delta}_{nt}}{\delta_{nt}}\right)\right] \tag{3-43}$$

因 $\varepsilon>0$ 且 $0<\alpha<1$，由式（3-43）可知，工业结构低碳化转型与互联网发展水平及互联网在生产部门和能源部门的应用程度呈正向关系，这表明互联网发展水平越高及与生产和能源部门融合程度越深越有助于推动工业结构低碳化转型。又因 $g_{ct}-g_{nt}=\eta_t(\gamma_c-\gamma_n)$，这表明工业结构低碳化受互联网技术研发效率($\gamma$)、创新概率($\eta$)以及在生产部门的融合应用水平($\theta$)和在能源部门的融合应用程度($\delta$)等因素影响。与此同时，当 $\alpha>\frac{1}{2}$时，互联网对低碳行业能源部门的融合作用对工业结构低碳转型的影响更大；当 $\alpha<\frac{1}{2}$时，互联网对低碳行业生产部门的融合作用对工业结构低碳转型影响更大。

互联网与生产部门的融合不仅有助于促进行业间要素高效配置，还能够催生一大批新业态、新模式、新经济等“三新”经济，不断推动行业结构合理化和高级化。而行业结构的合理化和高级化不仅提升了能源利用效率，同时也通过催生一大批节能型、低碳型新产业，这均有助于推动行业结构低碳化。一方面，互联网通过推动产业结构合理化和高级化进而实现结构清洁化，根据工业革命以来产业转型升级和能源消耗的关系来看，产业结构高级化程度越高，能源利用效率也越高且对能源的依赖度会降低，在生产要素体系中能源的地位会被以新技术革命催生的新要素所取代，例如，数字经济时代的数据要素就已经成为核心驱动力。因此，推动产业结构高级化和合理化的进程，也是推动工业低碳化和清洁化的过程。同时，互联网作为通用目的技术（GPT）能够促进生产“去物质化”，即通过减少物质消耗、提高生产效率等方式促进产业结构清洁化。互联网发展加速了产业价值链的重构，高附加值产业分布于“微笑曲线”的两端，即研发设计和高精尖产品制造，而位于中间的产业因竞争加剧而只能获取行业平均利润，所以不得不努力向“微笑曲线”两端延伸，这促进了产业结构的高级化和合理化进程。在这一过程中传统产业将会转型升级，落后的生产技术和工艺将会被淘汰，更为先进和环保的技术则不断被推广使用，这促使产业结构在不断高级化和合理化推进中清洁化程度不断提升。

另一方面，互联网催生新业态、新模式、新经济，而这些“三新”经济大多是专利密集型、环境友好型的，这有助于推动工业结构从传统高耗能、高排放、高污染的“三高”向“三新”转变，通过从传统的资源、能源、劳动、资本等传统要素向数据、知识、技术、信息等新型要素转变，从而通过推动结构升级和要素升级，进而实现工业结构低碳化。

根据以上模型推导和理论分析，得出以下研究假说：

研究假说 2-1：互联网发展水平提升有助于促进工业结构低碳化转型。

研究假说 2-2：互联网通过促进产业结构合理化和高级化推动工业结构低碳化。

研究假说 2-3：互联网通过推动能源部门结构低碳化促进工业结构低碳转型。

3.3.2.3 互联网发展影响服务型制造的机制分析

（1）互联网发展推动服务型制造的作用机理。Vandermerwe（1988）首次提出服务型制造①概念，认为服务型制造是企业由生产产品向提供产品和服务转变

① “服务型制造”和“制造业服务化”均描述制造业和服务业融合的现象，两者既有紧密的联系，也有一定的区别。“服务型制造”强调的是融合了服务业的制造类型，是静态的概念，而“制造业服务化”则是动态地强调制造业向服务业转型的趋势，两者的侧重点不同，但表述的内涵大体一致。此外，还有“生产性服务业”这种近似表述，这个概念与前面两种在出发点上不同，它主要是指为生产而非消费服务的行业，是服务业的一种分类。

及服务要素在企业生产经营过程中嵌入程度提升。2016 年我国工业和信息化部、国家发展和改革委员会及中国工程院联合发布的《发展服务型制造专项行动指南》指出，服务型制造是制造和服务融合发展的新业态，服务要素在投入产出中比重不断提升，通过向“制造+服务”“服务+产品”转变提升价值链和全要素生产率。

当前制造企业提供基于产品的服务面临以下难题：一是制造企业难以获取用户产品使用信息，无法了解产品运行情况和用户使用体验，存在信息不对称的问题。二是服务个性化需求和制造业标准化之间难以协调，工厂化大规模生产的专用设备往往具有很强的资产专用性，转换产品生产性面临着高昂的成本，从而使制造企业提供产品服务面临成本高企的难题。三是制造业企业生产和流通等环节数据难以实时掌握，同时也缺乏对已销售产品运行状况的数据收集，从而因数据收集、储存、分析等难题阻碍了服务化程度。

互联网发展极大地降低了制造企业、经销商和用户之间即时通信成本，通过建立实时沟通反馈机制可以迅速掌握用户需求，从而有效缓解信息不对称问题，促使制造企业更有动力延伸产品服务，同时用户也能够更便捷地与制造厂商进行直接沟通，这促使双方都对制造业服务化供给有更大的需求。与此同时，工业互联网的发展使柔性生产成为可能，借助数控机床、拱式可重构系统、柔性制造系统及引入人工智能系统、智能化机器人，可使生产性更具柔性，特别是 3D 打印的逐渐成熟使低成本地进行大规模个性化生产成为可能。此外，通过传感器、5G 技术、物联网等，依靠智能控制系统、嵌入式系统和工业软件等应用实时产生的数据，有效地提高了企业数字化程度，从而收集企业研发设计、生产制造、产品销售、产品流通等各个环节数据并进行储存分析，进而能够更为精准地进行产品解决方案，为企业提供服务化奠定了坚实的基础。

以上分析表明，互联网等新一代信息技术为服务型制造提供了有力支撑。在互联网普及率较低的时候，企业很难低成本监测自身生产设备的运行状况，同时也很难掌握用户对产品使用的满意度。在移动互联网、大数据、云计算、物联网和人工智能等新一代信息技术逐步成熟和加速应用后，使上述难题得到有效解决，为企业实时动态监测产品运营状况和全面及时掌握用户需求提供了支撑。互联网发展使工业企业价值链从研发、制造、销售和售后等环节向个性化定制、综合问题解决方案和智能信息服务等环节延伸，这加速了工业企业服务化转型步伐。特别是随着低延时、高可靠、广覆盖、更安全的工业互联网基础设施的逐步完善，将为服务型制造提供更有力的网络化服务支撑。

(2) 服务型制造促进工业低碳转型发展的作用机理。服务型制造通过投入要素的“去物质化”减少资源和能源投入。工业企业加大服务要素投入比重有助于推动研发设计绿色化和生产制造节能化，偏向绿色节能的研发设计有利于行业全面低碳化转型。同时，生产制造过程中运输、仓储、设备修理、节能管理等服务要素的增加将推动要素结构优化配置，促使单位产值中服务要素的贡献增大，而服务要素投入较机器设备等实物投入能耗更小，从而使得单位产值能耗下降。

服务型制造通过改变企业全球价值链地位促进能源节约。生产制造过程是工业企业能源资源消耗最大的环节，服务型制造促使企业向“微笑曲线”高附加值两端转移，改变企业在全球价值链中的地位，推动能源资源密集环节向区域外转移，这将改善企业能源消费结构，提升企业能源效率。

面向能源管理的服务型制造促进行业能源消耗强度降低。钢铁、有色、化工、建材、石化、电力等高耗能行业通过面向合同能源管理的服务化转型可以推动工业行业综合节能水平，互联网发展为行业合同能源管理服务创造了有利条件，推动设备制造商向综合能源服务提供商转变，有利于发展壮大工业领域节能服务公司发展，从而助力行业综合能源效率提升和低碳化转型。

为此，提出本节的第四个研究假说：

研究假说 2-4：互联网通过提升服务型制造水平作用于工业低碳发展。

3.3.3 互联网发展水平对工业低碳技术创新的影响

3.3.3.1 理论模型推导

基于 Aghion 和 Howitt（2009）、Acemoglu 和 Aghion（2012）的模型，构建含有互联网发展与低碳技术进步的模型。假设在一个行业中有两种生产技术：一种是低碳生产技术，另一种是高碳生产技术，并假定低碳生产技术较高碳生产技术成本更高、技术复杂度更大。因低碳技术减小了对环境的损害，相当于将高碳技术对环境造成的负的外部性部分内生化了，从而需要更大的成本和更复杂的研发工序。同时假定低碳技术产品和高碳技术产品是完全替代的，也就是说如果低碳技术达到与高碳技术同等水平时，那么低碳技术就会占领整个市场。这种假设也是基于前文对低碳技术发展现状和特性的分析，如果低碳技术较高碳技术成本更低、研发流程更简单，那么低碳技术的应用和推广就不会像当今这样如此之难了。互联网发展优化了低碳技术的研发中的创新资源配置、促进了研发方式的变革及推动了低碳技术的推广应用，这有效增进了低碳技术的研发效率，从而不断缩小低碳技术研发成本和流程与高碳技术的差距，一旦低碳技术的成本和研发流程和高碳技术相同时，全社会就会转向使用低碳技术。为获取利润最大化，研发者将会转向低碳技术研发。本书为简化分析，将低碳技术和高碳技术区分为两种技术，但实践中也可能是互联网发展对高碳技术的改进，从而使原有的高碳技术因要素优化和创新方式变革后成为低碳技术。

（1）环境部门。定义环境质量变化的方程为：

$$S_{t+1}-S_t=-\varphi Y_{dt}+\nu S_t \tag{3-44}$$

其中，φ 表示高碳技术产出对环境的负面影响且 $\varphi>0$，ν 表示环境自然净化的速度且 $\nu\geqslant0$。从式（3-44）可知，环境恶化的速度不可能超过环境自然净化的速度，两边除以 S_t 可得 $\frac{S_{t+1}-S_t}{S_t}=\frac{-\varphi Y_{dt}}{S_t}+\nu$，进而得到 $\frac{S_{t+1}-S_t}{S_t}\leqslant\nu$。

假设高碳技术和低碳技术在最终品生产过程中是完全替代的，用 S_t 代表环境，如果高碳技术持续应用，将会持续替代低碳技术研发，从而占领整个研发市场，这将会不可避免地导致更多的碳排放，从而引发系列气候问题，使得 $S_t<0$，最终导致经济增长不可持续。因此，在 $S_t>0$ 时，最终产品有低碳技术生产的产出和高碳技术生产的产出：

$$Y_t=Y_{ct}+Y_{dt},\ S_t>0 \tag{3-45}$$

其中，Y_{ct} 表示低碳技术生产的产出，Y_{dt} 表示用高碳技术生产的产出。

（2）最终品和中间品生产部门。假定最终产品生产满足 CES 函数，则：

$$Y_t=\left(Y_{ct}^{\frac{\varepsilon-1}{\varepsilon}}+Y_{dt}^{\frac{\varepsilon-1}{\varepsilon}}\right)^{\frac{\varepsilon}{\varepsilon-1}} \tag{3-46}$$

其中，ε 为低碳技术产品和高碳技术产品的替代弹性，当 $\varepsilon>1$ 时为完全替代，$0<\varepsilon<1$ 时则为完全互补。此外，Y_{ct} 和 Y_{dt} 分别使用劳动和中间品进行生产。

$$Y_j=L_j^{1-\alpha}\int_0^1 A_{ji}^{1-\alpha}x_{ji}^{\alpha}d_i,\ j=\{c,\ d\}$$

$$Y_c=L_c^{1-\alpha}\int_0^1 A_{ci}^{1-\alpha}x_{ci}^{\alpha}d_i,\ Y_d=L_d^{1-\alpha}\int_0^1 A_{di}^{1-\alpha}x_{di}^{\alpha}d_i \tag{3-47}$$

其中，α 为要素份额且 $0<\alpha<1$，L_c 和 L_d 分别为分配到低碳技术生产和高碳技术生产的劳动力数量，x 为投入的中间品数量，A_c 和 A_d 分别为低碳技术水平和高碳技术水平。假设在初始阶段最终产品都是由高碳技术生产的，低碳技术产品处于追赶状态。

（3）技术研发部门。每个时期初始阶段研发人员选择自己的研究方向是低碳技术或是高碳技术，每一名研发人员被分配到一台机器上，并以一定的成功概率进行创新。创新成功的研发人员可获得一份专利并成为该机器领域的企业家，此时新的技术生产效率较之前提升 γ，即从 A_{jit} 上升至 $(1+\gamma)A_{jit}$。在创新失败的领域，该领域的垄断权将分配给潜在创新者中的创业者，而该研发人员只能使用旧技术。同时，将研发人员创新成功的概率设为 η_j，将分配到 j 领域的研发人员设为 s_{jt}，则研发人员技术创新的演变方程可表示为：

$$A_{jt}=(1+\gamma\eta_j s_{jt})A_{jt-1}, \quad s_{ct}+s_{dt}\leqslant 1 \tag{3-48}$$

以上方程表明，分配到 j 领域的研发人员越多，就越有助于创新，同时也表明如果更多人从事低碳技术研发，那么就会使原先以高碳技术研发的路径发生改变。此外，假定无论是低碳技术还是高碳技术研发，都会消耗 ψ 单位的最终产品，根据文献的一贯做法（Acemoglu & Aghion，2012），定义 $\psi\equiv\alpha^2$。

3.3.3.2　模型优化

最终产品生产商在 j 领域要实现利润最大化的表达式为：

$$\max p_j L_j^{1-\alpha}\int_0^1 A_{ji}^{1-\alpha}x_{ji}^{\alpha}d_i - \omega L_j - \int_0^1 p_{ji}x_{ji}di \tag{3-49}$$

其中，ω 为劳动力价格，p_j 为最终产品价格，p_{ji} 为中间品价格。对 x_{ji} 求偏导可得反需求曲线函数：

$$x_{ij}=\left(\frac{\alpha p_i}{p_{ji}}\right)^{\frac{1}{1-\alpha}}A_{ji}L_{ji} \tag{3-50}$$

由上可知，中间品 i 在 j 领域的需求受价格、劳动力和技术水平影响。产品质量的提升促进了产品的需求，而价格则与中间品需求成反比。中间品生产商选择产品价格 p_{ij} 和产量 x_{ij} 使利润最大化，即：

$$\max\pi_{ij}=\max(p_{ij}-\psi)x_{ij} \tag{3-51}$$

根据利润最大化时价格与边际成本相等，使用链式求导法则对 p_{ij} 求导可得：

$$\frac{\partial\pi_{ij}}{\partial p_{ij}}=x_{ij}+p_{ij}\frac{\partial x_{ij}}{\partial p_{ij}}-\psi\frac{\partial x_{ij}}{\partial p_{ij}}=0$$

$$\frac{\partial x_{ij}}{\partial p_{ij}}=\frac{1}{\alpha-1}p_{ij}^{\frac{\alpha}{1-\alpha}}(\alpha p_j)^{\frac{1}{\alpha-1}}A_{ij}L_{ij} \tag{3-52}$$

由式（3-52）和 $\psi\equiv\alpha^2$ 可得：

$$p_{ij}=\frac{\psi}{\alpha}=\alpha \tag{3-53}$$

从而式（3-50）可写成：

$$x_{ji}=p_j^{\frac{1}{1-\alpha}}A_{ji}L_j \tag{3-54}$$

由式（3-51）、式（3-53）和式（3-54）可知：

$$\pi_{ji}=\alpha(1-\alpha)p_j^{\frac{1}{1-\alpha}}A_{ji}L_j \tag{3-55}$$

由式（3-49）对劳动力求一阶导可得：

$$\omega=(1-\alpha)p_jL_j^{-\alpha}\int_0^1 A_{ji}^{1-\alpha}x_{ji}^{\alpha}di \tag{3-56}$$

根据低碳技术产品和高碳技术产品劳动力边际工资相等及式（3-56）可得：

$$\frac{p_{ct}}{p_{dt}}=\left(\frac{A_{ct}}{A_{dt}}\right)^{\alpha-1} \tag{3-57}$$

式（3-57）表明，投入产品研发效率越高，其产品价格越低。为探讨低碳技术和高碳技术是否会发生路径改变，需要进一步研究两个领域研发者的创新利润。由研发人员创新成功的概率及研发利润最大化可知：

$$\begin{aligned}\prod_{jt}&=\eta_j\int_0^1\pi_{jit}di=\eta_j\int_0^1\alpha(1-\alpha)p_j^{\frac{1}{\alpha-1}}L_{jt}(1+\gamma)A_{jit-1}di\\&=\eta_j\alpha(1-\alpha)(1+\gamma)p_j^{\frac{1}{\alpha-1}}L_{jt}A_{jt-1}\end{aligned} \tag{3-58}$$

因此，低碳技术和高碳技术研发人员的相对利润之比为：

$$\frac{\prod_{ct}}{\prod_{dt}}=\frac{\eta_c}{\eta_d}\times\left(\frac{p_{ct}}{p_{dt}}\right)^{\frac{1}{1-\alpha}}\times\frac{L_{ct}}{L_{dt}}\times\frac{A_{ct-1}}{A_{dt-1}} \tag{3-59}$$

从式（3-59）可知，该比例越高低碳技术研究人员获得利润越高，从而越有利于转向低碳技术领域。上述等式也表明，低碳技术和高碳技术研发动机主要受技术研发水平（A_{ct-1}/A_{dt-1}）、价格效应（$(p_{ct}/p_{dt})^{\frac{1}{1-\alpha}}$）和规模效应（$L_{ct}/L_{dt}$）的影响。市场规模越大则会吸引越多的劳动力投入到该领域，而市场规模的大小也受技术研发水平的影响。

为进一步探究市场规模与技术研发水平的关系，由式（3-47）和式（3-54）可得：

$$Y_{jt}=(p_{jt})^{\frac{\alpha}{1-\alpha}}A_{jt}L_{jt} \tag{3-60}$$

由式（3-46）中最终产品价格等于边际产出，对 Y_c 和 Y_d 分别求一阶导并相除得：

$$\frac{p_{ct}}{p_{dt}}=\left(\frac{Y_{ct}}{Y_{dt}}\right)^{-\frac{1}{\varepsilon}} \tag{3-61}$$

综合式（3-57）、式（3-60）和式（3-61）可得低碳技术和高碳技术两个领域劳动力和技术研发水平之间的关系：

$$\frac{Y_{ct}}{Y_{dt}}=\left(\frac{p_{ct}}{p_{dt}}\right)^{\frac{\alpha}{1-\alpha}}\frac{A_{ct}}{A_{dt}}\frac{L_{ct}}{L_{dt}}\Rightarrow\left(\frac{p_{ct}}{p_{dt}}\right)^{-\varepsilon}=\left(\frac{p_{ct}}{p_{dt}}\right)^{\frac{\alpha}{1-\alpha}}\frac{A_{ct}}{A_{dt}}\frac{L_{ct}}{L_{dt}}\Rightarrow\frac{L_{ct}}{L_{dt}}=\left(\frac{A_{ct}}{A_{dt}}\right)^{-\varphi} \tag{3-62}$$

其中，$\varphi=(1-\alpha)(1-\varepsilon)$。从式（3-62）可知，当 $\varepsilon<1$ 时，市场规模越大有助于高碳技术领域发展，而 $\varepsilon>1$ 时市场规模越大则越有助于促进低碳技术领域发展。更为一般地，结合式（3-48）、式（3-57）、式（3-59）和式（3-62）可得：

$$\frac{\prod_{ct}}{\prod_{dt}}=\frac{\eta_c}{\eta_d}\left(\frac{1+\gamma\eta_c s_{ct}}{1+\gamma\eta_d s_{dt}}\right)^{-\varphi-1}\left(\frac{A_{ct-1}}{A_{dt-1}}\right)^{-\varphi} \tag{3-63}$$

3.3.3.3　互联网发展与低碳技术转型分析

（1）无互联网赋能作用下的低碳技术转型。低碳技术不仅有助于促进经济增长，而且能够减少碳排放，实现经济低碳转型。要促使研发人员选择低碳技术而摈弃高碳技术，就必须使从事低碳技术研发的利润高于高碳技术。然而，由于初始状态首先出现的是高碳技术，研发人员首先在高碳技术领域集聚。在没有互联网赋能低碳技术提升的情形下，根据式（3-48）可知，高碳技术会在未来几个时期持续占据主导地位，从而产生路径依赖，进而导致高碳技术与低碳技术之间的差距逐渐扩大，这就导致高碳技术领域的研发人员 $s_{dt+1}=1$ 和 $s_{ct+1}=0$，并且之后研发人员依然保持这样的分配比例，由式（3-62）可知，当 $\eta_c(1+\gamma\eta_d)^{\varphi+1}A_{ct-1}^{-\varphi}<\eta_d A_{dt-1}^{-\varphi}$ 时，创新只会出现在高碳技术领域，这样高碳技术持续占领研发市场将会恶化环境，最终导致气候变暖和环境恶化等系列问题。当 $\eta_c A_{ct-1}^{-\varphi}>\eta_d(1+\gamma\eta_c)^{\varphi+1}A_{dt-1}^{-\varphi}$ 时，创新只会出现在低碳技术领域。当 $\eta_c(1+\gamma\eta_d s_{dt})^{\varphi+1}A_{ct-1}^{-\varphi}=\eta_d(1+\gamma\eta_c s_{ct})A_{dt-1}^{-\varphi}$ 时，创新会同时出现在低碳技术和高碳技术两个领域。

（2）互联网赋能下的低碳技术转型。互联网发展为促进高碳技术向低碳技术转型及研发出更多新低碳技术提供了动力和支撑。互联网对低碳技术研发的作用一方面体现在推动新的低碳技术的研发上，另一方面是促进现有高碳技术的低碳化改造。高碳技术低碳化可以抑制当前碳排放量，新的低碳技术则有助于改变未来技术研发的方向。用 δ 表示互联网对低碳技术的赋能作用，其中包括互联网作用下研发出的新的低碳技术 δ_1 和在高碳技术基础上利用互联网低碳化改造的低碳技术 δ_2，且 $\delta=\delta_1+\delta_2$。$(1+\delta)$ 表示互联网对低碳技术的作用，通过新的低碳技术和高碳技术低碳化改造两种方式提高低碳技术研发效率和水平。新的低碳技术发展是从无到有的过程，随着时间的推移其数量会不断增加，因此 $\delta_1>0$。而对高碳技术进行低碳技术改造尚不能达到将高碳技术完全低碳化的程度，因此 $0<$

$\delta_2<1$。根据式（3-60）推演过程，加入互联网发展对低碳技术赋能作用后的中间品生产函数为：

$$Y_{ct}=(1+\delta)(p_t)^{\frac{\alpha}{1-\alpha}}A_{ct}L_{ct} \tag{3-64}$$

假设高碳技术领域中间品生产函数则保持不变。原因是高碳技术领域虽然也能够应用互联网赋能技术创新，但高碳技术在长期发展过程中已经趋向成熟，因而边际改进的空间相对较小，而低碳技术是一种追赶型技术，尚处于不断发展中。因低碳技术将环境约束纳入技术研发考虑范畴，因此同等条件下研发难度较高。因此，互联网应用对低碳技术的研发创新作用更大，而将互联网对高碳技术研发的作用设为给定不变。由此可得：

$$Y_{dt}=(p_t)^{\frac{\alpha}{1-\alpha}}A_{dt}L_{dt} \tag{3-65}$$

对式（3-64）和式（3-65）中的劳动求一阶导，得到低碳技术领域和高碳技术领域中间品边际劳动产品价值：

$$\frac{\partial Y_{ct}}{\partial L_{ct}}=(1+\delta)A_{ct}L_{ct}p_c^{\frac{\alpha}{1-\alpha}} \tag{3-66}$$

$$\frac{\partial Y_{dt}}{\partial L_{dt}}=A_{dt}L_{dt}p_d^{\frac{\alpha}{1-\alpha}} \tag{3-67}$$

由于生产只会在劳动的边际产品价值最高的部门中生产，因此要促使研发者流向低碳技术领域，需满足：

$$(1+\delta)A_{ct}L_{ct}p_c^{\frac{\alpha}{1-\alpha}}>A_{dt}L_{dt}p_d^{\frac{\alpha}{1-\alpha}} \tag{3-68}$$

结合式（3-57）和式（3-62）可知 δ 在满足以下条件时，研发人员会流向低碳技术领域：

$$\delta>\left(\frac{A_{ct}}{A_{dt}}\right)^{\alpha+\varphi-1}-1=\left(\frac{A_{ct}}{A_{dt}}\right)^{\varepsilon(\alpha-1)}-1 \tag{3-69}$$

因 $\delta>0$，要使上式成立，则需满足 $\left(\frac{A_{ct}}{A_{dt}}\right)^{\varepsilon(\alpha-1)}\leqslant1$，两边取对数分别为 $\varepsilon(\alpha-1)\ln\left(\frac{A_{ct}}{A_{dt}}\right)^{\varepsilon(\alpha-1)-1}$ 和 0，因 $0<\alpha<1$、$\varepsilon>1$ 和初始状况低碳技术发展水平（技术总量）低于高碳技术水平，即 $A_{ct}<A_{dt}$，可知 $\varepsilon(\alpha-1)<0$ 和 $\ln\left(\frac{A_{ct}}{A_{dt}}\right)^{\varepsilon(\alpha-1)-1}>0$，从而满足 $\varepsilon(\alpha-1)\ln\left(\frac{A_{ct}}{A_{dt}}\right)^{\varepsilon(\alpha-1)-1}<0$，进而使式（3-69）得证。这表明在互联网赋能低碳技术

创新进而提升研发效率之后，低碳技术领域研发人员边际产品价值高于高碳技术领域产品价值，研发人员倾向于转向价值更高的低碳技术领域。

同时，互联网赋能低碳技术创新后，低碳领域研发者的利润为：

$$\prod_{ct}=\eta_c\alpha(1-\alpha)(1+\gamma)(1+\delta)p_c^{\frac{1}{\alpha-1}}L_{ct}A_{ct-1} \tag{3-70}$$

此时低碳技术和高碳技术研发利润之比为：

$$\frac{\prod_{ct}}{\prod_{dt}}=\frac{\eta_c}{\eta_d}\left(\frac{1+\gamma\eta_c s_{ct}}{1+\gamma\eta_d s_{dt}}\right)^{-\varphi-1}\left[\frac{(1+\delta)A_{ct-1}}{A_{dt-1}}\right]^{-\varphi} \tag{3-71}$$

设$f(s)=\frac{\eta_c}{\eta_d}\left(\frac{1+\gamma\eta_c s_{ct}}{1+\gamma\eta_d(1-s_{ct})}\right)^{-\varphi-1}\left[\frac{(1+\delta)A_{ct-1}}{A_{dt-1}}\right]^{-\varphi}$，其中$f(s)=\prod_{ct}/\prod_{dt}$。

当$1+\varphi<0$时，即$\varepsilon>\frac{2-\alpha}{1-\alpha}=1+\frac{1}{1-\alpha}$，$f(s)$是关于$s$的增函数，当$f(1)>1$时，$s=1$是最优均衡。因此，要使研发人员转向低碳技术研究不仅需要低碳技术产品和高碳技术产品之间完全替代即$\varepsilon>1$，而且还需进一步使$\varepsilon>1+\frac{1}{1-\alpha}$。

据此，提出研究假说3-1：互联网能够提升低碳技术研发水平。

3.3.3.4 互联网促进工业低碳技术创新的具体机制分析

（1）互联网、创新要素整合与低碳技术创新。互联网有助于创新要素的整合和优化配置，能够集聚绿色创新技术研发所需的各种要素资源，突破原有低碳技术的研发所面临的瓶颈，从而推动低碳技术的研发与应用。熊彼特（1934）提出“新的生产方式组合”概念，韦茨曼（1998）提出“再组合增长”，赫尔普曼（1998）提出“通用型技术”（General Purpose Technologies，GPT），这些表明组合创新对技术变革的重要性。Cowen（2011）和Gordon（2016）指出，创新领域“低垂的果实”越来越少，实现创新突破变得越来越难。而范里安（2001）认为互联网发展产生的部件元件（Component）与早期组合创新的机械或电气元件有很大不同，因为互联网发展产生的大多不是物质的元件，而仅仅是“比特”，这样的非物质元件不存在生产延误、运输成本和库存问题，可以在几秒钟内将软件发送至世界各地，可以集聚世界各地的创新者通过元件组合再造进行系列研究创新。这表明，互联网在创新要素组合创新上有得天独厚的优势，通过程序、数据的运行及协同开发可大大加速创新步伐。创新要素整合速度加快有助于解决因低碳技术研发周期较长、不确定性大、投入较高导致科研机构和企业不愿进行低碳技术研发和应用的难题，通过缩短各个环节研发和应用周期有效降低低碳技术研发的不确定性和打破低碳技术锁定，从而推动低碳技术创新。

据此，提出研究假说 3-2：互联网通过促进要素整合作用于低碳技术创新。

（2）互联网、创新方式变革与低碳技术创新。互联网开放、共享、协同、去中心化的特征对工业技术创新方式产生深刻变革，互联网推动研发创新模式数字化、协同化程度不断提高，单个团体研发转向行业协同研发，工业互联网的发展使得低碳技术需求能够在具体行业和领域进行分工协作，整合研发所需的各种资源。互联网发展促使新型研发组织模式不断出现，互联网与研发设计各环节融合程度不断加深，推动研发设备数字化、智能化水平提升，推动工业企业数字化研发比例提升，这有效提高了研发创新能力和效率。具体而言，互联网可通过创新主体、研发流程和验证阶段三个方面对创新方式变革产生影响。

从创新主体而言，互联网将推动研发从企业内部为主向多主体协同转变。起源于 19 世纪中期德国的工业实验室模式在之后的 100 多年里成为主流研发模式，西门子、通用电气和贝尔实验室就是典型代表。随着互联网的发展，传统工业实验室模式的分工协作进一步细化，特别是随着研发软件从相对封闭的单体版转向全面开放的云平台，这促使产品全生命周期内各环节主体参与协同创新，从而更好地满足产品设计、生产、流通、售后等环节的实际需求。从研发流程而言，基于网络化协同的互联网平台促使传统的串行研发模式向并行研发模式转变，解决了传统研发活动在各部门按顺序进行产生的流程长、效率低和成本高等问题，使得研发活动能够在跨区域、跨部门同时进行，这有效降低了研发周期和研发成本，有助于攻克复杂程度高、研发周期长的重点难点技术。从研发验证阶段而言，互联网促使传统的物理“试错法”向数字化模拟仿真转变，通过虚拟仿真技术应用的各种参数，能够对技术研发中的各种问题进行优化调整，这不仅加速了技术研发到产业应用的速度，还大大节约了研发成本，对研发效率和研发质量都具有积极的促进作用。

据此，提出研究假说 3-3：互联网通过促进创新方式变革作用于低碳技术创新。

（3）互联网、创新技术扩散与低碳技术创新。互联网不仅能够推动低碳技术的研发，而且能够促进低碳技术的扩散。互联网的发展极大地降低了信息不对称程度，使得低碳技术供给方和需求方能够高效率地进行合作对接，从而加快低碳技术从研发阶段向市场化应用的转换速度。同时，互联网还有助于降低低碳知识和技术空间传播的时滞性，打破阻碍技术传播的地理界限，促进低碳技术在创新主体、需求方之间加速传播扩散和应用。

互联网有助于缓解信息扩散过程中信息不对称现象。低碳技术扩散过程中信息至关重要，信息不充分或不对称会导致市场失灵，使低碳技术扩散无法达到社会理想水平，从而出现低碳技术研发时的预期效果和实际效果产生较大偏差。互联网通过影响节能技术信息的可获得性、完整性和可靠性三个层面缓解扩散过程中信息不对称问题。在低碳技术导入阶段，互联网有助于推动低碳技术信息广泛传播，向目标客户群精准推送，通过提高传播效率，缩短低碳技术研发与应用之间的时间差。在信息传递过程中可能会产生“噪声”，使低碳技术信息在传播过程中产生“失真”现象，然而互联网的发展促使信息能够更完整地传播，这主要得益于互联网通过文字、声音、图像、视频、VR/AR 等多种传播载体和众多互联网应用软件进行，众多低碳技术专业人员通过形式各样的传播途径与技术接收者进行互动交流，能够使低碳技术信息更完整地呈现给用户。此外，基于低碳技术信息的获得性和完整性，技术接收方能够全面客观评价和分析低碳技术的质量，借助互联网、区块链等技术可使低碳技术的可信性大为增强，这降低了技术接收方对技术的不信任程度，从而有助于低碳技术的传播和应用。

据此，提出研究假说 3-4：互联网通过促进创新技术扩散作用于低碳技术创新。

3.4 本章小结

本章首先对互联网发展水平和工业低碳转型的概念进行界定，并介绍了与本书相关的基础理论，重点是构建理论分析模型，对互联网影响能源效率、产业结构低碳化和低碳技术创新进行理论推演，通过理论分析推导出本书的研究假设。理论研究发现：

第一，互联网通过提高企业要素资源配置及技术创新水平，促使能源向生产效率和技术水平高的企业流动，从而提升了企业能源使用效率。然而能源效率的提升会导致能源消费的反弹，只有效率提升到一定程度后才能促使全要素能源效率提升。同时，本书具体分析了互联网通过优化要素配置、促进技术创新、加强环境规制及产生回弹效应四种途径作用于工业能源效率。

第二，在熊彼特多部门模型基础上，本书将互联网和能源纳入理论分析框架，通过理论推导得出互联网发展有助于推动产业结构低碳化转型，同时互联网通过与生产部门、能源部门的融合发展也能促使产业结构向低碳化方向转变。此外，互联网还通过提高服务型制造水平作用于产业结构低碳化。

第三，基于 Aghion 和 Howitt（2008）、Acemoglu 和 Aghion（2012）的环境与定向技术变革模型，本书构建了含有互联网发展和低碳技术创新的理论模型，通过理论推导发现，在使用互联网的情形下，低碳技术领域产品边际价值会高于高碳技术领域，从而提升低碳技术领域与高碳技术领域研发利润之比，促使研发人员向低碳领域流动，进而推动低碳技术领域研发水平上升。

4 互联网发展水平对工业能源效率影响的实证分析

为研究互联网发展水平对工业能源效率的影响，本章拟从区域层面和企业层面两个视角深入分析互联网对工业能源效率的影响。区域层面的研究可以考察互联网对整体能源效率的影响，而企业层面的研究则可考察互联网对微观个体能源效率的影响。与此同时，通过比较互联网对区域和企业层面能源效率影响的异同，可以更为全面和深入地揭示互联网对工业能源效率的影响，从而为验证本书理论假说及提出提升工业能源效率的政策建议提供较为扎实的实证支撑。

4.1 互联网对工业能源效率的影响——基于区域层面的分析

4.1.1 研究设计与数据来源

4.1.1.1 互联网发展水平①及其测度

当前度量互联网发展水平的指标较为缺乏，尚未形成统一的互联网发展水平度量体系。度量互联网发展水平最为常用的指标是互联网用户数（安同良和杨晨，2020）、互联网普及率（程名望和张家平，2019）、企业网页和邮箱（李兵和李柔，2017；沈国兵和袁征宇，2020），还有学者使用国家间双边双向网络连接数据衡量互联网（施炳展，2016；刘斌和顾聪，2019），由于单一指标无法全

① 本书在第 4 章、第 5 章和第 6 章实证章节中，如无特别说明，为表述需要，出现的互联网、互联网发展等概念均指互联网发展水平。

面反映地区互联网发展水平，因此也有文献构建互联网发展水平指标体系进行度量，如黄群慧等（2019）和余泳泽等（2021）用互联网从业人员、互联网普及率、互联网用户数和互联网相关产出等指标衡量互联网发展水平，左鹏飞等（2020）在此基础上增加了互联网接入、互联网连接设备、互联网资源和互联网站点数四个指标。此外，互联网宏观和微观调查数据十分匮乏，2012 年世界银行中国企业调查中含有互联网相关数据，当前文献仅以此衡量企业层面互联网发展水平（王文娜等，2020；王可和李连燕，2018）。从衡量互联网指标的现有文献看，单一指标难以反映互联网发展水平的全貌，而多维指标可能由于数据限制只采用单一代理变量，同时确定各变量权重时采用主观赋权法，这无法全面客观评价互联网发展水平。尽管黄群慧等（2019）使用主成分分析等客观赋权法，但主成分分析存在信息缺失，本质上仍属于等权重分析法（崔蓉和李国峰，2021）。因此，本书在黄群慧等（2019）、左鹏飞等（2020）和崔蓉和李国峰（2021）基础上，根据本书对互联网发展水平的定义，构建包含互联网基础设施、互联网普及程度、互联网产业发展和互联网信息资源四个维度 14 项指标的互联网发展水平评价体系（见表 4-1）。

表 4-1　互联网发展水平测度指标体系

一级指标	二级指标	指标说明
互联网基础设施	长途光缆线路长度（千米）	反映各省光纤连接设施建设水平
	互联网接入端口数（万个）	衡量互联网设备接入投资水平
	Ipv4 地址比重（%）	表示各省 Ipv4 资源利用情况
	域名数（万个）	反映各省域名规模
互联网普及程度	互联网普及率（%）	刻画各省互联网接受程度
	互联网上网人数（万人）	刻画各省互联网应用网民规模
	移动电话普及率（部/百人）	反映移动互联网普及程度
互联网产业发展	互联网产业总收入（亿元）	反映互联网产业发展规模
	信息传输、计算机服务和软件人员（万人）	反映互联网产业发展人才支撑
	快递业务总量（万件）	反映电子商务发展规模
	电信业务总量（亿元）	刻画各省互联网业务使用规模
互联网信息资源	网站数（万个）	反映各省网站资源数量
	每个网站平均字节（kB）	反映网站内容丰富程度
	网页总数（百万个）	衡量网页资源丰富程度

互联网基础设施。互联网基础设施是支撑地区互联网发展的基本条件，是发挥互联网对工业能源效率作用的先决条件。参考崔蓉和李国峰（2021）的做法，选取长途光缆线路长度、互联网接入端口数、Ipv4 地址数占全国比重和域名数衡量互联网基础设施水平，以上四项指标能够较为全面地反映地区互联网基础设施建设的整体水平。

互联网普及程度。依托互联网基础设施，各地区互联网普及程度的高低也影响着互联网发展水平。各地企业和个人对互联网应用程度的高低是发挥互联网作用的关键因素之一，借鉴黄群慧等（2019）的做法，通过衡量互联网普及率、互联网上网人数及移动电话拥有量等指标，能够大致反映区域互联网普及程度，也能够反映企业和居民接受互联网程度的高低。

互联网应用水平。当前我国正处于从消费互联网向工业互联网转型的关键时期，以信息型和制造型为主要特征的产业互联网代表更高层次的互联网应用水平（田杰棠和闫德利，2020），是未来互联网与工业融合发展的主要方向。工业软件是支撑互联网、大数据、物联网、人工智能及超级计算机的重要基础。当前我国工业领域中的系统软件、应用软件和嵌入式软件快速发展，市场规模不断壮大，为互联网发展提供了强有力的支撑。为此，鉴于当前缺乏衡量工业互联网发展水平的数据，本书借鉴何菊香等（2015）的做法，选取第二产业中的计算机、通信和其他电子设备制造业收入和第三产业的软件服务业收入之和衡量互联网产业规模。信息传输、计算机服务和软件从业人数可以反映地区互联网产业应用的人才支撑力度，从业人数越多说明互联网产业发展需求越大，互联网与工业融合发展的程度也越高。电信业务量包括固定通信、移动通信、数据通信、网络接入、通信设施服务等，反映的是地区企业和居民信息通信和网络接入及应用等业务量的大小，电信业务总量越大说明该地区对信息通信和网络需求越大，能够反映该地互联网发展的水平。

互联网信息资源。互联网信息资源的丰富程度能够反映产业数字化和数字产业化发展状况，互联网发展水平高的地区则拥有更为丰富和多元的信息资源供给和需求，若企业数字化水平更高，则互联网与产业融合程度更高。参照韩先锋等（2019）的做法，分别用网站数量、网页字节数和网页总数三个指标衡量互联网资源丰富程度。

在此基础上，采用面板熵权法测度互联网发展水平。熵来源于物理科学中的热力学，但现在已广泛应用在经济社会发展的各个层面。信息理论中熵是指信息量的大小，事物所含的信息量与其发生的概率成反比，不确定性越大的事物信息熵也越

大。熵权法基于指标变异程度的大小确定客观权重，信息熵越小表明变异程度越大，在综合评价中的权重也越大。反之，其权重越小。熵权法的基本步骤如下：

（1）选取指标。选取 30 个省份 2006~2019 年 14 个指标测度互联网发展水平。x_{ijt} 表示第 i 个省份第 t 年的第 j 个指标值。

（2）数据标准化。为去除不同指标的量纲和单位，将所选指标进行标准化处理。正向指标的标准化处理公式为：

$$x'_{ij}=\frac{x_{ij}-\min(x_{ij})}{\max(x_{ij})-\min(x_{ij})}$$

负向指标的标准化处理公式为：

$$x'_{ij}=\frac{\max(x_{ij})-x_{ij}}{\max(x_{ij})-\min(x_{ij})}$$

（3）确定指标权重。

$$p_{ij}=\frac{x'_{ij}}{\sum_{i=1}^{n}x_{ij}}$$

（4）计算第 j 项指标的熵值及冗余度。熵值 $e_j=-k\sum_{i=1}^{n}P_{ij}\text{In}(P_{ij})$，其中 $k=\frac{1}{\ln(nt)}$且 $k>0$，满足 $e_j>0$。冗余度 $d_j=1-e_j$。

（5）根据冗余度确定指标权重。

$$w_j=\frac{d_j}{\sum_{j=1}^{m}d_j}$$

（6）计算综合评价得分。

$$\text{Inter}_{it}=P_{ij}\times w_j$$

测算结果表明，我国互联网发展整体水平仍然较低，各地区发展不平衡不充分现象较为突出。样本期间互联网发展水平均值仅有 0.088，而最大值高达 0.717，地区间互联网基础设施、应用水平、普及程度及互联网资源状况都存在很大的差距。同时，从各省份历年演变看，互联网发展水平均呈现逐年提升的态势，表明我国推动互联网发展的成效逐步显现，各地区的“数字鸿沟”有望逐步弥合。

图 4-1 为我国东中西部地区互联网发展水平的历年均值，从中可知，我国东中西三个区域互联网发展水平均呈现稳步上升的态势，发展水平则呈东部、中部、西部依次递减，发展速度上东部地区明显快于中西部地区，中西部地区与东部地区互联网发展水平仍有较大差距，2019 年东部地区互联网发展水平是中部地区的 1 倍多，区域之间的“数字鸿沟”现象依然十分突出。

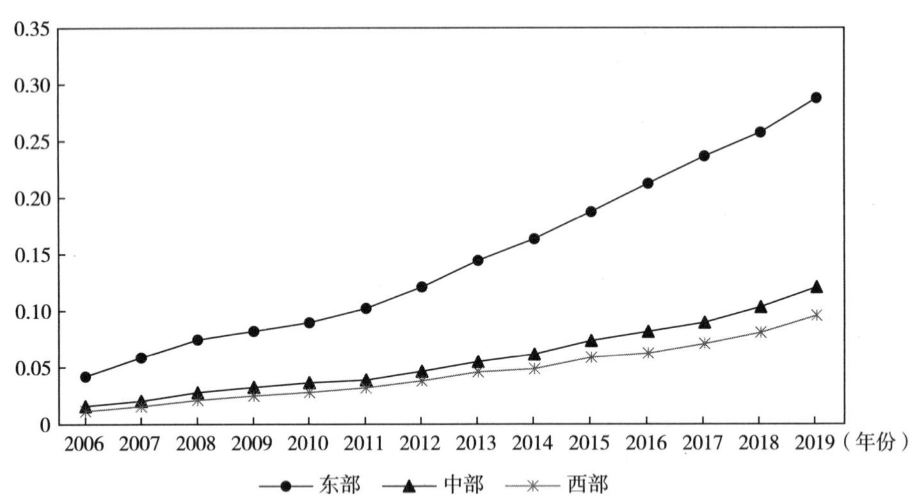

图 4-1　2006~2019 年我国东中西部地区互联网发展水平

4.1.1.2　工业能源效率及其测度

评价能源效率的方法有单要素法和全要素法，单要素能源效率仅仅考虑能源投入和产出，而忽视了其他投入要素对产出的贡献，这可能放大了能源的贡献率。全要素能源效率将资本、劳动和能源等要素纳入分析框架，在一定程度上克服了单要素能源效率的缺陷。为此，本书选取全要素能源效率测度工业能源效率。选取工业资本、工业劳动、工业能源作为投入变量，工业增加值作为期望产出，工业二氧化碳作为非期望产出，运用 MaxDEA 8 Ultra 软件，采用全局参比 DEA-SBM-ML 指数进行测度。

首先，对含有非期望产出的超效率模型进行设定。本书对省级层面工业全要素能源效率进行测度，因此将决策单元（DMUs）定义为各省份工业行业，假定各决策单元数量为 n，投入的产品种类为 m，各决策单位分别产出期望产出 r_1 和非期望产出 r_2，并将相应的投入、期望产出和非期望产出用矩阵表示为 $X=[x_1, x_2, x_3, \cdots, x_n] \in R^{m\times n}$，$Y=[y_1, y_2, y_3, \cdots, y_n] \in R^{r_1\times n}$，$P=[p_1, p_2, p_3, \cdots, p_n] \in R^{r_2\times n}$，那么 SBM 的算法可以表示为：

$$\min\rho = \frac{\frac{1}{m}\left(\sum_{i=1}^{m}\frac{\bar{x}}{x_{ik}}\right)}{\frac{1}{r_1+r_2}\left(\sum_{\omega=1}^{r_1}\frac{\bar{y}_{\omega}}{y_{\omega k}}+\sum_{u=1}^{r_2}\frac{\bar{p}_u}{p_{uk}}\right)}$$

$$
\text{s. t.}\begin{cases}\bar{x}_i \geqslant \sum_{j=1,\ \neq k}^{n} x_{ij}\lambda_i,\ i=1,\ 2,\ \cdots,\ m \\ \bar{y}_w \leqslant \sum_{j=1,\ \neq k}^{n} y_{wj}\lambda_i,\ w=1,\ 2,\ \cdots,\ r_1 \\ \bar{p}_u \geqslant \sum_{j=1,\ \neq k}^{n} p_{wj}\lambda_i,\ u=1,\ 2,\ \cdots,\ r_2 \\ \lambda_j \geqslant 0,\ \bar{x}_i \geqslant x_{ik},\ \bar{y}_w \leqslant y_{uk},\ \bar{p}_u \geqslant p_{uk},\ j=1,\ 2,\ \cdots,\ n(j\neq k)\end{cases} \tag{4-1}
$$

其中，x_{ik}、y_{uk} 和 p_{uk} 分别为投入、期望产出和非期望产出，λ 为指标权重，ρ 为各决策单元的效率值。如果 $\rho \geqslant 1$ 则表明决策单元是有效率的；反之则是无效率。

全局曼奎斯特—卢恩伯格指数（Global Malmquist-Luenberger，GML）。在上述部分计算了各省工业能源效率值之后，借鉴 Oh（2010）提出的 GML 指数方法，进一步计算工业能源全要素生产率，其计算方法为：

$$
GML_k^{t,t+1}=\frac{1+D^G(x_k^t,\ y_k^t,\ p_k^t)}{1+D^G(x_k^{t+1},\ y_k^{t+1},\ p_k^{t+1})}=\frac{1+D^t(x_k^t,\ y_k^t,\ p_k^t)}{1+D^{t+1}(x_k^{t+1},\ y_k^{t+1},\ p_k^{t+1})}\times \left[\frac{1+D^G(x_k^t,\ y_k^t,\ p_k^t)}{1+D^t(x_k^t,\ y_k^t,\ p_k^t)}\times\frac{1+D^{t+1}(x_k^{t+1},\ y_k^{t+1},\ p_k^{t+1})}{1+D^G(x_k^{t+1},\ y_k^{t+1},\ p_k^{t+1})}\right]=EC_k^{t,t+1}\times TC_k^{t,t+1} \tag{4-2}
$$

其中，$GML_k^{t,t+1}$ 表示工业全要素能源效率从 t 期到 $t+1$ 期的变化，$GML_k^{t,t+1}>1$ 表示工业能源全要素生产率在 $t+1$ 期得到改进；反之则说明工业全要素能源效率没有得到提高。同时，$GML_k^{t,t+1}$ 还可分解为技术效率 $EC_k^{t,t+1}$ 和技术进步 $TC_k^{t,t+1}$，技术效率表示决策单元相对于技术可行集的改进，而技术进步则表示技术可行集自身的扩大。$D^G(\cdot)$ 表示全局技术下的方向性距离函数。

其次，对工业全要素能源效率中的要素投入做如下说明：

（1）资本投入。当前学界普遍使用 Goldsmith（1951）开创的永续盘存法测算资本存量。用公式表示为：

$$
K_{it}=K_{it-1}(1-\delta_{it})+I_{it} \tag{4-3}
$$

其中，i，t 分别表示地区和时间，K、I 分别表示资本存量和新增固定资产投资，δ 表示资产折旧率。上述公式涉及以下四个变量的测度：一是基期工业投资 K 的确定；二是当年投资 I 的选择；三是资产折旧率 δ 的确定；四是投资价格指数的确定，以折算到不变价格。首先，理论上而言，资本存量是由无限期投资形成，但本书研究的范围是 2006~2019 年，因此将 2006 年作为工业固定资产投资的基期。其次，就投资额 I 而言，借鉴陈勇和李小平（2006）的做法，采取相邻两年工业固定资产投资净增加值作为新增投资额，然后根据固定资产价格指数进行平减。再次，本书以《中国统计年鉴》公布的地区固定资产投资价格指数对新增固定资产进行平减，调整到 2006 年不变价投资额。最后，关于折旧率的确定，本书根据单豪杰（2008）对资本存量 K 的估算，将资产折旧率设定为 10.96%。

（2）劳动力投入。严格意义上而言，劳动投入既需要考虑劳动力投入的多少，也需要考虑工作时间的长短及工作效率的高低等因素，但因数据的可得性和准确性考虑，本书采用各省规模以上工业企业平均用工人数作为劳动力投入的替代指标。

（3）能源投入。本文用工业综合能源消耗作为能源投入，选择 30 个省份工业能源消耗数据作为能源投入变量。

（4）工业增加值。选取各省份工业增加值作为期望产出。

（5）工业二氧化碳排放量。基于中国碳排放数据库（CEADs），手工收集、整理和计算我国工业二氧化碳排放量。由于中国原煤热值和含碳量比联合国建议值低 40%，造成国际社会普遍高估中国碳排放量。中国碳排放数据库基于中国煤质热值和含碳量进行碳排放核算，其结果更能反映中国碳排放的实际情况（刘竹等，2018）。

中国碳排放数据库（CEADs）详细记录了全国及各省份分行业碳排放量，数据质量已被众多权威期刊所证实（余壮雄等，2020；付华等，2021）。从测度结果看，样本期间我国工业全要素能源效率均值为 0.979，表明我国工业全要素能源效率整体水平较高，这反映了“十一五”时期以来我国能源效率逐步提升的良好状况。但从极值来看，最低值仅为 0.26，而最大值达到 1.5，地区间能源效率差距较大的现象依然存在。

4.1.1.3 变量的选取

借鉴已有文献做法，选取以下变量作为控制变量。

（1）经济发展水平（*GDP*）。采用人均 GDP 表示。经济发展水平较低时，对能源效率和环境质量的重视度不够，可能片面追求经济增长而忽视能源效率和环境质量，这将导致工业全要素能源效率下降。当经济发展水平达到一定阶段后，发展模式的转变、技术水平提升和人们对环境质量的更高要求将促使能源效率改善。

（2）环境规制强度（*ER*）。用环境保护支出占财政预算收入的比重表示。政府加强环境规制力度会促使企业淘汰高耗能生产设备，加快使用节能技术，从而

倒逼企业提升能源效率。

（3）产业结构（*IS*）。用第三产业和第二产值增加值之比表示。不同产业结构的能源依赖程度不同，这种差异导致了能源效率的不同。六大高耗能行业能源消费量较其余工业行业更高，工业行业能源消耗较服务业更高，因此不同行业结构会对工业能源消耗产生重要影响。

（4）对外开放度（*OPEN*）。以进出口总额占 GDP 比重表示。沈小波等（2021）研究表明对外贸易水平有助于驱动能源强度下降。

（5）能源结构（*ES*）。用煤炭消费占全国消费比重表示。由于煤炭能源转换效率较低，而我国能源结构主要以煤炭为主，因此煤炭消费比重的高低直接影响工业能源效率。

（6）创新水平（*INN*）。技术创新是全要素能源效率提升的重要动力，用万人拥有发明专利申请授权数表示。从表 4-2 可知，样本期间我国平均每万人拥有专利申请授权数为 1.328 件。此外，将单位产值能源消耗表示能源强度（*EI*），通过测算得出能源回弹效应（*ERE*）。

表 4-2　互联网影响区域工业能源效率的主要变量描述性统计

变量	变量定义	观测值	均值	标准差	最小值	最大值
TFEE	全局参比工业全要素能源效率	420	0.979	0.301	0.260	1.507
*TFEE*1	静态工业全要素能源效率	420	0.406	0.213	0.017	1.000
Inter	互联网发展水平	420	0.088	0.095	0.005	0.717
*Inter*1	互联网发展水平平方项	420	0.017	0.047	0.000	0.515
INN	创新水平	420	1.328	2.689	0.036	24.664
GDP	经济发展水平	420	4.22	2.595	0.942	13.760
ER	环境规制	420	0.074	0.054	0.01	0.328
ES	能源结构	420	0.033	0.025	0.001	0.103
IS	产业结构	420	1.184	0.641	0.561	4.575
OPEN	对外开放度	420	0.299	0.324	0.018	1.516
ERE	能源回弹效应	420	-0.047	1.145	-10.604	7.012
EI	能源强度对数	420	6.745	10.545	0.190	73.653
patent	工业技术专利	420	0.848	2.508	0.000	27.767
FM	要素市场得分	420	5.651	2.668	0.370	15.870

本书选取 2006~2019 年我国 30 个省份（西藏除外）数据，数据源自《中国统计年鉴》《中国电子信息产业统计年鉴》《中国经济普查年鉴》《中国固定资产

投资统计年鉴》《中国互联网发展报告》及中国碳排放数据库（CEADs 数据库）。部分缺失数据通过插值法填补，并对变量进行上下 1%缩尾处理以消除极值的影响。

4.1.1.4 实证模型设定

（1）面板固定效应模型。为验证互联网对工业能源效率的影响，借鉴邵帅等（2019）的做法，构建如下基准模型：

$$TFEE_{it}=\alpha_0+\alpha_1 Inter_{it}+\alpha_2 Inter1_{it}+\alpha_3 X_{it}+\mu_i+\delta_t+\varepsilon_{it} \tag{4-4}$$

其中，$TFEE_{it}$ 表示 i 省份 t 年工业全要素能源效率，$Inter_{it}$ 表示 i 省 t 年互联网发展水平。从本书理论部分分析可知，互联网发展水平与工业全要素能源效率之间可能存在"U"型关系，因此加入互联网发展水平的平方项 $Inter1_{it}$，构建非线性面板固定效应模型，以捕捉两者之间的非线性关系。X_{it} 为系列控制变量，μ_i 和 δ_t 分别为时间和个体固定效应，ε_{it} 为随机误差项。

（2）GMM 动态面板模型。为进一步缓解基准模型回归可能存在的内生性问题，借鉴宋敏等（2021）的做法，构建 GMM 动态面板模型，模型设定如下：

$$TFEE_{it}=\beta_0+\beta_1 TFEE_{it-1}+\beta_2 Inter_{it}+\beta_3 Inter1_{it}+\beta_4 X_{it}+\mu_i+\delta_t+\varepsilon_{it} \tag{4-5}$$

将工业全要素生产率滞后一期即 $TFEE_{it-1}$ 作为解释变量放入回归模型，构建动态面板数据模型。一般而言，系统 *GMM* 比差分 *GMM* 更能满足一致性要求，本书使用系统 *GMM* 缓解内生性问题，同时以差分 *GMM* 作为对照。模型其他变量与式（4-4）含义相同。

4.1.2 固定效应模型结果分析

4.1.2.1 回归结果分析

基准结果如表 4-3 所示。固定效应模型回归结果显示，互联网发展水平对工业全要素能源效率影响一次项为负、二次项为正的"U"型关系，并且均在 1%水平上显著，控制年份后回归系数绝对值变小。同时，本书采用随机效应和混合回归进行对照，发现随机效应结果也表明两者是"U"型关系，但仅在 5%水平上显著，而混合回归结果虽然是"U"型关系，但是并不显著。对面板数据而言，固定效应模型更能获得一致性估计结果，优于随机效应和混合回归模型。这表明，互联网发展对工业全要素能源效率的影响存在先抑制后促进的"U"型关系，这为研究假说 1-1 提供了初步的证据。

本书从工业领域研究互联网对能源全要素生产率影响的结论与汪东芳和曹建华（2019）从地区整体层面研究的结论不同，这反映出互联网对工业领域与整个地区层面的能源效率影响不尽相同。互联网可能持续提升服务业或者农业全要素能源效率，但对工业而言则存在先降低后提升的“U”关系。

表 4-3 互联网发展水平对工业能源效率的影响

变量	(1) FE	(2) FE	(3) RE	(4) OLS
Inter	-5.323*** (0.921)	-3.237*** (0.819)	-0.704** (0.345)	-0.704 (0.503)
*Inter*1	5.908*** (0.992)	3.334*** (0.805)	1.112** (0.469)	1.112 (0.822)
INN	0.011* (0.006)	0.001 (0.009)	0.001 (0.008)	0.001 (0.021)
GDP	0.070*** (0.024)	0.066** (0.025)	0.005 (0.012)	0.005 (0.018)
ER	0.521 (0.682)	0.817 (0.563)	0.059 (0.129)	0.059 (0.238)
ES	-5.708*** (1.948)	-3.199 (2.089)	-0.255 (0.382)	-0.255 (0.540)
IS	-0.011 (0.053)	0.020 (0.057)	0.007 (0.016)	0.007 (0.039)
OPEN	0.395*** (0.141)	0.150 (0.104)	-0.021 (0.041)	-0.021 (0.052)
Constant	1.085*** (0.141)	1.439*** (0.114)	1.521*** (0.033)	1.521*** (0.057)
年份	不控制	控制	控制	控制
观测值	420	420	420	420
R^2	0.081	0.471		0.451
省份数	30	30	30	

注：*、**、***分别表示系数在1%、5%和10%水平上显著，括号内为聚类标准误。下同。

究其原因，可能是因互联网网络效应、替代效应、渗透效应的发挥需要一定的时间，以及工业与农业和服务业生产方式的差异而造成的。在互联网发展水平较低时，互联网基础设施建设不完善、互联网应用及普及率较低都会影响网络效应的发挥，甚至在发展初期由于水平低于某一阈值会产生信息干扰现象，从而影响工业生产环节效率，进而引发资源错配、能源浪费等现象；同时，互联网通过刺激工业生产活动增加了能源的消耗，在互联网发展初期可能刺激了这种粗放式增长，从而导致工业全要素能源生产率下降。随着互联网发展水平越过阈值后，互联网应用程度及信息传递数量和质量都将极大提高，互联网对工业生产的替代作用、渗透作用、协同作用得到倍增和放大，互联网对工业能源效率提升作用超过其回弹效应，促使总的能源生产效率提升和能源消费量减少，从而对工业全要素能源效率产生积极的促进作用。

4.1.2.2 “U”型关系检验

“U”型关系的成立不能仅依赖识别拐点在最小值和最大值之间这个单一指标，因为如果两者关系是单调凹凸性，那么这一标准将不再适用。为此，Lind 和 Mehlum（2010）提出了验证“U”型关系的三个步骤，分别是回归系数符号相反、斜率相反及拐点值在两个极值范围之内。如表 4-4 所示，通过对以上回归模型的检验发现，固定效应模型均满足上述三个条件，且斜率两端的 P 值和整体的 P 值均在 1%水平上显著，检验结果认为互联网发展水平与工业全要素能源效率之间存在“U”型关系。随机效应模型结果显示也表明，两者存在“U”型关系，但是显著性下降至 5%的水平。作为参照，混合回归结果并不能说明两者之间存在“U”型关系。以上基准回归和“U”型关系检验表明，互联网对工业全要素能源效率确实存在先下降后提升的作用，这就验证了本书研究假说 1-1。

表 4-4 互联网发展与工业全要素能源效率“U”型关系检验

	FE		FE		RE		OLS	
拐点值	0.4505		0.4854		0.3165		0.3165	
端点	最小	最大	最小	最大	最小	最大	最小	最大
端点值	0.0047	0.7173	0.0047	0.7173	0.0047	0.7173	0.0047	0.7173
斜率	-5.268	3.152	-3.205	1.546	-0.693	0.891	-0.694	0.892
P 值	0.000	0.000	0.000	0.000	0.022	0.006	0.082	0.133
整体 P 值	0.000		0.000		0.021		0.133	
年份	不控制		控制		控制		控制	
结论	“U”型/1%水平显著		“U”型/1%水平显著		“U”型/5%水平显著		不显著	

4.1.3 稳健性检验和内生性处理

4.1.3.1　稳健性检验

（1）替换被解释变量。基准回归使用的全局 DEA-SBM-ML 指数方法是一种动态的效率测度，是基于上一期动态增长结果，测算结果可以大于 1。为检验结果稳健性，采用窗口静态 SBM-DEA 重新测度 2006~2019 年各省工业全要素能源效率。从表 4-5 第（1）列回归结果看，互联网对窗口 SBM-DEA 测度的工业能源效率也是呈先下降后上升趋势，这与基准回归结果保持一致。

（2）更换测量方法。使用窗口 SBM-DEA 测度的工业全要素能源效率范围在 0 到 1 之间，因而可以采用面板 Tobit 方法对此进行回归，以再次验证结果的稳健性。从表 4-5 第（2）列可知，面板 Tobit 回归结果显示，互联网对工业能源效率也呈“U”型关系，从显著性水平看较双重固定效应回归更为显著，面板 Tobit 模型回归更适合 0~1 数据结构，得出的结果也更为稳健。

表 4-5　稳健性检验

变量	（1） TFEE1	（2） Tobit	（3） TFEE	（4） TFEE
Inter	-2.058*** （0.556）	-2.086*** （0.545）	-2.851*** （1.003）	-5.498*** （1.205）
*Inter*1	1.251* （0.649）	1.262** （0.636）	2.998*** （0.834）	4.884*** （1.061）
Constant	0.991*** （0.119）	1.154*** （0.269）	1.489*** （0.158）	0.956*** （0.306）
控制变量	控制	控制	控制	控制
年份	控制	控制	控制	控制
观测值	419	419	364	240
R^2	0.483		0.535	0.291
省份数	30	30	26	30

（3）剔除直辖市影响。考虑到北京、上海、天津、重庆等直辖市互联网发展水平较高，反向因果和遗漏变量等内生性问题可能更严重。为进一步证实研究结论的稳健性，本书删除四个直辖市得到 364 个样本，回归结果如表 4-5 第（3）列所示。删除直辖市样本后结果依然稳健，且和基准回归保持一致，即互

联网发展对工业全要素能源效率的影响为“U”型且在1%水平上显著。

（4）变换回归阶段。在本书选取14年的样本期间，互联网基础设施、普及程度、应用程度和资源丰富程度都发生了非常大的变化，那么，各个时期互联网对工业全要素能源效率的影响是否保持一致？为验证研究结论不受时间选取的影响，本书采取变换回归时间段的方法重新进行回归。逐年选取2011～2017年之后的样本进行回归，发现结论与基准回归保持高度一致。表4-5第（4）列是2011年数据样本的回归结果，发现仍然在1%水平上显著。这说明，无论在哪个时期，互联网对工业能源效率的影响都存在“U”型关系，只有互联网发展水平达到一定程度后才能发挥其能效提升功能，而在互联网发展初期往往会降低工业能源效率。

4.1.3.2 内生性处理

（1）动态面板GMM检验。省份层面工业全要素能源效率之间具有一定的持久性和序列相关，参照宋敏等（2021）的做法，采用广义矩估计（Generalized Method of Moments，GMM）方法来缓解这一内生性问题。GMM方法从矩条件出发构造包含参数的方程，能够有效地解决内生性问题。本书分别使用两步系统GMM、一步系统GMM和差分GMM三种方法进行检验，以验证回归结果的稳健性。选取被解释变量滞后一期作为解释变量，构建GMM动态面板模型。回归结果如表4-6所示，AR（1）和AR（2）的P值分别为1%显著和不显著，表明差分方程残差序列存在一阶相关且二阶不相关，符合Arellano-Bond序列相关检验。Hassen检验的P值均不显著，表明工具变量不存在过度识别问题。

表4-6 GMM回归模型结果

变量	(1) 两步SYS-GMM	(2) 一步SYS-GMM	(3) FD-GMM
L. TFEE	-0.364^{***} (0.082)	-0.368^{***} (0.074)	-0.473^{***} (0.072)
Inter	-1.894^{**} (0.900)	-1.895^{***} (0.621)	-7.194^{***} (1.885)
*Inter*1	2.565^{**} (1.111)	2.556^{***} (0.752)	7.888^{***} (2.056)
Constant	1.405^{***} (0.149)	1.377^{***} (0.114)	

续表

变量	(1) 两步 SYS-GMM	(2) 一步 SYS-GMM	(3) FD-GMM
控制变量	控制	控制	控制
年份	控制	控制	控制
观测值	390	390	360
省份数	30	30	30
Hansen	0. 345	0. 345	0. 101
AR（1）	0. 001	0. 000	0. 000
AR（2）	0. 615	0. 625	0. 503

注：Hasen 检验和 AR（1）、AR（2）中的数值为 P 值。

从以上三种 GMM 方法回归结果看，虽然在回归系数上有差异，但互联网发展水平对工业能源效率影响均呈现先下降后上升的“U”型关系，且在 5%水平以上显著，表明互联网发展与工业全要素能源效率的“U”型关系是稳健的，这进一步验证了本书研究结论。

（2）工具变量法。工业全要素能源效率高的省份受能源强度目标约束较小，有利于推动包括互联网基础设施在内的投资建设，从而可能存在反向因果关系。同时，省级层面可能存在一些不可观测的遗漏变量，从而导致内生偏误。在控制省级层面和时间层面双重固定效应基础上，本书进一步使用工具变量法缓解内生性。借鉴郭家堂和郭品亮（2016）工具变量选取方法，将互联网发展水平的滞后一期（IV）作为工业全要素能源效率的工具变量。其逻辑是滞后一期互联网发展水平与当期互联网发展水平存在相关性且仅通过互联网发展水平作用于工业全要素能源效率，而当期工业全要素能源效率的变化几乎不可能对滞后一期的互联网发展水平产生影响。如果互联网发展水平的滞后一期仍然对工业全要素能源效率产生影响，那么在双向因果关系中应认为互联网发展水平是主因。

从表 4-7 中工具变量回归结果看，互联网发展对工业全要素能源效率的影响仍然是“U”型，仍然是在 1%水平上显著，且回归系数与基准回归保持基本一致。工具变量不可识别 KP-LM 检验值为 71. 757，并在 1%的水平上拒绝工具变量不可识别。弱工具变量检验 CDW 值为 261. 275，明显大于经验值 10 和临界值 65. 787，表明工具变量选取是有效的。工具变量检验结果进一步证实了本书研究结论的可靠性。

表 4-7　工具变量估计结果

变量	(1) 第二阶段 TFEE	(2) 第一阶段 Inter	(3) 第一阶段 Inter1
Inter	-4.665*** (1.441)		
*Inter*1	4.384*** (1.607)		
IV		0.756*** (0.116)	-0.094** (0.048)
*IV*1		0.387*** (0.136)	1.357*** (0.066)
控制变量	控制	控制	控制
年份	控制	控制	控制
不可识别 KP-LM 检验	71.757***		
弱识别检验 CDW 检验	261.275 [65.787]		
观测值	390	390	390
省份数	30	30	30
R^2	0.064		

注：IV1 为工具变量的平方项。

4.1.4　异质性分析

4.1.4.1　互联网发展水平构成要素异质性

本书将互联网发展水平的构成要素分为互联网基础设施（*inter_infra*）、互联网普及程度（*inter_pene*）、互联网应用程度（*inter_apply*）和互联网资源状况（*inter_resours*）。为厘清各构成要素对工业全要素能源效率的异质性影响，本书分别研究各构成要素对工业全要素能源效率的具体影响。

从表 4-8 可知，互联网发展水平四个组成要素对工业全要素能源效率的影响均为“U”型，但仅有互联网基础设施和互联网应用程度对工业全要素能源效率的影响在 1%水平上显著，互联网资源丰富程度降低了工业全要素能源效率，而互联网普及程度的影响则不显著。可能的原因是，互联网基础设施和互联网应用水平对工业企业外溢效应更大，而互联网普及和互联网资源可能对服务业和服务型制造业的影响更大，特别是对消费互联网的兴起和发展起到积极的推动作用。而从消费互联网到工业互联网需要的不仅是普及率，还有更多地基于标识解析、智能化改造、网络化协同的设备数字化转型，这就需要依托新型互联网基础设施建设及其融合应用。

表 4-8 互联网发展水平构成要素对工业全要素能源效率的影响

变量	(1) TFEE	(2) TFEE	(3) TFEE	(4) TFEE
inter_infra	-8.478*** (2.858)			
inter_infra2	51.432*** (17.183)			
inter_pene		-13.239 (9.483)		
inter_pene2		37.448 (125.034)		
inter_apply			-5.629*** (1.346)	
inter_apply2			11.834*** (2.733)	
inter_resours				-6.202* (3.177)
inter_resours2				20.468 (21.520)
Constant	1.423*** (0.112)	1.515*** (0.108)	1.449*** (0.108)	1.440*** (0.118)
控制变量	控制	控制	控制	控制
年份	控制	控制	控制	控制
观测值	420	420	420	420
R^2	0.463	0.461	0.468	0.466
省份数	30	30	30	30

注：*inter_infra2*、*inter_pene2*、*inter_apply2* 和 *inter_resours2* 分别表示互联网基础设施、互联网普及程度、互联网应用水平和互联网资源状况的平方项。

4.1.4.2 区域异质性分析

从区域异质性看（见表4-9），东部地区互联网发展水平对工业全要素能源效率的影响呈“U”形且在1%水平上显著，而中西部地区均不显著。这一方面表明，东部地区互联网发展水平较高，互联网与工业发展融合程度较深，能够充分利用互联网发展带来的能源节约效应促进能效提升，而中西部地区互联网与工业的融合程度有待进一步加强。另一方面从侧面印证了互联网发展存在网络效应，当互联网发展水平低于网络效应临界点时，互联网对工业能源效率的影响作用就不明显。

表4-9 互联网对工业全要素能源效率区域异质性的影响

变量	(1) 东部	(2) 中部	(3) 西部
Inter	-4.417*** (1.217)	-2.584 (5.163)	4.332 (3.544)
*Inter*1	4.399*** (1.119)	-5.995 (15.420)	-10.359 (10.178)
Constant	1.405*** (0.241)	1.308*** (0.266)	1.497*** (0.236)
控制变量	控制	控制	控制
年份	控制	控制	控制
观测值	168	126	126
R^2	0.429	0.554	0.656
省份数	12	9	9

4.1.5 互联网影响区域工业能源效率的作用机制分析

由第3章中理论机制分析可知，互联网能够通过促进要素优化配置、推动技术研发创新、加强环境规制及产生回弹效应共同作用于工业能源效率。为验证上述四个作用机制，本书借鉴林伯强和王喜枝（2021）的做法，构建如下检验模型：

$$M_{it}=\gamma_0+\gamma_1 inter_{it}+\gamma_2 inter1_{it}+\gamma_3 X_{it}+\mu_i+\delta_t+\varepsilon_{it} \tag{4-6}$$

其中，M_{it} 为需要检验的中介变量，分别表示要素配置水平、技术创新水平、环境规制强度及回弹效应，其余变量含义与式（4-4）中保持一致。

4.1.5.1 要素配置

从前文理论机制分析结果可知，互联网通过优化要素配置作用于工业全要素能源效率提升。为衡量各省要素市场发育水平，借鉴林伯强和杜克锐（2013）的做法，利用王小鲁和樊刚（2021）发布的历年中国分省份市场化指数中的要素市场发育程度得分表征要素资源配置。要素市场发育得分中主要包含金融业市场化、人力资源供应条件和技术成果市场化等，这包含了资本、劳动和技术等生产最主要的要素投入，能够较好地反映地区要素配置情况（见表4-10）。

表4-10 互联网影响区域工业全要素能源效率作用机制的回归结果

变量	(1) FM	(2) patent	(4) env_ supvs①	(5) TFEE	(6) TFEE
Inter	-18.882*** (4.691)	-8.221*** (3.428)	1.649** (0.734)		
*Inter*1	17.096*** (5.511)	54.992*** (3.900)	0.229 (0.746)		
ERE				-0.007* (0.004)	-0.061** (0.023)
Constant	2.444** (1.019)	0.159 (0.538)	0.482** (0.211)	1.418*** (0.111)	1.039*** (0.212)
控制变量	控制	控制	控制	控制	控制
年份	控制	控制	控制	控制	控制
观测值	420	420	214	420	300
R^2	0.616	0.812	0.621	0.456	0.284
省份数	30	30	30	30	30

回归结果如表4-10第（1）列所示。结果表明，互联网发展初期并不有利于要素资源的优化配置，而随着互联网发展水平的提升，其对要素优化配置的作用逐渐增强。可能的原因是，作为通用目的技术的互联网在充分发挥其功能作用前存在滞后效应，只有普及应用达到一定程度才能发挥其优化资源配置的作用。从回归系数和显著性来看，达到一定水平后，互联网能够显著促进资源优化配

① 在作用机制分析时，环境规制侧重互联网对能耗、环境等领域的外部监督，采用环保罚款数作为代理变量，这个较基准回归得更为精准，但是存在一定的样本量缺失问题。综上考虑，只在机制分析时使用该变量。为避免内生性，此次回归控制变量中删除基准回归中的环境规制（er）。

置，并且在1%显著性水平上为正。以上分析表明，互联网确实能够通过优化要素资源配置作用于工业全要素能源效率提升。至此，研究假说1-2得到验证。

4.1.5.2 技术创新[①]

本书理论分析表明，互联网能够推动技术创新作用于工业全要素能源效率提升。为此，参照柏培文和张云（2021）的做法，选择工业互联网技术专利授权数（Patent）作为技术创新的代理变量。原因在于，工业互联网领域的技术专利能够较为精准地作用于工业生产活动，也能够更好地促进工业技术研发创新，从而促进工业领域的数字化、智能化水平，进而推动清洁化生产和能源效率提升。基于模型（4-3）分析互联网对工业技术创新的影响，结果如表4-10中第（2）列。结果表明互联网在发展初期并不能促进工业领域技术创新，而是要发展到一定水平后才能促进工业技术创新，通过回归系数可知，互联网对技术创新的促进作用更大。这表明，互联网发展对技术水平先抑制后促进的关系影响了工业能源效率，从而使互联网对工业能源效率的影响呈"U"型。综上分析可知，互联网能够通过技术创新影响工业能源效率，且最终有助于工业能源效率提升。至此，研究假说1-3得到验证。

4.1.5.3 环境规制

互联网普及与应用使环境监督手段和方式更加多元化，通过网络进行监督的比重越来越高且更容易得到广泛传播，一旦出现重大环境事件极易产生"蝴蝶效应"[②]，通过网络舆论的发酵倒逼政府和企业加大环境治理和投入力度。同时，企业节能减排的先进典型也能够通过网络迅速传播，从而对企业和地区产生积极的宣传效应。互联网通过降低环境信息传播成本及加快传播速度，从正向激励和反向倒逼两个方面推动企业加强节能减排及督促政府加大环保执法力度。为检验这一传导机制，本书利用2011~2019年全国各省份环保处罚数作为环境外部监督的代理变量。一般而言，环保处罚数越多表明环保执法力度越大，能够体现地区环境外部监督的强弱程度。如表4-10第（4）列所示，互联网发展水平一次项显著提高了环境外部监督水平，而二次项虽然为正却不显著，且系数明显小于

① 本节研究互联网影响工业全要素能源效率提升的具体作用机制，技术创新是其中的重要因素，而这与本书的第6章中的工业低碳技术创新有所交叉重叠，但两者是基于不同层面的考量。具体而言，低碳技术和能源效率、产业结构、经济增长等均是影响工业低碳转型的重要因素，因此本书将三者并列，其中能源效率为首要、工业结构低碳化为核心及低碳技术为根本动力。但是，低碳技术着眼于对工业低碳转型的整体作用，而本节中技术创新仅针对低碳转型中的能源效率单一层面，因此，这虽与第6章中研究有部分重叠，但第6章研究适用的对象和范围更广，对工业低碳转型的作用更大。

② 蝴蝶效应由美国气象学家爱德华·洛伦兹在1963年提出，指在一个动力系统中初始条件下的微小变动就会带动整个系统长期的巨大的连锁反应。

一次项系数，这说明互联网有助于提高政府环境监督水平，但是提高的速度在缓慢下降。这可能的原因是，随着互联网对环境监督积极作用的持续发挥，企业节能减排力度和水平不断提升，因而违法违规事件出现下降趋势，从而导致互联网对环境监督作用程度出现下降趋势。至此，研究假说 1-4 得到验证。

4.1.5.4 回弹效应

互联网引致的能源效率提升节约的能源，可能被由替代效应、收入效应和产出效应等机制产生新的能源需求部分或完全抵消（Greening et al.，2000；邵帅等，2013），从而出现能源回弹效应。能源回弹效应削弱了互联网对能源效率的提升作用，不利于工业能源效率的提高。为测度互联网技术进步对工业能源消耗的回弹效应，借鉴李金铠等（2021）对能源回弹效应理论、机制和测算方法，得出如下互联网引致的能源回弹效应计算公式：

$$ERE_{t+1}=\frac{\sigma_{t+1}(Y_{t+1}-Y_t)EMI_{t+1}}{Y_{t+1}(EMI_t-EMI_{t+1})} \tag{4-7}$$

其中，σ_{t+1} 表示 $t+1$ 年的互联网发展速度，Y_t 代表 t 年的工业产出，EMI_{t+1} 代表 $t+1$ 年的能源消耗。$\sigma_{t+1}(Y_{t+1}-Y_t)$ 代表由互联网发展引起的工业增加值增长量，互联网发展引起的能源消耗增长量则用 $\sigma_{t+1}(Y_{t+1}-Y_t)EMI_{t+1}$ 表示。能源强度下降引起的能源消耗下降量则表示为 $Y_{t+1}(EMI_t-EMI_{t+1})$。鉴于数据可得性，本书使用互联网普及率增长率作为互联网技术进步的衡量指标，Y 和 E 分别用工业增加值和能源消耗量表示。

回弹效应存在以下几种情况：①当 ERE>1 时，为逆反效应（Backfire Effect），表明互联网使用不仅没有起到节能增效的作用，反而导致能源消耗较初始阶段更多；②当 ERE=1 时，为完全回弹效应（Full Rebound），表明互联网对能源效率提升作用为零；③当 0<ERE<1 时，属于部分回弹效应（Partial Rebound），表明互联网发展能够部分节约能源；④当 ERE=0 时，为零回弹（Zero Rebound），表明互联网的能源节约作用能够完全实现，不存在能源回弹效应；⑤当 ERE<0 时，为超级节能（Super-conservation），表示实际能源消费量小于预期能源消费量，是工业能源效率提升的有效路径。从测算结果看，样本期间互联网对工业能源的回弹效应总体为-4.7%，说明互联网能够有效促进能源节约，具有超级节能作用。但是受 2008 年金融危机影响，2008 年和 2010 年的回弹效应出现明显的极值。考虑 2010 年之后回弹效应的均值为正数，这说明排除极端事件冲击，随着互联网发展逐渐加快，其对工业能源产生了回弹效应，从而部分抵消了互联网的节能增效功能。

如表4-10第（5）列至第（6）列分别是全样本、2010年后的回归结果。全样本期间互联网引致的能源回弹效应不利于工业全要素能源效率的提升，并在10%水平上显著为负。2010年后的样本回归显示，回弹效应在5%显著水平上降低了工业全要素能源效率，并且回归系数明显增大，这表明随着互联网的迅速发展，互联网引致的能源回弹效应正不断上升，导致能源消耗增加，从而部分抵消互联网对能源节约和能效提升的作用，进而导致互联网对工业全要素能源效率产生非线性关系。

当互联网的能源节约和能效提升作用小于其引致的回弹效应时，互联网发展不利于工业全要素能源效率的提升，即处于“U”型曲线的左侧；当互联网的能源节约和能效提升作用大于其引致的回弹效应时，互联网就能够有效促进工业全要素能源效率提升，即处于“U”型曲线右侧。互联网引致的回弹效应使其与工业全要素能源效率的关系更为复杂，互联网发展水平只有越过一定阈值后才能有效推动工业全要素能源效率的提升。以上分析表明，互联网通过优化要素配置水平、促进低碳技术创新及产生能源回弹效应作用于工业全要素能源效率。至此，研究假说1-5得到验证。

4.2 互联网对工业能源效率的影响——基于企业层面的分析

4.2.1 研究设计与数据来源

4.2.1.1 数据来源与处理

本节数据主要来源于中国工业企业数据库、中国工业企业污染数据库、《中国城市统计年鉴》及《中国互联网发展报告》。工业企业数据库由国家统计局统计，涵盖了中国工业总产值95%以上的工业企业信息，已被学术界广泛应用并证明数据质量是可靠的（杨汝岱，2015；Brandt et al.，2017）。工业企业污染数据库由生态环境部主管，以重点污染物排放量占地区总排放量的85%以上的工业企业为调查对象，由县级主管部门填报并接受生态环境部的不定期检查，因此这一数据库也被视为最全面、最可靠的微观环境数据（Zhang et al.，2018）。工业企业数据库中报告了企业邮箱和网址的情况，这些特征可以有效识别企业层面的互联网发展水平，是当前少有的衡量企业互联网发展水平的高质量数据。工业企业污染数据库中包含了企业煤炭消费量、燃油消费量和燃气消费量等能源消耗数据，这为本书从企业互联网发展水平视角研究企业能源效率提供了可能。因工业企业数据库中仅2001~2010年报告了企业邮箱或网址信息，因此选取这期间工业企业数据和污染数据进行匹配，得到2001~2010年中国企业污染数据。具体处理过程如下：首先，参照Brandt等（2012）和聂辉华等（2012）的处理方法，对工业企业数据和工业污染数据进行处理；其次，根据两个数据库中均存在的企业法人代码、名称、地址、电话号码和邮编等企业身份信息进行匹配，得到中国企业污染数据。

4.2.1.2　模型设定与变量选取

为研究互联网对工业企业能源效率的影响，参照林伯强等（2021）的做法，将计量模型设定如下：

$$Energy_{it}=\alpha_0+\alpha_1 inter_{it}+\beta_j X_{jit}+\mu_i+\delta_t+\varepsilon_{it} \tag{4-8}$$

被解释变量。企业能源效率是本书的被解释变量，$Energy_{it}$ 是指第 i 个企业第 t 年的能源效率，本书借鉴陈钊和陈乔伊（2019）的做法，以能源生产率衡量企业的能源效率，即 $Energy_{it}$=企业产出/能源投入。工业污染数据库中能源消耗的品种有原煤消费量、燃油消费量和洁净燃气消费量，借鉴林伯强等（2021）的方法，本书根据《中国能源统计年鉴》中公布的能源折算系数，分别以0.7143、1.4286和1.3300的折算系数将以上三种能源折算成标准煤，从而得到企业能源消费总量。本书基准回归中用企业总产值除以企业能源消耗总量表示能源效率，单位为万元/吨标准煤，稳健性检验中以企业增加值除以能源消费总量得到新的能源效率进行回归。从表4-11中可知，企业之间能源效率的差异很大，企业平均能源效率为18.97万元（取对数前）/吨标准煤，50%以上的企业能源效率低于3万元/吨标准煤。

表4-11　互联网对企业能源效率影响的主要变量描述性统计

变量	变量定义	样本量	平均值	标准差	最小值	最大值
energy	工业能源效率对数	170788	1.576	1.382	0.003	6.171
inter	互联网发展水平	170788	0.165	0.371	0	1
internet	地级市互联网普及率	169548	0.107	0.148	0.003	0.834
sale	企业销售产值对数	170788	10.946	1.529	2.398	18.666
fin	融资约束	170788	0.047	0.078	-0.019	0.492

续表

变量	变量定义	样本量	平均值	标准差	最小值	最大值
age	企业年龄	170788	15.728	13.916	1	57
debt	资产负债率	170788	0.610	0.289	0.028	1.573
export	出口能力	170788	0.109	0.263	0	1
labor	从业人数对数	170788	5.459	1.173	0	11.816
density	经济集聚度	170788	6.846	1.356	2.296	10.626
innov	是否有新产品	170788	0.105	0.306	0	1
*innov*1	新产品产值占比	170754	0.034	0.138	0	1
coal	煤炭表示的能源效率	150385	1.225	1.125	0.005	5.005
value	增加值表示的能源效率	106844	4.527	2.028	0.554	9.614
distortion	要素扭曲程度	170725	0.009	0.021	0	0.146
er	环境规制强度	92623	0.808	2.150	0	15.667

核心解释变量。本书将企业互联网发展水平为核心解释变量。$inter_{it}$ 表示第 i 个企业 t 年互联网发展水平，参照沈国兵和袁征宇（2020）的做法，用企业是否拥有网址或邮箱表示，有网址或邮箱记为 1，否则为 0。从表 4-11 中可知，样本中有 16.5%的企业拥有网站或邮箱。在稳健性检验中，本书通过与地市级数据匹配，将各地市互联网发展水平作为企业的核心解释变量，样本期间互联网发展平均水平为 10.7%。

控制变量。X_{it} 为系列控制变量，参照万攀兵等（2021）、Li 和 Du（2021）的做法，本书将企业规模、企业年龄、出口占比、资产负债率、融资约束及经济集聚度作为控制变量。①企业规模，将企业销售额取对数作为衡量企业大小的指标，“熊彼特假说”认为企业规模越大越有助于技术创新，从而对能源效率产生积极作用。②企业年龄，用当年年份减去企业开业年份，成立越早的企业可能存在更强的路径依赖，更难以接纳新技术新方法，同时也可能在“干中学”中积累技术和经验，从而有利于能源效率提升。③融资约束，用利息支出占固定资产值比重表示。④出口占比，用出口交货值占销售值比重表示。⑤资产负债率，用负债占资产比重表示。⑥从业人数，用全部从业平均人数的对数表示。⑦经济集聚度，用地级市单位面积增加值的对数表示。机制分析中，以是否有新产品及新产品产值占比作为技术创新的代理变量，以企业主营业务产品销售税金及附加与主营业务产品销售收入之比衡量企业层要素扭曲程度，用二氧化硫去除量占二氧化硫排放量比重表征环境规制强度。为消除极端值对回归结果的影响，本书对变量进行上下1%缩尾处理。此外，本书在回归中还控制了年份、省份和行业固定效应。主要变量描述性统计如表4-11所示。

4.2.2 基准回归结果分析

基准回归中控制了年份、省份和行业，结果如表4-12所示，第（1）列至第（5）列分别是依次加入控制变量的回归，结果显示均在1%水平上显著为正，这表明互联网发展水平越高越有助于促进企业能源效率提升。这部分验证了本书研究假说1-1，即互联网促进了工业能源效率提升，但与区域层面需要经历能源效率下降的过程不同，运用中国工业企业数据分析表明，互联网能够直接促进企业能源效率提升。

表4-12 互联网对工业企业能源效率影响的回归结果

变量	(1)	(2)	(3)	(4)	(5)
	energy	energy	energy	energy	energy
inter	0.246***	0.132***	0.148***	0.138***	0.145***
	(0.007)	(0.007)	(0.007)	(0.007)	(0.007)
sale		0.173***	0.173***	0.167***	0.207***
		(0.002)	(0.002)	(0.002)	(0.003)
fin		0.316***	0.388***	0.393***	0.354***
		(0.034)	(0.034)	(0.034)	(0.034)
age			-0.004***	-0.004***	-0.002***
			(0.000)	(0.000)	(0.000)
debt			-0.094***	-0.089***	-0.067***
			(0.009)	(0.009)	(0.009)
export				0.365***	0.387***
				(0.011)	(0.011)
labor					-0.076***
					(0.004)
density					0.029***
					(0.003)
Constant	1.536***	-0.350***	-0.245***	-0.216***	-0.480***
	(0.003)	(0.021)	(0.022)	(0.022)	(0.030)
年份/省份/行业	是	是	是	是	是

续表

变量	(1) energy	(2) energy	(3) energy	(4) energy	(5) energy
观测值	170788	170788	170788	170788	170788
R^2	0.380	0.408	0.410	0.414	0.415

从控制变量回归看，企业的规模、融资能力、出口水平、经济集聚度对企业能源效率具有显著的正向作用，而企业年龄、资产负债率、从业人数等对企业能源效率具有显著的负向作用，这与前文分析基本保持一致。

4.2.3 稳健性检验和内生性处理

4.2.3.1 稳健性检验

为进一步验证研究结论的稳健性，本书通过更换被解释变量和解释变量的方法进行稳健性检验。首先，由于煤炭是我国工业部门中最主要的化石能源投入，因此本书用单位工业产值煤炭消费量表示工业企业能源强度，以此验证互联网对工业企业能源效率的影响，回归结果如表 4-13 第（2）列所示。结果表明，互联网对以煤炭表示的能源效率仍然具有积极的促进作用，而且与基准回归（见表 4-13 中第 1 列）保持一致。

表 4-13　稳健性检验

变量	(1) energy	(2) coal	(3) value	(4) energy
inter	0.145*** (0.007)	0.116*** (0.007)	0.055*** (0.013)	
internet				0.530*** (0.030)
Constant	-0.480*** (0.030)	-0.264*** (0.027)	1.314*** (0.050)	-0.391*** (0.031)
控制变量	控制	控制	控制	控制
年份/省份/行业	控制	控制	控制	控制
观测值	170788	150385	106842	169548
R^2	0.415	0.384	0.517	0.416

其次，用增加值替换总产值计算工业能源效率，以此作为被解释变量进行回归，结果如表 4-13 第（3）列所示。从中可知，互联网对以增加值衡量的能源效率依然是促进作用，但是与基准回归相比系数降低了，这可能的原因是工企数据库中从 2008 年不再公布企业增加值数据，使回归样本减少而致。

此外，借鉴 Li 和 Du（2021）的做法，将企业所在地级市的互联网普及率匹配到各个企业，进而从侧面反映企业的互联网发展水平。一般而言，如果企业位于互联网发展水平较高的地区，那么企业获取互联网基础设施和应用的能力将会提升，从而更好地利用互联网发展带来的机遇。如表 4-13 第（4）列所示，以地级市互联网普及率衡量的互联网发展水平能够显著地促进工业能源效率，而且较以是否有邮箱和网址衡量的互联网发展水平更为显著。

4.2.3.2 内生性处理

互联网发展水平和企业能源效率可能存在反向因果关系，如企业能源效率高的企业可能会更倾向于使用互联网，从而导致内生性问题。此外，影响工业企业能源效率的因素很多，尽管本书尽可能地控制相关变量，但仍然可能存在遗漏变量。因此，本书通过工具变量的方法来缓解内生性。

借鉴黄群慧等（2019）思路，选取 1984 年地级市邮局数（*IV*1）和固定电话数（*IV*2）作为互联网发展水平的工具变量。在电话和互联网普及之前，人们往往通过信件的方式进行沟通联系，邮局成为人们信息沟通和交流的重要基础设施，邮局数量能够反映出当地人们信息沟通和交流的需求程度，互联网和电话的早期接入也往往是选择邮局数量多的地方。固定电话与互联网也存在紧密的关联性，早期互联网的接入是通过电话线拨号接入，后期才是通过 ISDN、ADSL 和光纤宽带等接入技术。以上分析表明邮局数量和固定电话作为互联网发展水平的工具变量满足相关性要求。同时，邮局数量和固定电话对企业能源效率的影响正在消失，而且选择 1984 年邮局和固定电话数量不会对当前企业能源效率产生影响，这就满足了工具变量选取外生性的要求。因 1984 年邮局数和固定电话数缺乏时变性，为满足面板数据的要求，借鉴 Nunn 和 Qian（2014）的方法，构造 1984 年邮局数和固定电话数（与个体相关）与全国上一年互联网投资额（与时间相关）的交互项，作为互联网发展水平的工具变量。其中，互联网投资额由信息传输计算机服务和软件业全社会固定资产投资表示。

如表 4-14 所示，工具变量回归结果显示，互联网对工业企业能源效率的提升作用更为明显，并在 1%水平上显著为正，表明本书的主要研究结论仍然是成立的。值得注意的是，第二阶段工具变量回归结果系数与基准回归有较大差异，这与袁淳等（2021）使用该工具变量的结果类似，可能的原因是此处估计的效应是“局部平均处理效应”，而不是全部个体平均处理效应，从而使系数差异较大。

表 4-14　两阶段工具变量回归

变量	第二阶段 energy	第一阶段 inter
inter	4.383*** (0.242)	
*IV*1		3.45e-06*** (3.52e-07)
*IV*2		0.000*** (0.000)
Constant	0.385*** (0.132)	-0.465 (0.001)
控制变量	控制	控制
不可识别 KP-LM 检验	472.993*** (0.000)	
弱工具变量 CDW 检验	315.821*** [19.93]	
过度识别 Hansen J 检验	0.133 (0.7152)	
年份/省份/行业	是	
观测值	151770	151770
R^2	-0.986	

注：方括号内为 Stock-Yogo 弱工具变量 10%显著水平上的 F 检验值。

表 4-14 下方是对工具变量有效性的检验。KP-LM 不可识别检验统计量在 1%水平上显著，拒绝了工具变量不可识别的原假设；Cragg-Donald Wald F 统计量大于 10%水平上的临界值，拒绝弱工具变量的原假设；过度识别 Hansen J 检验不显著，接受不存在过度识别的原假设。综上可知，本书选取的工具变量较为合理。

4.2.4　异质性分析

4.2.4.1　行业异质性

根据国家统计局划分标准，六大高耗能行业是指石油、煤炭及其他燃料加工业，化学原料和化学制品制造业，非金属矿物制品业，黑色金属冶炼和压延加工业，有色金属冶炼和压延加工业和电力、热力、燃气及水生产和供应业。2019年我国六大高耗能行业能耗占比超过50%，提高高耗能行业能源效率是实现工业能效整体提升的重要前提。本书将企业所属行业划分为高耗能行业和低耗能行业，分别研究互联网对企业行业异质性的影响。

从表4-15第（1）列和第（2）列中可知，无论是高耗能行业还是低耗能行业，互联网均在1%显著水平上促进了企业能源效率。从回归系数上看，互联网对低能耗企业能源效率的促进作用更为明显。可能的原因是，高耗能行业大多是重化工业，资产设备投资占比较大、资产专用性较强，要推动互联网与行业融合发展面临较大的沉没成本和转换成本，从而使高耗能行业互联网应用水平相对较低，进而导致互联网对企业能源效率的促进作用低于低耗能行业。

表4-15　行业和所有权异质性分析

变量	(1) 高耗能行业	(2) 低耗能行业	(3) 国有企业	(4) 非国有企业
inter	0.130*** (0.011)	0.146*** (0.009)	0.134*** (0.014)	0.153*** (0.008)
Constant	0.030 (0.042)	-0.709*** (0.040)	0.068 (0.061)	-0.699*** (0.035)
控制变量	控制	控制	控制	控制
年份/省份/行业	控制	控制	控制	控制
观测值	62648	108139	37991	132789
R^2	0.381	0.374	0.459	0.417

4.2.4.2　企业所有制异质性

互联网对不同所有制企业能源效率的影响程度并不相同。由于我国国有企业在产业政策、融资、补贴等方面享有国家政策的优待，并且存在预算软约束等问题，同时国有企业也承担更多的社会责任，因此这从主观和客观上都使国有企业在成本和效率的感知度上弱于民营企业。互联网虽然能够提升企业能源效率，从而降低企业单位产值能耗，但因国有企业和民营企业面临的竞争环境和约束不同也可能使互联网的作用发挥产生差异性。为此，本书将企业类型划分为国有企业和非国有企业进行对比分析，结果如表4-15第（3）列和第（4）列所示。研究发现，虽然互联网对国有企业和非国有企业能源效率均产生了显著的促进作用，但是在回归系数上非国有企业较国有企业更大，这表明互联网更能促进非国有企业能源效率的提升。究其原因，可能是非国有企业面临更激烈的市场竞争，从而更有动力应用互联网提升能源效率，通过降低能源成本提升市场竞争力。

4.2.4.3 企业规模异质性

根据国家统计局2011年发布的《统计上大中小微型企业划分办法》，本书将企业从业人员平均数小于或等于300人的定义为小微型企业，大于300人的为中大型企业，分析互联网对企业规模异质性的影响，回归结果如表4-16前两列所示。结果表明，互联网对小规模企业和大规模企业能源效率都有积极的促进作用，均在1%水平上显著为正。与此同时，互联网对小规模企业能源效率促进作用更为明显，回归系数约为大规模企业的两倍。这可能是小规模企业组织结构更简单、转型速度更快，同时转换成本也更低，从而有助于小规模企业积极应用互联网，加快自身信息化转型步伐。而大规模企业因组织结构较为复杂、科层级别较多，更难以发挥互联网对能源效率提升的作用。

表4-16 企业规模和区域异质性分析

变量	(1) 小微型企业	(2) 中大型企业	(3) 东部	(4) 中部	(5) 西部
inter	0.203*** (0.010)	0.084*** (0.011)	0.147*** (0.009)	0.158*** (0.015)	0.124*** (0.019)
Constant	-0.558*** (0.040)	-0.045 (0.061)	-0.709*** (0.041)	0.055 (0.056)	-0.485*** (0.072)
控制变量	控制	控制	控制	控制	控制
年份/省份/行业	控制	控制	控制	控制	控制
观测值	106513	64269	102879	42159	25728
R^2	0.368	0.475	0.419	0.396	0.462

4.2.4.4 区域异质性

我国东中西区域发展不平衡不充分现象较为突出，互联网基础设施水平也有显著的地区差异，这也可能使互联网对企业能源效率产生不同。本书根据国家统计局划分方法将企业所在省份划分成东、中、西三个部分，分别分析互联网对各区域企业能源效率的影响，回归结果如表4-16后三列所示。结果表明，互联网对东中西部企业能源效率均有积极的促进作用，但从回归系数看，互联网对企业能源效率的影响为中部地区>东部地区>西部地区。中部地区正处于工业快速增长时期，产业结构重型化特征突出，能源需求量大，在环境规制压力不断增大的背景下，中部地区更有动力应用互联网等信息技术提升能效水平。而东部地区经济发展水平最高，经济发展对能源依赖不断下降，产业结构高级化特征明显，互联网对东部地区能源效率的促进作用可能弱于中部地区。西部地区由于经济发展基础和互联网基础设施均较为薄弱，从而制约了互联网对企业能源效率的提升作用。

4.2.5 互联网影响工业企业能源效率的作用机制分析

根据前文理论分析，互联网可能通过优化要素配置、促进技术创新及提高环境规制水平三种渠道作用于企业能源效率提升。为此，借鉴林伯强等（2021）的做法，构建如下检验模型：

$$M_{it}=\gamma_0+\gamma_1 inter_{it}+\beta_j X_{jit}+\mu_i+\delta_t+\varepsilon_{it} \tag{4-9}$$

其中，M_{it} 为需要检验的中介变量，在本书中分别表示要素配置水平、技术创新能力和环境规制水平，其余变量含义与式（4-8）保持一致。

4.2.5.1 要素优化配置

前文理论分析表明，互联网发展能够通过优化资源配置水平促进企业能源效率提升。Hsieh 和 Klenow（2009）认为扭曲税会导致产品市场扭曲和资本要素扭曲，使产业内部和企业之间资本和劳动要素边际成本产生差异，从而导致资源难以完全自由流动，进而造成资源错配。为此，用企业主营业务产品销售税金及附加与主营业务产品销售收入之比衡量企业层面要素扭曲程度，该值比重越大表明要素市场化配置比重越低，要素扭曲程度越大。本书以企业互联网发展水平及地级市互联网发展水平与企业层面产品扭曲指数进行回归，原因在于要素优化配置涉及产品市场，只有所在地级市的互联网发展水平才能够影响产品市场的要素优化配置水平。同时，本书还从企业层面互联网发展水平作为解释变量进行对比分析，机制检验结果如表 4-17 第（1）列和第（2）列所示。结果表明，互联网发展水平显著降低了要素扭曲程度，有助于推动要素优化配置。从回归系数看，地级市的互联网发展水平更能促进企业层面要素优化配置，这验证了本书的分析。这表明，互联网发展能够优化要素配置，从而降低企业层面要素的扭曲程度，进而推动能源效率提升。从以上分析可知，利用中国工业企业层面数据同样验证了本书研究假说 1-2。

表 4-17 影响机制分析

变量	(1) distortion	(2) distortion	(3) innov1	(4) innov	(5) er
inter		−0.000***	0.018***	0.051***	
		(0.000)	(0.001)	(0.002)	

续表

变量	(1) distortion	(2) distortion	(3) innov1	(4) innov	(5) er
internet	-0.002*** (0.000)				1.586*** (0.079)
Constant	0.016*** (0.000)	0.018*** (0.001)	-0.100*** (0.004)	-0.285*** (0.008)	-0.878*** (0.081)
控制变量	控制	控制	控制	控制	控制
年份/省份/行业	控制	控制	控制	控制	控制
观测值	169485	170725	170754	170788	91648
R^2	0.423	0.033	0.125	0.205	0.098

4.2.5.2 技术创新能力

借鉴林伯强等（2021）、万攀兵等（2021）的做法，本书用企业是否有新产品和新产品产值占总产值比重作为企业创新能力的代理变量，以此验证互联网能否通过促进企业技术创新作用于能源效率提升，结果如表 4-17 第（3）列和第（4）列所示。结果表明，无论是以是否有新产品还是以新产品产值占比作为代理变量，互联网均能显著推动企业创新。从回归系数而言，互联网对新产品产值占比表征的企业创新系数更大，原因可能是新产品产值占比能够更好地反映企业创新的程度，系数变大表明互联网对企业创新的促进作用更为显著。互联网水平的提升有助于推动企业创新能力，通过推动包含绿色低碳技术创新在内的技术创新作用于能源的高效利用。从以上分析可知，利用中国工业企业层面数据同样验证了本书研究假说 1-3。

4.2.5.3 环境规制水平

地区互联网发展水平的提升有助于政府更好地对企业能源消耗状况进行实时动态监督，降低政府与企业在能源强度控制目标与实际落实进度之间的信息不对称程度，从而倒逼企业加大能耗管控力度，有效提升企业环境末端治理水平。煤炭是工业最主要的能源品种，煤炭消耗产生的二氧化硫占二氧化硫排放总量的80%以上（陈登科，2020）。因此，能源领域环境规制能够倒逼企业加大二氧化硫去除量，环境规制力度越大，则越能加快促进企业二氧化硫去除量。基于以上分析，本书使用二氧化硫去除量占二氧化硫排放量比重作为能源领域环境规制强度的代理变量，以此研究互联网发展能否通过加强环境规制倒逼企业能源效率提升。值得注意的是，环境规制是政府、行业协会对环境资源利用的直接或间接干预，政府所在地市的互联网发展水平对其环境管制能力有直接影响，因此在机制检验中将以地级市互联网发展水平作为核心解释变量，以企业层面二氧化硫去除量占比作为能源领域环境规制水平的代理变量。回归结果如表4-17第（5）列所示。结果表明，地区层面互联网发展水平的提升有效提高了企业层面环境规制水平，互联网提升了政府环境规制能力，从而倒逼企业加强能源管理和提高能源效率。据此可知，利用中国工业企业层面数据同样验证了本书研究假说1-4。

4.3 本章小结

能源效率提升是工业低碳转型的首要任务。本章从区域和企业两个层面研究互联网对工业能源效率的影响，以全面评估互联网对工业能源效率的多重影响。首先，从区域宏观层面出发，利用2006~2019年省级层面工业行业数据，实证研究了互联网对全要素能源效率的影响及其作用机制，研究发现互联网对工业能源效率存在“U”型关系，而不是单纯的线性关系，并提出要素配置、绿色创新、环境监督及回弹效应是导致互联网对工业能源效率存在“U”型关系的具体作用机制。其次，为进一步深入工业企业层面研究互联网对工业能源效率的影响，本章采用中国工业企业数据库和中国工业企业污染数据库进行匹配得到工业企业—污染数据库，研究企业层面互联网发展水平对能源效率的影响，结果表明企业层面互联网发展显著提升了能源效率，在作用机制上和第一小节保持基本一致。从宏观区域层面和微观企业层面的研究结论看，互联网虽然最终有助于工业能源效率提升，但区域层面需要经历一段能源效率下降的过程，即互联网发展导致的能源回弹效应削弱了能源节约及效率提升的作用。

5 互联网发展水平对工业结构低碳化影响的实证分析

5.1 研究设计与数据说明

5.1.1 模型设定

为评估互联网发展对工业低碳结构升级的影响，本书采用双重固定效应模型进行估计，具体模型设定如下：

$$lcl_{it}=\alpha_0+\alpha_1 inter_{it}+\gamma X_{it}+\mu_i+\delta_t+\varepsilon_{it} \tag{5-1}$$

其中，lcl_{it} 表示第 i 省份第 t 年工业结构低碳水平，$inter_{it}$ 表示第 i 省份第 t 年互联网发展水平，X_{it} 表示系列控制变量，μ_i、δ_t、ε_{it} 分别表示个体固定效应、时间固定效应和随机误差项。

与此同时，根据本书第 4 章的研究结论，即互联网发展对工业全要素能源效率存在“U”型关系，互联网发展对传统行业低碳化转型的影响也可能存在类似的非线性关系，因此在模型（5-1）基础上加入互联网发展水平的二次项，具体模型设置如下：

$$lc\_density_{it}=\beta_0+\beta_1 inter_{it}+\beta_2 inter1_{it}+\gamma X_{it}+\mu_i+\delta_t+\varepsilon_{it} \tag{5-2}$$

其中，$lc\_density_{it}$ 为第 i 行业第 t 年碳排放强度，$inter1_{it}$ 为互联网发展水平的平方项，其余变量含义与模型（5-1）保持一致。

5.1.2 数据说明

5.1.2.1 工业结构低碳升级（*lcl*）

参照李锴和齐绍洲（2020）的做法，根据《中国工业统计年鉴》二位数行业分类标准，选取 38 个工业行业。在此基础上，通过计算全国 2006~2019 年各行业单位产值碳排放量，选取各行业碳排放强度平均值作为低碳行业和高碳行业的划分标准，同时借鉴周五七和唐宁（2015）以及鄢哲明等（2016）根据行业碳排放强度对高碳和低碳行业分类的方法，将 38 个工业行业划分为 13 个高碳行业和 25 个低碳行业①。具体分类如表 5-1 所示。

表 5-1 2006~2019 年全国工业行业碳排放强度平均值

单位：吨标准煤/万元

高碳行业	碳排放强度	低碳行业	碳排放强度	低碳行业	碳排放强度
电力、热力、燃气及水生产和供应业	8.702	农副食品加工业	0.562	皮革、毛皮、羽毛及其制品和制鞋业	0.095
石油、煤炭及其他燃料加工业	6.124	酒、饮料和精制茶制造业	0.447	印刷和记录媒介复制业	0.078
化学原料及化学制品制造业	5.935	黑色金属矿采选业	0.434	金属制品、机械和设备修理业	0.057
黑色金属冶炼及压延加工业	3.522	食品制造业	0.418	铁路、船舶、航空和其他运输设备制造业	0.044
煤炭开采和洗选业	3.446	木材加工及木、竹、藤、棕、草制品业	0.376	电气机械及器材制造业	0.041
造纸及纸制品业	2.753	废弃资源综合利用业	0.353	汽车制造业	0.032
非金属矿物制品业	2.700	医药制造业	0.253	仪器仪表制造业	0.031
石油和天然气开采业	1.146	橡胶和塑料制品业	0.217	家具制造业	0.027
非金属矿采选业	1.140	有色金属矿采选业	0.203	烟草制品业	0.019
化学纤维制造业	0.662	通用设备制造业	0.152	计算机、通信和其他电子设备制造业	0.017
有色金属冶炼及压延加工业	0.653	专用设备制造业	0.127	文教、工美、体育和娱乐用品制造业	0.015
纺织业	0.632	金属制品业	0.114		
其他制造业	0.621	纺织服装、服饰业	0.109		

资料来源：笔者根据 2006~2019 年全国工业行业碳排放强度计算而得。

① 需要说明的是，高碳行业和低碳行业数目不同，主要是因行业碳排放强度的差异，这种方法较等量分组更加精确和客观。

在此基础上，手工整理全国 2006~2019 年分省份分工业行业总产值数据（根据 2005 年不变价格进行调整），根据高碳行业和低碳行业的分类，计算全国各省份历年低碳行业工业总产值与高碳行业总产值之比，以此表示各省份工业结构低碳化水平。该指标上升表明生产要素从高碳产业向低碳产业转移，工业结构低碳化水平则不断提高。用公式表示如下：

$$lcl_{it} = \frac{\sum_{l=1}^{l=25} Y_{lit}}{\sum_{h=1}^{h=13} Y_{hit}} \tag{5-3}$$

其中，lcl 表示工业结构低碳化水平，Y_{lit} 表示第 i 省 t 年低碳行业总产值，Y_{hit} 表示第 i 省 t 年低碳行业总产值。

由表 5-1 可知，高碳行业不仅包含了六大高耗能行业，还包含了造纸、纺织、化学纤维、煤炭开采、石油天然气开采等行业。2006~2019 年，高碳行业能源消耗总量占工业能源消耗总量的比重稳定在 85%左右，占全国能源消费总量的比重接近 60%，虽然行业数量较低碳行业少，但是能源消耗量占工业能源消耗总量的绝大部分比重（见表 5-2）。

表 5-2　主要变量描述性统计

变量	变量定义	样本数	平均值	标准差	最小值	最大值
lcl	工业结构低碳化水平①	351	1.015	0.752	0.134	3.266
Inter	互联网发展水平	420	0.088	0.095	0.005	0.717
*Inter*1	互联网发展水平二次项	420	0.017	0.047	0.000	0.515
theil	产业结构泰尔指数	420	0.726	0.180	0	1
ES	能源结构	420	0.755	0.315	0.018	0.998
GDP	人均生产总值	420	10.476	0.597	9.151	11.832
scale	工业企业规模	420	297.881	324.52	10	1568
ER	环境规制水平	420	0.074	0.054	0.01	0.328
IS	产业结构	420	1.184	0.641	0.561	4.575
open	对外开放水平	420	0.299	0.324	0.018	1.516
INN	创新水平	420	1.328	2.689	0.036	24.644
youju	邮局工具变量	420	897.969	739.705	61.734	4106.043

① 由于《中国工业统计年鉴》分行业工业总产值数据只公布到 2011 年，因此笔者从全国 30 个省份历年统计年鉴中查找 2012~2019 年 41 个工业分行业数据，但仍有部分省份不公布分行业工业总产值数据，导致在计算工业结构低碳化水平指标时出现缺失值。2012 年之后各省经济增速不同及分行业工业总产值度量上方法并不成熟，本书保持了数据的原貌，未采取填补缺失数据的方法，因此工业结构低碳水平指标数与其他指标有所差异。

5.1.2.2　互联网发展水平

本书采用第 4 章第一节中测度的互联网发展水平表示。

5.1.2.3　控制变量

①经济发展水平（*rgdp*），用人均地区生产总值的对数表示，经济发展水平越高的地区产业结构一般较为合理，产业高级化程度越高，低碳行业比重也越高。②工业企业规模（*scale*），用规模以上工业企业平均用工人数（万人）表示。③环境规制水平（*er*），用环境保护支出占财政预算收入的比重表示，“波特假说”认为环境规制水平的高低可能会促进行业低碳技术创新，因而是影响工业低碳结构的重要因素。④产业结构（*IS*），用第三产业产值与第二产业产值之比表示，因工业是能源消耗的最主要部门，产业结构中工业比重越大消耗的能源也越多。⑤对外开放水平（*open*），用进出口总额占 GDP 的比重表示，Grossman 和 Krueger（1991）在其经典分析框架中将对外贸易影响东道国生态环境的作用机制归结为规模效应、结构效应和技术效应，国内外学者进一步研究对外贸易对东道国二氧化碳排放的影响表明，对外贸易大多降低了东道国行业二氧化碳排放水平，因此对外开放是影响二氧化碳排放的重要因素。

5.2　基准回归结果分析

基准回归结果如表 5-3 所示。表 5-3 中从第（1）列到第（3）列分别为不加控制变量、加入部分控制变量、加入所有控制变量的双重固定效应回归结果，第（4）列为随机效应回归结果。

表 5-3　互联网发展水平对工业结构低碳化影响的回归结果

变量	(1) lcl	(2) lcl	(3) lcl	(4) lcl
Inter	1.372*** (0.372)	1.181*** (0.389)	1.367*** (0.448)	1.446*** (0.403)
GDP		0.615*** (0.193)	0.661*** (0.241)	0.559*** (0.176)
scale		0.001** (0.000)	0.001** (0.000)	0.001** (0.000)

续表

变量	(1) lcl	(2) lcl	(3) lcl	(4) lcl
ER		3.813*** (0.966)	3.639*** (0.976)	2.761*** (0.862)
IS			0.149 (0.146)	0.098 (0.097)
open			0.216 (0.224)	0.229 (0.190)
Constant	0.658*** (0.052)	-5.771*** (1.847)	-6.467*** (2.359)	-5.299*** (1.683)
年份	控制	控制	控制	控制
观测值	351	351	351	351
R^2	0.560	0.605	0.608	
省份数	30	30	30	30

注：***、**、*分别表示系数估计值在1%、5%和10%水平上显著，括号内为聚类到省级层面的稳健标准误。下同。

从表5-3可知，随着控制变量的逐渐加入，互联网发展水平对工业结构低碳化的影响始终在1%水平上显著为正，这表明随着互联网发展水平的上升，低碳产业产值与高碳产业产值之比不断提高，低碳产业发展速度快于高碳产业发展速度，从而证实了互联网发展确实能够推动行业低碳化转型进而推动工业低碳转型。此外，第（4）列随机效应估计结果也是显著为正，回归系数与固定效应回归基本保持一致，表明研究结论较为稳健。这初步验证了本书研究假说2-1。

从控制变量来看，经济发展水平越高的地区工业结构低碳化水平也越高，产业结构合理化和高级化也往往意味着低碳化和绿色化，经济发展水平高的地区人们对环境的要求越高、服务业比重越高及低碳技术水平越高等都将促进工业结构向低碳化转型。同时，环境规制水平也显著促进了工业结构低碳化水平，环境规制可能通过促进企业绿色技术创新及倒逼企业加强能源管理等途径作用于工业结构低碳化水平。此外，企业平均规模越大的地区工业结构低碳化水平也越高，可能的原因是大企业更具推动结构低碳化的能力，例如，在资金、技术等领域更有优势，同时企业大规模生产具有规模效应，能够降低单位产出能耗，有助于促进工业结构低碳化。产业结构和对外开放虽然不显著，但均是对工业结构低碳化存在正向影响，表明第三产业比重越高越有利于工业低碳化转型，同时也反映出我国对外开放对工业结构低碳转型产生了积极影响。

5.3 稳健性和内生性检验

5.3.1 稳健性检验

为进一步检验本书研究结果的稳健性，本书通过更换回归方法和剔除特殊事件影响的方法重新回归。

5.3.1.1 更换回归方法

因被解释变量大多处于0到1区间，这样的指标特征更适合用面板受限因变量Tobit模型。为此，使用Tobit模型进行重新回归，回归结果如表5-4第（1）列所示。结果表明，更换回归方法后，互联网发展水平对工业结构低碳化具有显著的促进作用，在1%水平上显著为正，回归系数与基准回归保持一致，这表明互联网发展水平对工业结构低碳化存在促进作用的结果是稳健的。

5.3.1.2 剔除2008年金融危机的影响

2008年金融危机对我国经济产生了严重的外生冲击，为保增长采取了包括"四万亿元"财政刺激政策在内的系列超常规举措，这可能干扰互联网对工业低碳结构转型的影响。为此，借鉴李锴和齐绍洲（2020）的做法，剔除2008年和2009年两年的数据重新进行回归，以检验回归结果的稳健性，回归结果如表5-4第（2）列所示。回归结果显示，去除金融危机影响后，互联网发展水平对工业结构低碳化的影响仍然显著为正，系数在1%的水平上显著且略低于基准回归，这表明剔除金融危机影响后互联网发展水平有助于促进工业结构低碳化的结论依然成立。

5.3.1.3 剔除北京奥运会的影响

为迎接北京奥运会，北京和周边地区实行联防联控，共同实施了蓝天工程、碧水工程、清洁能源建设等，使北京2008年奥运会期间出现了"奥运蓝"。这种"奥运模式"对北京及周边省市工业低碳结构产生了临时性冲击，可能会影响本书回归结果的稳健性。为此，借鉴李锴和齐绍洲（2020）的做法，本书剔除北京、天津、河北、辽宁、内蒙古和山西6个省市后重新回归，结果如表5-4第（3）列所示。结果表明，剔除受北京奥运会影响的省市后，互联网发展水平对工业结构低碳化影响仍然是在1%水平上显著为正，系数与基准回归保持基本一致。

表5-4 稳健性检验

变量	(1) lcl	(2) lcl	(3) lcl
Inter	1.457*** (0.394)	1.266*** (0.483)	1.881*** (0.621)
Constant	-5.228*** (1.636)	-6.654** (2.666)	-3.471 (3.085)
控制变量	控制	控制	控制
年份	控制	控制	控制
观测值	351	291	283
R^2		0.605	0.629
省份数	30	30	24

5.3.2 内生性处理

互联网发展水平和工业结构低碳转型可能存在反向因果关系，即工业结构低碳化水平高的省份工业结构合理化和高级化程度更高，可能处于后工业化时期，经济发展水平较工业结构低碳化水平低的省份更高，从而影响互联网基础设施建设和互联网普及率等，进而导致内生性问题。为此，本书采用工具变量法和GMM模型等方法来缓解可能存在的内生性。

5.3.2.1 GMM模型

系统GMM使用滞后项及差分项作为工具变量，并进行GMM估计，能够较好地缓解面板固定效应可能存在的内生性问题。为此，本书选取工业结构低碳化水平的滞后一项作为解释变量，构建GMM动态面板模型，使用两步法系统GMM估计方法缓解互联网发展对工业结构低碳化可能存在的内生性，回归结果如表5-5第（1）列所示。

两步法系统GMM估计结果表明，互联网发展水平在5%水平上显著促进了工业结构低碳化，这与基准回归基本保持一致，说明在考虑了工业结构低碳化序列相关特性后，互联网对工业结构低碳化的促进作用依然存在，这进一步证明本书结论的稳健性。从系统GMM使用的条件看，AR（1）和AR（2）P值分别在

10%水平上显著和不显著，表明差分方程存在一阶相关且不存在二阶相关，满足Arellano-Bond 序列相关检验要求；同时，Hassen 检验不显著表明工具变量不存在过度识别的情况，因此均符合 GMM 使用条件。

表 5-5　GMM 模型和工具变量法回归结果

变量	(1) 系统 GMM	(2) 二阶段回归	(3) 一阶段回归
L. lcl	0. 048 *** (0. 010)		
Inter	7. 556 ** (2. 936)	2. 189 ** (1. 001)	
youju			0. 001 *** (0. 000)
Constant	3. 183 (10. 282)		
控制变量	控制	控制	控制
年份	控制	控制	控制
Hassen	0. 931		
AR（1）	0. 078		
AR（2）	0. 182		
Anderson 检验		68. 168 ***	
Cragg-Donald 检验		84. 929 [16. 38]	
观测值	320	351	351
R^2		0. 488	
省份数	30	30	30

注：Hasen 检验和 AR（1）、AR（2）中的数值为 P 值，Cragg-Donald 检验中中括号内为 10%水平对应的临界值。

5. 3. 2. 2　工具变量法

在基准回归中，本书尽可能地控制影响工业结构低碳化水平的因素，但是研究结论仍然可能受一些不可观测的遗漏变量影响，这些变量可能使本书研究结论产生偏差。同时，工业低碳结构水平高的地区，其互联网发展水平可能较高，工业低碳结构水平更高意味着工业化进程较快、产业结构较为合理，而这有可能影响互联网发展水平，这种反向因果关系也会造成内生性。为此，本书采用工具变量的方法以缓解遗漏变量和反向因果导致的内生性。

具体而言，本书选取 1984 年省级层面邮局数量（*youju*）作为工具变量，原因是邮局作为我国早期通信网络的重要组成部分，其发展水平往往会影响后期 ADSL、光纤等互联网基础设施接入，因此满足工具变量中的相关性要求。同时，历史上的邮局很难对当今工业结构低碳化产生影响，因此满足外生性要求。由于 1984 年各省份邮局数量不随时间而变，在实证研究中会出现难以度量的问题。为此，借鉴黄群慧等（2019）的方法，构建 1984 年各省份邮局数量与全国上一年互联网投资额的交互项作为互联网发展水平的工具变量。回归结果如表 5-5 第（2）列和第（3）列所示。

从回归结果看，采用工具变量后互联网发展水平仍然在 5%水平上显著促进了工业结构低碳化，且回归系数与基准回归保持基本一致，这表明采用工具变量缓解内生性后本书研究结论依然成立。从工具变量检验结果看，Anderson 检验在 1%水平上拒绝了工具变量不可识别的假设，Cragg-Donald 检验值为 68.168，远高于 10%水平上的临界值 16.38 和经验值 10，这表明本书选取的工具变量较为合理，同时再次证明互联网发展能够显著促进工业结构低碳化水平的研究结论是稳健的。

5.4 异质性分析

5.4.1 互联网发展水平构成要素异质性

由于本书采用熵权法测度互联网发展水平，这难以识别各组成要素对工业结构低碳化的影响。为此，本书分别从互联网基础设施、互联网普及水平、互联网应用程度和互联网资源状况四个方面出发，分别研究各构成要素对工业结构低碳化水平的异质性影响，回归结果分别如表 5-6 第（1）列至第（4）列所示。

表 5-6 互联网发展水平构成要素对工业结构低碳化的异质性分析

变量	（1） lcl	（2） lcl	（3） lcl	（4） lcl
inter_infra	4.228*** （1.619）			

续表

变量	(1) lcl	(2) lcl	(3) lcl	(4) lcl
inter_pene		5. 216 (8. 341)		
inter_apply			4. 092*** (0. 853)	
inter_resours				1. 999* (1. 205)
Constant	-4. 374*** (0. 588)	-6. 709*** (2. 402)	-6. 151*** (2. 311)	-4. 799*** (0. 555)
年份/控制变量	控制	控制	控制	控制
观测值	351	351	351	351
R^2	0. 478	0. 596	0. 624	0. 471
省份数	30	30	30	30

回归结果表明，互联网基础设施和互联网应用程度均在1%水平上促进了工业结构低碳化水平，且回归系数均较基准回归更大，这反映出这两种要素对工业结构低碳化促进作用更为显著。同时，互联网普及对工业结构低碳化的作用虽然为正，但并不显著，可能的原因是互联网普及更多地针对消费互联网，而工业互联网的普及率仍然较低，对工业结构低碳化的影响仍然有待进一步发挥。此外，互联网资源状况在10%水平上促进了工业结构低碳化。

5. 4. 2　区域异质性

为研究互联网发展对工业结构低碳化水平影响的区域异质性，将全国划分成东部、中部、西部三个区域，分别研究三个区域互联网发展水平对工业结构低碳化的异质性影响，回归结果如表5-7所示。

表5-7　互联网对区域工业结构低碳化影响异质性分析

变量	(1) 东部	(2) 中部	(3) 西部
Inter	1. 145*** (0. 372)	0. 018 (5. 469)	6. 772** (3. 273)

续表

变量	(1) 东部	(2) 中部	(3) 西部
Constant	-3.159 (3.065)	-16.650* (9.803)	-4.218 (3.889)
控制变量	控制	控制	控制
年份	控制	控制	控制
观测值	143	90	118
R^2	0.805	0.772	0.717
省份数	12	9	9

研究结果表明，东部地区和西部地区互联网发展水平对工业结构低碳化水平具有显著的正向影响，而中部地区的促进作用并不显著。其中，东部地区互联网发展水平对工业结构低碳化的影响在1%水平显著为正，回归系数与基准回归基本一致，而西部地区则在5%水平上显著为正，回归系数较基准回归更大，这表明互联网发展对西部地区工业结构低碳化的促进作用更为明显。中部地区互联网对工业结构低碳化影响不显著的原因可能是，中部地区当前正处于工业化的中后期，工业结构仍然偏重，钢铁、有色、化工等高耗能产业比重较大，互联网对工业结构低碳化的促进作用可能被高耗能产业的发展所削弱，因此出现系数为正却不显著的情况。

5.4.3 行业异质性

为进一步考察互联网对工业低碳结构的影响，本书拟从工业行业视角深入分析互联网对行业碳排放强度的影响，如果互联网能够有效降低工业行业碳排放强度，那么则可以推动工业行业结构低碳化。与互联网对工业能源效率的分析类似，互联网可能对工业行业碳排放强度产生非线性影响，因此在回归模型中加入互联网发展水平的二次项。工业行业中高耗能行业碳排放占工业碳排放比重最大，因此本书主要研究互联网对六大高耗能行业及造纸业碳排放强度的影响。工业行业碳排放强度的计算公式如下：

$$C\_density_{i,j,t} = C_{i,j,t}/Y_{i,j,t} \quad (5-4)$$

其中，$C\_density_{i,j,t}$ 表示 i 省份 j 行业第 t 年的碳排放强度（吨二氧化碳/万元），$C_{i,j,t}$ 表示 i 省份 j 行业第 t 年的碳排放量，$Y_{i,j,t}$ 表示 i 省份 j 行业第 t 年的行业增加值。互联网对高耗能行业碳排放强度的影响回归结果如表 5-8 所示。

表 5-8 互联网对高耗能行业碳强度异质性影响分析

变量	(1) 黑色金属	(2) 化学原料	(3) 有色金属	(4) 石油煤炭	(5) 非金属	(6) 电力	(7) 造纸
Inter	14.005*** (5.163)	5.795** (2.410)	−1.255 (2.981)	11.943 (12.038)	−22.497 (20.277)	−6.270 (30.504)	2.910** (1.367)
*Inter*1	−14.566** (5.774)	−6.384** (2.695)	0.709 (3.333)	−5.745 (13.463)	20.806 (21.967)	3.696 (34.114)	3.105** (1.525)
Constant	2.743** (1.186)	3.427*** (0.553)	0.211 (0.685)	8.316*** (2.765)	4.735 (5.065)	9.693 (7.007)	0.353 (0.314)
控制变量	控制	控制	控制	控制	控制	控制	控制
省份/年份	控制	控制	控制	控制	控制	控制	控制
观测值	351	351	351	351	331	351	347
R^2	0.740	0.703	0.437	0.469	0.156	0.617	0.706

注：从模型第（1）列至第（7）列工业行业全称分别为黑色金属冶炼和压延加工业，化学原料和化学制品制造业，有色金属冶炼和压延加工业，石油、煤炭及其他燃料加工业，非金属矿物制品业，电力、热力、燃气及水生产和供应业，造纸和纸制品业。

从表 5-8 中可知，互联网发展对黑色金属冶炼、化学原料制造和造纸三大高耗能行业碳排放强度呈现先促进后抑制的倒“U”型，表明互联网应用在以上三大行业中的应用能够最终推动碳排放强度的下降，从而实现低碳转型。石油煤炭加工业虽然也是呈倒“U”型，但是在统计上不显著。而互联网对电力热力生产、有色金属冶炼、非金属矿物制品碳强度的影响不显著，可能的原因是这三个行业是资源矿产类的生产和冶炼，互联网与上述行业的融合程度不高，从而难以发挥互联网赋能低碳转型的作用。实际上，互联网之所以对黑色金属冶炼、化学原料制造和造纸行业呈现出显著的倒“U”型关系，很大的原因在于互联网与这三个行业融合程度更高，黑色金属冶炼、化学制品制造和造纸业都是流程型生产行业，互联网能够提升工业流程自动化、智能化水平，从而提升能源效率、降低碳排放量，而资源能源类生产行业由于难以自动化智能化控制，互联网发展的作用也就更低。行业碳排放强度异质性表明，互联网更能促进流程型生产行业的低碳转型。

5.5 机制分析

5.5.1 产业结构合理化

沈小波等（2021）研究发现产业结构扭曲抑制了碳排放强度降低，这表明产业结构合理化有助于推动碳排放强度降低。

由理论部分分析可知，互联网能够通过促进产业结构合理化推动工业结构低碳化。产业结构合理化不仅是产业之间协同程度的反映，而且是要素在三大产业之间合理配置程度的反映，体现了资源有效利用的程度。为此，借鉴干春晖等（2011）、袁航和朱承亮（2018）的做法，以三次产业产值和就业人数比例的泰尔指数衡量产业结构合理化。

$$theil_{i,t} = \sum_{j=1}^{3} y_{i,j,t} \ln(y_{i,j,t}/l_{i,j,t}), \ j = 1, 2, 3 \tag{5-5}$$

其中，$theil_{i,t}$ 表示 i 地区在 t 时期的泰尔指数，$y_{i,j,t}$ 表示 i 地区第 j 产业在 t 时期产值占地区生产总值的比重，$l_{i,j,t}$ 表示 i 地区第 j 产业在 t 时期从业人员占总就业人数的比重。产业结构泰尔指数反映了我国三大产业发展演进过程中产值结构和就业结构的变动，如果泰尔指数为 0，则表明产值结构和就业结构比例相同，产业结构处于均衡状态，此时资源在三大产业之间得到合理配置。如果该指数偏离均衡状态越大，则表明产业结构越不合理，要素资源需要进一步优化配置才能实现产业结构最优。值得注意的是产业结构泰尔指数为逆向指标，本书采用极差法对其进行标准处理，使之成为正向指标。

与此同时，互联网还通过产业结构高级化影响工业结构低碳化进程，为此本书进一步探讨互联网对产业结构从低水平状态向高水平状态演变动态过程的具体影响。根据经典的克拉克定律，产业结构高级化主要表现为非农产业比重的提高，也就是农业比重逐渐降低、工业和服务业比重不断上升的过程，三次产业产值比重呈现从“一二三”到“二三一”再到“三二一”的演变过程。但这种衡量方式仅仅体现了量的变化，而难以体现产业发展的质量变化，而产业发展质量和附加值含量与产业结构低碳水平紧密相关，为此还需从质的角度衡量产业结构高级化。因此，本书从产业结构高级化的量和质两个层面出发，研究互联网发展对产业结构高级化不同属性的异质性影响。

借鉴刘伟和张辉（2008）的做法，产业结构高级化的量（$is1$）采用产值份额的变化来刻画三次产业在数量层面的演进过程，计算公式如下：

$$is1_{i,t} = \sum_{j=1}^{3} y_{i,j,t} \times j, \ j = 1, 2, 3 \tag{5-6}$$

其中，$y_{i,j,t}$ 含义同式（5-5），上式能够反映产业结构从第一产业主导向第二、第三产业依次主导的演变过程，体现了产业结构高级化的量的内涵。

此外，采用产业产值占地区总产值的比例与各产业劳动生产率的乘积加权值作为产业结构高级化的质（$is2$）的衡量，计算公式如下：

$$is2_{i,t} = \sum_{j=1}^{3} y_{i,j,t} \times lp_{i,j,t}, \ j = 1, 2, 3 \tag{5-7}$$

其中，$y_{i,j,t}$ 含义同式（5-5），$lp_{i,j,t}$ 表示 i 地区 j 行业第 t 年劳动生产率，用公式表示为：

$$lp_{i,j,t} = Y_{i,j,t}/L_{i,j,t} \tag{5-8}$$

其中，$Y_{i,j,t}$ 表示 i 地区 j 行业第 t 年的增加值，$L_{i,j,t}$ 表示 i 地区 j 行业第 t 年的就业人员数。因劳动生产率 $lp_{i,j,t}$ 有量纲，而产值之比 $y_{i,j,t}$ 没有量纲，因此采用极差法对其进行标准化，从而使产业结构高级化的质不存在量纲。

从前文分析可知，互联网对产业结构合理化可能呈现先抑制后促进的作用，原因在于互联网发展可能对第三产业发展影响更为直接和深入，而对工业和农业的影响具有滞后性。例如，互联网首先促进了消费互联网的发展，而工业互联网的发展则较为缓慢。为此，在原有模型基础上加入互联网发展水平的二次项。同时，因产业结构泰尔指数包含了三大产业产值和就业人数，为避免内生性问题，在控制变量选取上作部分调整，即将控制变量的经济总量、产业结构及就业人数三个控制变量去除，同时加入能源消费结构和创新水平控制变量，其余控制变量与本章一致。回归结果如表 5-9 所示。

表 5-9　互联网影响产业结构合理化和高级化的回归结果

变量	(1) theil	(2) theil	(3) theil	(4) ais1	(5) ais2
Inter	-0.697*** (0.181)	-0.507** (0.198)	-0.696*** (0.207)	0.255*** (0.086)	-0.269** (0.109)
*Inter*1	0.547** (0.237)	0.513** (0.244)	0.688*** (0.250)	-0.353*** (0.104)	0.286** (0.132)
ER		-0.066 (0.173)	-0.160 (0.175)	0.166** (0.073)	0.323*** (0.092)

续表

变量	(1) theil	(2) theil	(3) theil	(4) ais1	(5) ais2
INN		-0.006** (0.003)	-0.005** (0.003)	-0.005*** (0.001)	-0.005*** (0.001)
open		0.036 (0.038)	0.030 (0.038)	-0.038** (0.016)	0.022 (0.020)
ES			-1.642*** (0.587)	-0.386 (0.244)	-0.127 (0.309)
Constant	0.682*** (0.011)	0.669*** (0.022)	0.737*** (0.033)	2.299*** (0.014)	0.008 (0.017)
年份	控制	控制	控制	控制	控制
观测值	420	420	420	420	420
R^2	0.431	0.442	0.454	0.865	0.519
省份数	30	30	30	30	30

从表5-9第（1）列至第（3）列可知，互联网对产业结构合理化存在“U”型关系，即互联网发展初期抑制了产业结构合理化，而当互联网发展水平提升后又有效促进了产业结构合理化。这与互联网对工业能源效率的影响一致，因产业结构不合理导致能源这一要素资源配置效率降低，而当互联网发展水平提升使产业结构逐步趋向合理，这有助于提升工业能源配置效率，从而提升工业低碳化发展水平。

从分析结果可知，互联网对能源效率的影响与互联网对产业结构低碳化的影响存在紧密的关联性，两者之间能够相互作用，在推动工业低碳转型整体目标中需要有机协调，不可分割。表5-9第（1）列到第（3）列逐步加入控制变量，发现互联网发展水平对产业结构合理化均在一次项为负而二次项为正，且均在5%水平上显著，这表明回归具有较好的稳健性，能够说明互联网对产业结构合理化存在“U”型关系，并且与第四章结论前后呼应，形成工业低碳转型发展分析框架中密不可分的两个重要部分。

表5-9第（4）列至第（5）列分别是互联网对产业结构高级化的量和质的回归结果。结果表明，互联网对产业结构高级化的量存在先促进后抑制的倒“U”型关系，而对产业结构高级化的质存在先抑制后促进的“U”型关系，两者均在5%水平以上显著。这说明互联网发展初期确实有助于促进产业结构在量

上的高级化，推动了第三产业的迅速发展，加速产业结构从农业向工业及服务业的发展演进。但互联网发展水平达到一定程度后，其对产业结构高级化的量就会产生抑制作用，原因可能是互联网与工业和农业深度融合后促进了传统产业转型升级，使传统产业发展质量得到不断提升，从而使传统产业产值比例上升。

从互联网对产业结构高级化质的影响上，也可以对此进行印证。互联网对产业结构高级化的质的影响为“U”型，正好与产业结构高级化的量相反，说明互联网发展初期注重产业发展量的提升而不利于质的提高，而后期则刚好相反，互联网发展与产业深度融合后更能促使产业结构质的提升，这反而会抑制产业结构高级化的量的扩张，而这正是产业结构趋向合理的重要体现。

此外，本书通过中介效应模型再次检验互联网发展、产业结构合理化与工业结构低碳化的关系，回归结果如表 5-10 所示。从中可知，互联网对工业结构低碳化存在显著的正向关系，表明存在中介效应。同时，互联网对产业结构合理化在 1%水平上显著为正且产业结构合理化也在 1%水平上显著促进了工业结构低碳化，这表明中介效应显著。此外，如表 5-10 第（1）列所示，互联网发展和产业结构合理化系数均显著，这表明存在部分中介效应，中介效应占比达到 9.66%。从以上分析可知，产业结构合理化确实是互联网影响工业结构低碳化的重要中介变量，产业合理化不仅使产业之间要素分配比例达到最优，而且还能通过要素的合理配置提高产业的能源效率和碳排放效率，进而螺旋式推动产业结构不断高级化。值得注意的是，产业结构合理化并不是静态的比例，而是产业结构高级化过程中的短暂均衡，互联网发展能够推动产业结构向更高的形态演变，从而使产业结构合理化达到新的平衡比例，通过螺旋式向更高层次的均衡稳态演进，这是产业结构高级化、合理化和绿色化不断融合的过程。

表 5-10 互联网发展、产业结构合理化与工业结构低碳化的中介效应

变量	(1) lcl	(2) theil	(3) lcl
theil	0.547*** (0.203)		
Inter	7.435*** (0.964)	1.451*** (0.244)	8.23*** (0.927)
*Inter*1	-6.142*** (1.543)	-2.104*** (0.394)	-7.29*** (1.496)
Constant	0.519*** (0.161)	0.645*** (0.025)	0.872*** (0.094)

续表

变量	(1) lcl	(2) theil	(3) lcl
控制变量	控制	控制	控制
观测值	351	351	351
R^2	0.590	0.542	0.581

以上分析表明，互联网能够最终推动产业结构合理化，但与工业能源效率类似，存在先抑制后促进的关系。但是，通过中介效应模型分析表明，互联网通过作用于产业结构合理化促进了工业结构低碳化，表明产业结构合理化是互联网作用于工业结构低碳化的重要机制。据此，研究假说 2-2 得到验证。

5.5.2 能源结构清洁化

从本书第 3 章理论推导和机制分析中可知，互联网能够通过推动清洁能源发展优化能源结构，降低化石能源在能源消费总量中的比重。因各省份工业分能源品种消费数据缺失较大，而工业能源消耗中有 80%以上是煤炭，工业煤炭消费量占全部煤炭消费量的比重在本书研究范围内平均值为 94.8%，2019 年这一比重达到 96.3%，因此近似地将各省煤炭消费量等同于工业煤炭消费量。

为此，借鉴邵帅等（2016）的研究，采用煤炭占地区能源消费总量的比重表示能源结构（ES）。我国工业二氧化碳排放主要来源于以煤炭为主的化石能源消耗（林伯强和李江龙，2015），因此实现工业低碳转型的重要任务就是推进工业能源清洁化，努力降低以煤炭为主的化石能源占比。互联网发展有助于清洁能源的发展，特别是能源互联网为清洁能源生产、传输、储存和消费提供了信息网络平台，促进了风力、太阳能等分布式能源发展，从而降低了化石能源占比。本部分其余变量与 5.2 节一致。

互联网对能源结构优化影响的回归结果如表 5-11 所示，其中第（1）列至第（3）列为依次加入控制变量的结果，三个回归模型结果均显示互联网显著降低了能源结构中煤炭使用比例，从而推动了能源结构清洁化。第（4）列是采用随机效应模型的结果，这与固定效应模型回归结果基本一致。通过逐步加入控制变量及使用随机效应模型的方法均支持了互联网有助于优化能源结构的结论，这不仅说明互联网确实能够促进能源结构优化，同时也表明回归结果具有较好的稳健性。

表 5-11 互联网对能源结构优化影响的回归结果

变量	(1) ES	(2) ES	(3) ES	(4) ES
Inter	-0.594*** (0.103)	-0.528*** (0.105)	-0.496*** (0.119)	-0.513*** (0.113)
GDP		-0.159*** (0.049)	-0.237*** (0.057)	-0.238*** (0.052)
labor		-0.000 (0.000)	-0.000 (0.000)	-0.000 (0.000)
ER		-1.089*** (0.257)	-1.000*** (0.258)	-0.976*** (0.249)
IS			-0.088** (0.034)	-0.100*** (0.030)
open			0.028 (0.059)	0.008 (0.056)
Constant	0.782*** (0.016)	2.414*** (0.475)	3.238*** (0.560)	3.266*** (0.507)
省份/年份	控制	控制	控制	控制
观测值	420	420	420	420
R^2	0.145	0.203	0.219	
省份数	30	30	30	30

此外，本书构建中介效应模型检验互联网、能源结构清洁化与工业结构低碳化的关系。从中介效应模型回归结果看（见表 5-12），互联网能够通过优化能源结构提升工业结构低碳化水平。按照中介效应检验步骤，互联网显著提升了工业结构低碳化水平，表明中介效应模型可进行下一步分析。同时，互联网对能源结构在 1%水平上显著为负且能源结构对工业结构低碳化水平在 1%水平上显著为负，表明中介效应显著。从表 5-12 第（1）列可知，互联网和能源结构系数仍然显著，表明存在部分中介效应，中介效应占比达到 19.13%。从以上分析可知，互联网通过优化以煤炭占比衡量的能源结构，降低煤炭在能源结构中的占比，从而提升工业结构低碳化水平。以上分析表明，能源结构与工业结构低碳化呈反向关系，即煤炭占比越低，工业结构低碳化水平越高。据此，研究假说 2-3 得到验证。

表 5-12　互联网发展、能源结构清洁化与工业结构低碳化的中介效应

变量	(1) lcl	(2) lcl	(3) ES
coal_rato	-0.695*** (0.115)		
Inter	2.129*** (0.546)	2.633*** (0.567)	-0.725*** (0.252)
Constant	-2.482*** (0.648)	-2.821*** (0.678)	0.489 (0.302)
控制变量	控制	控制	控制
观测值	351	351	351
R^2	0.593	0.550	0.419

5.6　互联网推动服务型制造的进一步分析

5.6.1　研究设计与数据说明

5.6.1.1　模型设定

（1）基准回归模型。本书以 2005～2018 年国家统计局公布的投入产出表为回归样本，构建双向固定效应模型检验互联网对制造业服务型制造水平的影响，参照彭继宗和郭克莎（2022）的做法，将计量模型设定如下：

$$service_{it}=\alpha_0+\alpha_1 inter_{it}+\alpha_2 X_{it}+\mu_i+\delta_t+\varepsilon_{it} \tag{5-9}$$

其中，$service_{it}$ 为第 i 行业第 t 年服务型制造水平，α_0 为截距项，$inter_{it}$ 为第 i 行业第 t 年互联网发展水平，X_{it} 为系列控制变量，μ_i、δ_t 分别为个体固定效应和时间固定效应，ε_{it} 为随机误差项。

（2）动态面板模型。考虑到行业服务型制造水平上一期对下一期存在影响，而式（5-9）为静态面板模型，为此本书借鉴彭继宗和郭克莎（2022）的做法，在模型（5-9）的解释变量中加入行业服务型制造水平的滞后项，构建动态面板模型，以缓解可能存在的内生性。模型设定如下：

$$service_{it}=\alpha_0+\beta service_{it-1}+\alpha_1 inter_{it}+\alpha_2 X_{it}+\mu_i+\delta_t+\varepsilon_{it} \tag{5-10}$$

其中，$service_{it-1}$ 为行业服务型制造水平的滞后项，其余变量与模型（5-7）

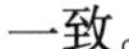

一致。

5.6.1.2　数据说明

（1）服务型制造[①]水平（*service*）。根据国家统计局公布的2005年（42部门）、2007年（135部门）、2010年（42部门）、2012年（139部门）、2015年（42部门）、2017年（149部门）、2018年（149部门）投入产出表和国民经济行业分类（2017年），将投入产出表重新整理成41个大类，具体分类如表5-13所示。

表5-13　基于投入产出表重新整理的41个行业大类

行业大类	序号	行业大类	序号
农林牧渔产品和服务	1	其他制造产品和废品废料	22
煤炭采选产品	2	金属制品、机械和设备修理服务	23
石油和天然气开采产品	3	电力、热力的生产和供应	24
金属矿采选产品	4	燃气生产和供应	25
非金属矿和其他矿采选产品	5	水的生产和供应	26
食品和烟草	6	建筑	27
纺织品	7	批发和零售	28
纺织服装鞋帽皮革羽绒及其制品	8	交通运输、仓储和邮政	29
木材加工品和家具	9	住宿和餐饮	30
造纸印刷和文教体育用品	10	信息传输、软件和信息技术服务	31
石油、炼焦产品和核燃料加工品	11	金融	32
化学产品	12	房地产	33
非金属矿物制品	13	租赁和商务服务	34
金属冶炼和压延加工品	14	科学研究和技术服务	35
金属制品	15	水利、环境和公共设施管理	36
通用设备	16	居民服务、修理和其他服务	37
专用设备	17	教育	38
交通运输设备	18	卫生和社会工作	39
电气机械和器材	19	文化、体育和娱乐	40
通信设备、计算机和其他电子设备	20	公共管理、社会保障和社会组织	41
仪器仪表	21		

资料来源：笔者根据2005~2018年中国投入产出表手工整理而得。

① 为行文需要，本书使用服务型制造和生产制造服务化两种表述，但其内涵基本一致，本书视其为同义词。具体阐释参见本书第3.3.3节中的辨析。

当前学术界普遍依据投入产出表中的直接消耗系数法和完全消耗系数法来测算服务型制造水平。直接消耗系数是指某行业单位产出直接消耗的各行业服务的数量占总投入的比重，而完全消耗系数是指在直接消耗的基础上包含了间接消耗。由于完全消耗系数包含了各行业之间多轮间接消耗，能够更好地反映各行业之间的相互依存关系和不同行业的服务化程度。

因此，本书借鉴刘斌等（2016）、祝树金等（2021）、李碧珍和蔡云清（2021）的做法，采用完全消耗系数作为本文测量服务型制造水平的指标。

$$service_{ji} = \alpha_{ji} + \sum_{k=1}^{n} \alpha_{jk}\alpha_{ki} + \sum_{s=1}^{n}\sum_{k=1}^{n} \alpha_{js}\alpha_{sk}\alpha_{ki} + \cdots\cdots \tag{5-11}$$

其中，$service_{ji}$ 表示工业行业 i 对服务业 j 的完全消耗系数，α_{ji} 表示工业行业 i 对服务业 j 的直接消耗系数 $\sum_{k=1}^{n}\alpha_{jk}\alpha_{ki}$ 和 $\sum_{s=1}^{n}\sum_{k=1}^{n}\alpha_{js}\alpha_{sk}\alpha_{ki}$ 分别表示工业行业 i 对服务业 j 的第一轮、第二轮间接消耗，按照这样累计加总到第 n 轮消耗，然后将所有投入到工业行业 i 的服务加总，进而得到工业行业服务投入的总额。本书计算 2005~2018 年我国 25 个工业行业对服务业的完全消耗系数①。在实际运算过程中，借助列昂惕夫逆矩阵简化运算，具体公式为：

$$B=(I-A)^{-1}-I \tag{5-12}$$

其中，B 是完全消耗系数矩阵，I 为单位矩阵，A 为直接消耗系数矩阵。

从图 5-1 可以看出，我国 2005~2018 年工业分行业服务化程度除通信设备、计算机和其他电子设备外均在 0.5 以下，整体均值只有 0.4，这与发达国家制造业服务化水平在 0.6 的水平还有很大差距。

交通运输设备、电气机械、仪器仪表、通用设备等资本和技术密集型行业服务化水平较高，完全消耗系数均在 0.45 以上。而石油天然气开采、石油、炼焦产品和核燃料加工品、食品和烟草、纺织品等行业服务化水平偏低，完全消耗系数均在 0.4 以下，这些行业大多具有劳动力密集型特征，但发达国家上述行业服务化水平也非常高。根据两化融合公共服务平台 2021 年第三季度公布的行业层面制造业和互联网融合水平看，食品、纺织等行业融合水平均比通信设备、计算机、原材料和装备制造等行业低，以食品和纺织为代表的消费品业融合水平为 56.8，而电子信息、原材料、装备等行业的融合水平分别达到了 63.0、57.6 和 57.3，这初步印证了互联网发展水平高的行业服务型制造水平也高的观点。

（2）互联网发展水平（*inter*）。当前衡量行业层面互联网发展水平的数据较

---

① 由于我国投入产出表最新公布的年份为 2018 年，因此本书数据范围选取 2005~2018 年。

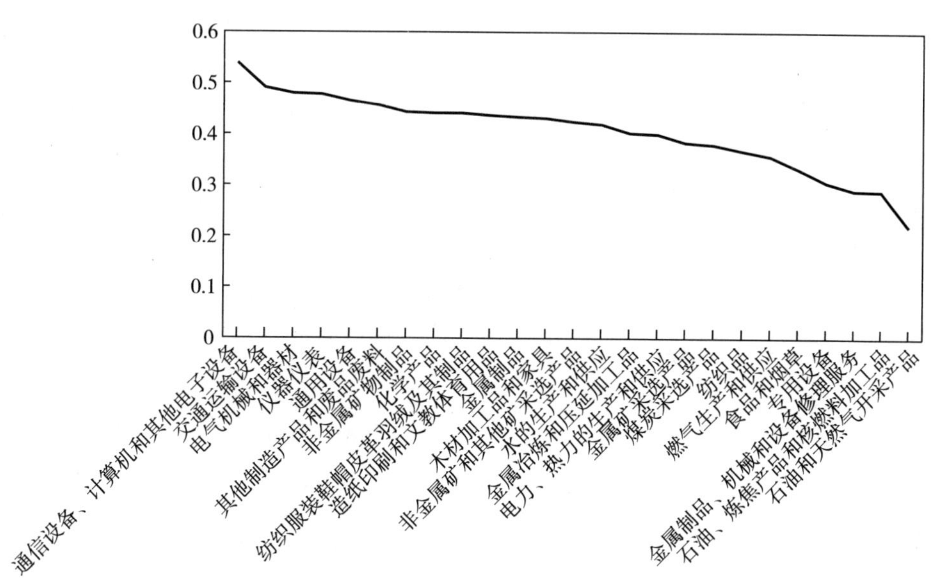

图 5-1　2005~2018 年我国工业分行业服务化程度均值

为缺乏，国家统计局虽然公布了分行业网站数、每百人拥有计算机数、电子商务交易数等反映互联网发展水平的相关指标，但遗憾的是分行业中仅将制造业作为一个大类，而没有细分到各个行业。为解决行业层面互联网发展水平度量难题，白雪洁等（2021）采用投入产出表中直接消耗系数和完全消耗系数对互联网发展水平进行衡量。借鉴上述做法，本书用各行业对通信设备、计算机和其他电子设备和信息传输、软件和信息技术服务的完全消耗系数来表示互联网发展水平。

从图 5-2 中可知，除个别行业外，互联网发展水平与行业服务化程度呈现大致相同的走势，交通运输设备、电气机械和器材等行业出现服务化程度高而互联网发展水平偏低的现象，专用设备和金属制品等行业则出现互联网发展水平高而服务化程度偏低的现象。通信设备、计算机和其他电子设备作为衡量互联网发展水平的行业投入之一，其完全消耗系数大于 1，表明生产一单位该行业产品需要 1.1 单位其他产品和服务的投入，其服务化水平也是最高的。本书使用工业行业中除通信设备、计算机和其他电子设备外的 24 个行业作为研究样本，同时以除服务业中的信息传输、软件和信息技术服务外的行业衡量服务化投入，以避免重复性和缓解内生性。

（3）行业控制变量。行业规模（*scale*），用规模以上工业企业主营业务收入表示；行业资本存量（*capital*），用规模以上工业企业固定资产表示；行业从业人数（*employ*），用规模以上工业企业平均用工人数表示；行业研发创新水平（*rd*），

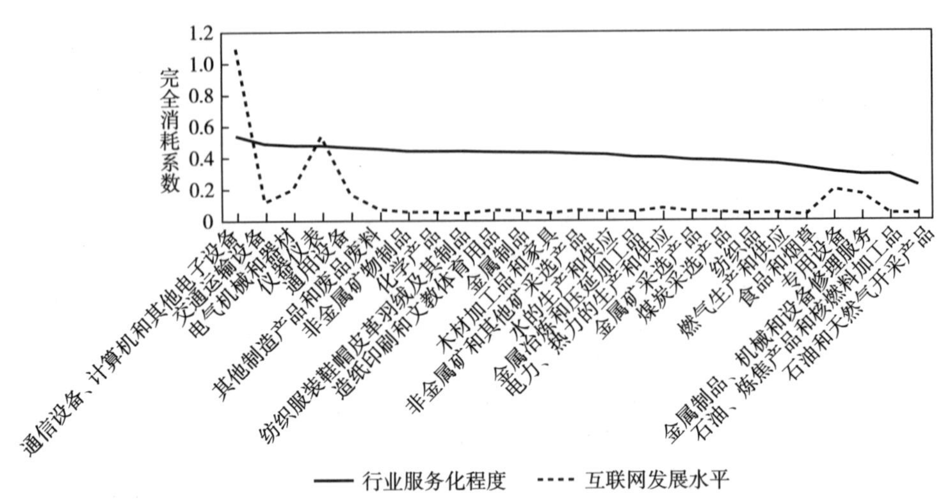

图 5-2　2005~2018 年我国工业分行业服务化程度和互联网发展水平均值

用规模以上工业企业研究和试验发展经费表示；行业对外开放水平（*export*），用工业各行业出口交货值表示。以上控制变量均经过了对数化处理以缓解极值对回归结果的影响（见表 5-14）。

表 5-14　互联网影响服务型制造的主要变量描述性统计

变量	变量含义	样本数	平均值	标准差	最小值	最大值
service	服务型制造水平	168	0. 381	0. 139	0	1. 178
inter	互联网发展水平	168	0. 096	0. 106	0. 023	0. 671
ln*asset*	行业规模	168	9. 641	1. 24	6. 536	11. 902
ln*income*	资本存量	168	9. 642	1. 35	6. 298	11. 902
ln*employ*	用工人数	168	3. 523	2. 706	0	6. 983
ln*rd*	研发投入	168	4. 439	1. 758	0	7. 555
ln*export*	出口水平	168	6. 45	2. 304	0	9. 27
service_ direct	服务型制造水平	168	0. 114	0. 046	0	0. 366

以上数据来源于国家统计局 2005~2018 年投入产出表和《中国统计年鉴》《中国工业统计年鉴》《中国科技统计年鉴》及中国研究数据服务平台（CNRDS）。

5. 6. 2　基准回归结果分析

互联网发展对服务型制造水平的影响结果如表 5-15 所示。结果表明，互联网发展在1%水平上显著促进了服务型制造，推动了制造业服务化程度。

表 5-15　互联网影响服务型制造的基准回归结果

变量	(1) service	(2) service	(3) service	(4) service
inter	1.964*** (0.252)	1.900*** (0.254)	1.441*** (0.237)	1.390*** (0.235)
ln*asset*		-0.078 (0.063)	-0.040 (0.057)	-0.001 (0.059)
ln*income*		-0.005 (0.050)	-0.050 (0.047)	-0.071 (0.048)
ln*employ*			0.027*** (0.005)	0.023*** (0.006)
ln*rd*			0.041* (0.021)	0.014 (0.024)
ln*export*				0.022** (0.010)
Constant	0.142*** (0.029)	0.866*** (0.313)	0.697** (0.281)	0.526* (0.287)
年份	控制	控制	控制	控制
观测值	168	168	168	168
R^2	0.671	0.683	0.754	0.763
行业数	24	24	24	24

注：***、**、*分别表示系数估计值在1%、5%和10%水平上显著，括号内为聚类到行业层面的稳健标准误。下同。

表5-15中第（1）列至第（4）列为逐渐加入控制变量，核心解释变量系数逐渐变小但显著性始终不变，这表明互联网发展对服务型制造水平确实存在正向的促进作用，这部分验证了研究假说2-4。与此同时，控制变量中行业用工规模和行业出口水平均有助于提升行业服务化水平，可能的原因是工业企业提供服务活动需要更多的劳动投入，这与服务活动的性质密切相关。而出口型企业为提高国际竞争力、满足国外市场多元化需求往往会提升产品服务水平，从而有助于提升制造业服务化水平。

5.6.3 稳健性和内生性检验

5.6.3.1 稳健性检验

(1) 替换被解释变量。基准回归中采用完全消耗系数方法衡量制造业服务化水平，为验证本书结论的稳健性，用直接消耗系数表示服务型制造水平（*service_direct*），重新回归结果如表 5-16 第（1）列所示。结果显示，互联网对以直接消耗系数表征的服务型制造水平在 1%水平上显著为正，与基准结果保持基本一致。

表 5-16 稳健性检验

变量	(1) *service_direct*	(2) *service*	(3) *service*
inter	0.421*** (0.086)		
computer		1.193*** (0.258)	
soft			8.067*** (1.161)
Constant	0.126 (0.106)	0.634** (0.299)	0.131 (0.287)
控制变量	控制	控制	控制
年份	控制	控制	控制
观测值	168	168	168
R^2	0.640	0.742	0.780
行业数	24	24	24

(2) 替换解释变量。为进一步检验本书结论的稳健性，将构成互联网发展水平的通信设备、计算机和其他电子设备和信息传输（*computer*）、软件和信息技术服务（*soft*）对工业各行业的投入作为解释变量分别进行回归，结果如表 5-16 第（2）列和第（3）列所示。结果表明，以通信设备、计算机和其他电子设备表征的行业互联网发展水平在 1%水平上显著促进了服务型制造水平，系数与基准回归基本保持一致。以信息传输、软件和信息技术服务表征的行业互联网发展水平对工业行业服务型制造水平也在 1%水平上显著为正，系数较基准回归更高，这

表明互联网软件设施较硬件设施更能促进工业服务型制造水平，同时也表明更换解释变量后回归结果与基准回归保持基本一致，具有较好的稳健性。

5.6.3.2 内生性处理

为缓解互联网发展水平对服务型制造水平可能存在的内生性问题，本书基于模型（5-10）采用两步法系统 GMM 模型进行回归。系统 GMM 模型用更高阶的滞后项和差分项作为工具变量，能够较好地缓解被解释变量一阶滞后项和面板数据模型存在的内生性问题。同时，采用一步法系统 GMM 模型和差分 GMM 模型作为参照，回归结果如表 5-17 所示。

表 5-17 内生性处理

变量	(1) 两步 SYS-GMM	(2) 一步 SYS-GMM	(3) 差分 GMM
L. *service*	0.262*** (0.007)	0.336* (0.186)	-0.077*** (0.017)
inter	0.315*** (0.087)	0.357 (0.234)	4.642*** (0.462)
Constant	0.045 (0.030)	-0.220** (0.111)	
控制变量	控制	控制	控制
年份	控制	控制	控制
Hassen	0.212	0.007	0.507
AR（1）	0.046	0	0.752
AR（2）	0.58	0.836	0.077
观测值	140	144	120
行业数	24	24	24

注：Hasen 检验和 AR（1）、AR（2）中的数值为 P 值。

表 5-17 中第（1）列为两步法系统 GMM 回归的结果，结果表明互联网发展水平在 1%水平上促进行业服务型制造水平的提升，虽然系数较基准回归更小，但仍然表明在缓解内生性问题后互联网发展对行业服务型制造水平呈显著的正向促进作用。同时，AR（1）和 AR（2）分别为 5%显著和不显著，表明模型中残差一阶序列相关而二阶及更高阶不相关，Hassen 检验 P 值不显著表明工具变量不存在过度识别的问题。一步法系统 GMM 模型中互联网对服务型制造水平的影响

也为正数，且与两步法系统 GMM 接近，但是并不显著。差分 GMM 模型中互联网在 1%水平上显著促进了服务型制造，回归系数较基准回归更大。一般而言，两步法系统 GMM 模型优于一步法系统 GMM 模型。

5.6.4 异质性分析

5.6.4.1 工业碳排放强度异质性

为进一步研究互联网发展水平对不同行业服务型制造水平的影响差异，本书根据第一部分中高碳行业和低碳行业的划分，将工业划分成高碳行业和低碳行业重新进行回归。同时，根据国家统计局对高耗能行业的划分，将六大高耗能行业和非六大高耗能行业进行分组回归，以揭示互联网对服务型制造水平的差异性影响，回归结果如表 5-18 所示。

表 5-18 工业碳排放强度异质性

变量	(1) 高碳行业	(2) 低碳行业	(3) 六大高耗能行业	(4) 非六大高耗能行业
inter	5.706*** (0.375)	0.339* (0.201)	1.658** (0.781)	1.326*** (0.297)
Constant	-0.033 (0.229)	0.363 (0.475)	0.758** (0.322)	0.49 (0.374)
控制变量	控制	控制	控制	控制
年份	控制	控制	控制	控制
观测值	84	84	56	112
R^2	0.910	0.896	0.934	0.749
行业数	12	12	8	16

注：国家统计局六大高耗能行业中的，电力、热力、燃气及水生产和供应业对应投入产出表中电力、热力的生产和供应、燃气生产和供应、水的生产和供应 3 个行业，因此实际上有 8 个行业。

从表 5-18 中第（1）列和第（2）列可知，互联网对高碳行业服务型制造水平在 1%水平上显著为正，而对低碳行业服务型制造水平则在 10%水平上显著为正，同时对高碳行业的回归系数明显高于低碳行业，这表明互联网对高碳行业服务型制造水平的促进作用更大。从表 5-18 中第（3）列和第（4）列看，互联网对六大高耗能产业的影响在 5%水平上显著为正，而对其余行业的影响则在 1%水平上显著为正。但是从回归系数上，互联网对六大高耗能产业的系数大于其余行业，这表明互联网对六大高耗能行业的服务型制造水平促进作用更大。造成互联网对六大高耗能产业显著性为5%的原因可能是样本量较少，六大高耗能产业的观测值仅有56个，是其余行业的一半，样本量不足可能引起显著水平下降。高碳行业和低碳行业观测值数相同，因此不存在因样本量差异引起的显著性水平差异，其可信度更大。同时，综合互联网对六大高耗能产业回归系数大于非六大高耗能产业可知，互联网发展更能提升高碳行业和高耗能产业服务型制造水平。

5.6.4.2　服务要素投入异质性

根据服务业的性质和投入差异，借鉴许和连等（2017）、彭继宗等（2022）将中间投入的服务业主要分为研发和商业服务、金融服务、信息传输与技术服务、交通运输和批发零售业的思路，并结合本书研究的实际，本书主要研究互联网对批发零售业、交通运输仓储邮政业、金融保险业、租赁和商务服务业及科学研究和技术服务业五大服务要素投入的影响异质性，回归结果如表5-19所示。

表5-19　服务要素投入异质性分析

变量	(1) 批发零售	(2) 交通运输仓储邮政	(3) 金融保险	(4) 租赁和商务	(5) 科学研究和技术服务
inter	0.302*** (0.064)	0.321*** (0.067)	0.276*** (0.060)	0.218*** (0.038)	0.067*** (0.014)
Constant	0.163** (0.080)	0.344*** (0.083)	−0.02 (0.075)	−0.066 (0.047)	−0.008 (0.018)
控制变量	控制	控制	控制	控制	控制
年份	控制	控制	控制	控制	控制
观测值	162	162	162	162	162
R^2	0.657	0.476	0.778	0.816	0.732
行业数	24	24	24	24	24

从表5-19中可知，互联网对五大服务要素投入均有显著的促进作用，但也存在较为明显的差异性。首先，互联网对交通运输仓储邮政和批发零售的服务化水平促进作用较大，回归系数在0.3以上，在五大服务要素投入中排名靠前，表明互联网发展有效地推动了工业行业在批发零售、交通运输、仓储物流等领域的服务化投入，例如，通过互联网平台实现厂商直接销售模式（B2C模式），从而增加了对交通仓储物流等服务的需求。其次，互联网对金融保险和租赁商务的回

归系数均在0.2以上，并且互联网对金融保险业的服务化投入水平促进作用更大，原因可能是互联网发展拓宽了工业企业融资渠道，从而使金融保险服务嵌入工业企业的程度更深。最后，作为支撑工业企业高质量服务投入的科学研究和技术服务业，互联网对其促进作用偏小，回归系数仅有0.067，这将不利于工业企业效率提升。综上分析可知，互联网主要促进了传统低技术服务业的投入，对高技术服务业的促进作用偏小，表明当前我国互联网发展更多是促进低技术水平服务业量的增加，对高技术服务业质的提升作用不足。工业企业服务化水平的提升将减少对能源资源的依赖，但低技术服务投入比重过高将不利于工业企业效率的提升，从而影响工业企业产出水平，进而产生工业企业能源消费总量降低而能源强度提升的现象。

5.6.5 基于中介效应模型的分析

本书通过中介效应模型对互联网通过推动服务型制造促进工业低碳转型进行验证。借鉴温忠麟和叶宝娟（2014）和刘政等（2020）的思路，构建如下中介效应模型：

$$LCT_{it}=\alpha_0+\alpha_1 Inter_{it}+\alpha_2 X_{it}+\mu_i+\delta_t+\varepsilon_{it} \tag{5-13}$$

$$M_{it}=\beta_0+\beta_1 Inter_{it}+\beta_2 X_{it}+\mu_i+\delta_t+\varepsilon_{it} \tag{5-14}$$

$$LCT_{it}=\gamma_0+\gamma_1 Inter_{it}+\gamma_2 M_{it}+\gamma_3 X_{it}+\mu_i+\delta_t+\varepsilon_{it} \tag{5-15}$$

其中，LCT_{it} 表示 i 行业 t 年工业低碳转型，分别用工业碳排放和工业能源消耗表示；M_{it} 表示服务型制造水平，为模型中的中介变量；$Inter_{it}$ 表示行业互联网发展水平；X_{it} 表示系列控制变量，与5.3节保持一致。如果模型（5-13）中的 α_1 显著，则表明总效应存在，可以进行下一步中介效应分析。如果模型（5-14）中的 β_1 和模型（5-15）中的 γ_2 显著，则表明中介效应显著。在满足以上两个条件的同时，若模型（5-15）中的 γ_1 不显著，则表明是完全中介；反之则表明是部分中介。此外，如果模型（5-14）的 β_1 和模型（5-15）的 γ_2 有一个不显著，则需要通过Sobel检验来判定是否存在中介效应。回归结果如表5-20所示。

表5-20　中介效应模型检验

变量	能源消费量			碳排放量		
	lnenergy	lnenergy	service	lncarbon	lncarbon	service
service	-1.067*			-2.593**		
	(0.633)			(1.020)		

续表

变量	能源消费量			碳排放量		
	lnenergy	lnenergy	service	lncarbon	lncarbon	service
inter	−1.211***	−1.298***	0.082*	−1.979***	−2.191***	0.0820*
	(0.335)	(0.333)	(0.043)	(0.540)	(0.543)	(0.043)
Constant	−1.682*	−2.086**	0.379***	−5.824***	−6.806***	0.379***
	(0.926)	(0.900)	(0.116)	(1.493)	(1.468)	(0.116)
控制变量	控制	控制	控制	控制	控制	控制
观测值	155	155	155	155	155	155
R^2	0.701	0.695	0.308	0.661	0.646	0.308

从回归结果看，无论是用工业能源消耗量还是工业碳排放量作为被解释变量，互联网通过服务型制造降低工业能源消耗和工业碳排放量的中介效应均成立。从能源消耗量看，互联网显著降低了工业能源消耗，表明中介效应模型可继续下一步分析。同时，互联网推动服务型制造在10%水平上显著为正且服务型制造在10%水平上显著降低了工业能源消耗，表明中介效用显著。此外，从模型（5-15）中互联网对工业能源消耗仍然在1%水平上显著来看，这时存在部分中介，中介效应占比为6.74%。同理可知，互联网显著减少了工业碳排放量，互联网显著促进了服务型制造且服务型制造在5%水平上降低了工业碳排量，从模型（5-15）中互联网的系数仍然显著可知，这时存在部分中介，中介效应占比为9.70%。综上可知，互联网确实能够通过促进服务型制造减少工业能源消耗和碳排放量，并且对工业碳排放量的降低作用更为明显，这也就证明了互联网通过服务型制造促进工业低碳转型是成立的。据此，研究假说2-4得到完全验证。

5.7 本章小结

结构低碳化是工业低碳转型的核心。本章研究了互联网对工业结构低碳化的影响，利用近10年来工业分行业碳排放量确定工业低碳行业和高碳行业，采用2006~2019年省级层面低碳工业增加值与高碳工业增加值的比重衡量工业结构低碳化。研究表明，互联网发展水平显著地促进了工业结构低碳化，经过稳健性和内生性检验后均成立。进一步研究发现，互联网发展通过促进产业结构合理化、能源结构清洁化和生产制造服务化三种途径显著提升了工业结构低碳化水平。为进一步分析互联网通过促进服务型制造推动工业结构低碳化，本章采用 2005～2018 年中国投入产出表数据，以服务业对工业行业的间接消耗系数衡量工业行业的服务化程度，并以直接消耗系数作为稳健性检验，研究表明互联网发展水平显著提升了工业服务型制造水平，通过中介效应模型检验后发现互联网确实能够通过促进服务型制造推动工业结构低碳化。

6　互联网发展水平对工业低碳技术创新影响的实证分析

6.1　模型设定与数据说明

6.1.1　模型设定

6.1.1.1　面板双向固定效应模型

本书首先使用面板双向固定效应模型考察互联网对工业低碳技术创新的影响，具体计量模型设定如下：

$$lcinno_{it}=\alpha_0+\alpha_1 internet_{it}+\alpha_2 X_{it}+\mu_i+\delta_t+\varepsilon_{it} \tag{6-1}$$

其中，$lcinno_{it}$ 为被解释变量，表示地级市 i 在 t 年的低碳技术创新水平。$internet_{it}$ 为核心解释变量，表示地级市 i 在 t 年的互联网发展水平。X_{it} 为系列控制变量，以控制地级市层面其他要素对工业低碳技术创新的影响，本书选择经济发展水平、产业结构、人力资本水平、金融发展水平、对外开放度和环境规制等作为控制变量。μ_i 为城市个体固定效应，δ_t 为时间固定效应，ε_{it} 为随机误差项。

6.1.1.2　双重差分模型

模型（6-1）中尽管加入了系列控制变量，但仍可能存在遗漏变量和双向因果等内生性偏误，从而导致估计结果的不一致性。为此，本书选择“宽带中国”试点这一外生冲击作为准自然试验，基于双重差分模型检验互联网发展对低碳技术创新的影响。

当前以“宽带中国”试点作为外生冲击的文献多聚焦在网络基础设施建设

层面（刘传明和马青山，2020；薛成等，2020；金环等，2021），但实际上“宽带中国”试点表面上是推动网络基础设施建设，但更为重要的是以网络基础设施建设为依托提升地区互联互通水平，从而支撑互联网升级换代的新形势、新需求。2013 年 8 月，国务院印发的《“宽带中国”战略及实施方案》明确将宽带用户规模、宽带普及水平、宽带网络能力和宽带信息应用作为衡量标准，而这些与互联网发展水平的衡量指标保持一致。因此，“宽带中国”试点会对试点城市互联网发展水平起到积极的促进作用，从而在试点城市和非试点城市之间形成了对比，利用这一外生冲击能够较好地考察互联网发展水平对工业低碳技术创新的影响。

工业和信息化部、国家发展和改革委员会等部门在 2014 年、2015 年和 2016 年分三批分别选取 41 个（38 个城市和长株潭城市群）、39 个、39 个共 119 个城市作为试点。基于 2003~2019 年中国 285 个城市面板数据，本书将剔除缺失值后的 108 个城市作为实验组，剩余 177 个城市作为对照组，以“宽带中国”试点政策作为准自然试验，采用渐进双重差分模型研究互联网发展对工业低碳技术创新的影响效应。由此，借鉴陈登科（2020）的做法，构建渐进双重差分双向固定效应模型如下：

$$lcinno_{it}=\alpha_0+\alpha_1 treat_i \times time_t+\alpha_2 X_{it}+\mu_i+\delta_t+\varepsilon_{it} \tag{6-2}$$

其中，$lcinno_{it}$ 为工业低碳技术水平，i 和 t 分别为城市和年份。“宽带中国”试点政策分别在 2014 年、2015 年和 2016 年选取三批试点城市，因此本书将入选试点城市的组别虚拟变量 *treat* 赋值为 1，否则为 0，同时将入选城市当年及以后的时间虚拟变量 *time* 赋值为 1，否则为 0。其他变量含义与模型（6-1）相同。

6.1.2　变量设置

6.1.2.1　被解释变量

本书采用地级市工业低碳发明申请专利数量（*lcinno*）作为低碳技术水平的代理变量。当前，对低碳技术专利进行分类的主要有世界知识产权局（WIPO）发布的 IPC Green Inventory、经济合作与发展组织（OECD）的 ENV-TECH 和欧洲专利局（EPO）与美国专利商标局（USPTO）联合发布的 CPC-Y02 等。由于 CPC-Y02 主要是关于适应或减缓气候变化的技术和应用，与本书研究的低碳转型高度相关，ENV-TECH 则是从环境技术视角进行的分类，其中包含资源利用技术和能源利用技术，例如，ENV-TECH 专利分类体系中空气污染、水污染和土壤修复等环境治理、与水相关的适应技术、生态多样性保护和生态系统健康等大类主要侧重环境技术，而与能源生产、传输或分配相关的气候变化缓解技术等侧重低碳技术部分则与 CPC-Y02 保持一致。同样地，IPC Green Inventory 依据《联合国气候变化框架公约》对绿色专利的划分标准，将绿色专利分为替代能源生产、运输、节能减排、废物管理、农业/林业、行政监管或设计及核能发电七大领域，涵盖面较广但聚焦低碳专利程度低。根据盛馥来和诸大建（2015）将绿色发展分为基于物质流和能源流的循环发展和低碳发展，可知 CPC-Y02 更能反映低碳技术创新及更好适应或减缓气候变化。综上分析，本书选择 CPC-Y02 分类作为低碳技术创新水平的依据。

6.1.2.2 核心解释变量

在双向固定效应模型中，核心解释变量是以互联网用户数除以人口数度量的地级市互联网发展水平（*internet*）。在双重差分模型中，核心解释变量是“宽带中国”试点虚拟变量（*treat*），以试点城市和试点时间虚拟变量的交互项表示，即试点城市为 1，否则为 0；试点时间之前为 0，试点时间之后为 1。

6.1.2.3 控制变量

经济发展水平（*lngdp*），以各城市地区生产总值的对数表示；产业结构（*indsec*），用第二产业增加值占地区生产总值的比重表示；人力资本（*human*），用各城市普通高等学校在校学生数占年末总人口数之比表示；金融发展水平（*finc*），用各城市金融机构年末各项存贷款余额之和占 GDP 比重表示；对外开放程度（*open*），用各城市利用外商直接投资总额占地区生产总值比重测度；环境规制（*ere*），波特假说认为适当的环境规制有助于促进企业技术创新，从而降低企业的污染排放。环境规制手段分为政府强制型、市场调节型和公众自愿型，由于地级市层面数据难以衡量上述规制方式，本书参照 Naughton 等（2014）的方法，即用单位 GDP 废水排放强度、二氧化硫排放强度和粉尘排放强度求和取均值的倒数表示环境规制的强度，单位 GDP 排放物强度越大表明该地环境规制标准相对较低。

6.1.3 数据说明

本书通过构建 2003~2019 年中国 285 个地级市面板数据研究互联网发展对工业低碳技术创新的影响及其机制。本书中数据主要源自历年《中国城市统计年鉴》，“宽带中国”试点城市名单源自工业和信息化部、国家发展和改革委员会，工业碳排放数据源自中国碳核算数据库（Carbon Emission Accounts & Datasets，CEADs）。对数据中存在的部分缺失值，本书通过插值法进行补齐（见表 6-1）。

表 6-1　主要变量的描述性统计

变量	变量定义	样本量	均值	标准差	最小值	最大值
lcinno	工业低碳技术水平	4843	2.311	1.778	0	8.622
lngfm	绿色发明专利数对数	4687	2.127	1.745	0	8.872
treat	“宽带中国”试点虚拟变量	4842	0.112	0.315	0	1
internet	互联网发展水平	4833	0.152	0.178	0	3.663
indsec	产业结构水平	4551	0.477	0.112	0.107	0.91
lngdp	经济发展水平	4797	16.057	1.093	12.669	19.76
hum	人力资源水平	4814	0.016	0.022	0	0.131
finc	金融发展水平	4800	2.164	1.087	0.508	21.301
open	对外开放水平	4567	0.02	0.023	0	0.376
ere	环境规制强度	4628	1.218	1.571	0.058	9.784
density	工业碳排放强度	3863	1.884	2.713	0.038	76.949
factor	要素市场化水平	5126	9.881	3.136	1.959	19.694

6.2　实证结果分析

6.2.1　双重差分模型结果分析

采用面板双向固定效应的回归结果如表 6-2 第（1）列和第（2）列所示。结果表明，无论是否加入控制变量，互联网发展水平均能够显著促进工业低碳技术创新。加入控制变量后回归系数降低，但仍然在 1%水平上显著为正。但由于可能存在反向因果和遗漏变量等问题，双向固定效应模型的估计可能存在偏误。一方面，低碳技术水平高的地方往往创新能力强，而互联网的发展依托信息通信技术的创新与应用，从这方面而言低碳技术水平可能反向影响互联网发展。另一方面，低碳技术水平受众多因素的影响，尽管本书加入了较多控制变量，但仍然存在思想观念、文化背景差异等难以度量的遗漏变量，这些都将可能影响本书的估计结果。

为此，本书利用从 2013 年起实施的“宽带中国”试点政策作为外生冲击，基于双重差分模型研究互联网发展水平对工业低碳技术创新的影响。双重差分结果如表 6-2 第（3）列和第（4）列所示，结果表明“宽带中国”试点政策显著促进了工业低碳技术创新水平，加入控制变量后结果依然稳健。由此可知，“宽带中国”试点政策引致互联网发展水平提升对工业低碳技术创新具有显著的促进作用，这就验证了研究假说3-1。

表6-2 互联网对工业低碳技术创新影响的基准回归

变量	(1) lcinno	(2) lcinno	(3) lcinno	(4) lcinno
internet	0.643*** (0.100)	0.454*** (0.105)		
treat			0.241*** (0.040)	0.170*** (0.043)
indsec		-1.007*** (0.250)		-0.947*** (0.250)
lngdp		0.777*** (0.087)		0.770*** (0.086)
hum		7.379*** (1.591)		7.835*** (1.587)
finc		0.046 (0.030)		0.047 (0.030)
open		-2.944*** (0.664)		-3.125*** (0.662)
ere		-0.000 (0.000)		-0.000 (0.000)
Constant	0.726*** (0.038)	-10.449*** (1.279)	0.755*** (0.038)	-10.346*** (1.275)
个体固定效应	控制	控制	控制	控制
时间固定效应	控制	控制	控制	控制
观测值	4833	4385	4842	4390
R^2	0.734	0.745	0.733	0.745
地级市数	285	285	285	285

6.2.2 平行趋势和动态效应检验

采用双重差分法进行政策效应评估的前提假设是试点之前实验组和对照组不存在系统性差异，或者存在相对固定的差异，即要求试点政策实施之前两组趋势是平行的。在本书中，使用双重差分需要满足“宽带中国”试点政策之前试点城市和非试点城市之间工业低碳技术创新水平不存在系统性差异。为此，参照

Beck（2010）的做法，运用“事件分析法”对如下模型进行平行趋势检验。

$$lclinno_{it} = \alpha + \sum_{t=-4}^{5} \beta_t D_{it}^{k} + \gamma_j X_{jit} + \mu_i + \gamma_t + \varepsilon_{it} \tag{6-3}$$

其中，i 和 t 分别表示城市和年份，X 表示系列控制变量，μ_i 表示城市个体固定效应，γ_t 表示年度时间固定效应，D_{it}^{k} 表示是否入选“宽带中国”试点城市的年度虚拟变量，假设城市 i 在第 n 年进入“宽带中国”试点城市，那么令 $k=t-n$。当 $k\leqslant-4$ 时，$D_{it}^{-4}=1$，否则为 0。以此类推，当 $k=-3$，-2，…，3，4，5 时（$k\neq-1$），$D_{it}^{k}=1$，否则为 0。因“宽带中国”试点政策从 2014 年起，2019 年是政策实施的第 5 年，因此 k 最大值取 5，而实施前有 10 期，本书将超过 4 期设置为虚拟变量，同时将“宽带中国”试点前一期（$k=-1$）作为基期，通过观察 β_t 系数大小和显著性水平来检验政策的年度变化情况。

平行趋势和动态效应检验如图 6-1 所示，从图中可知，入选“宽带中国”试点城市之前虚拟变量对工业低碳创新的影响基本上都不显著，而实施后第一年至第四年显著上升，第五年显著性虽有所降低，但均显著异于零值，这表明本书使用双重差分模型通过了平行趋势假设检验，总体而言实施“宽带中国”政策试点促进了工业低碳技术创新。

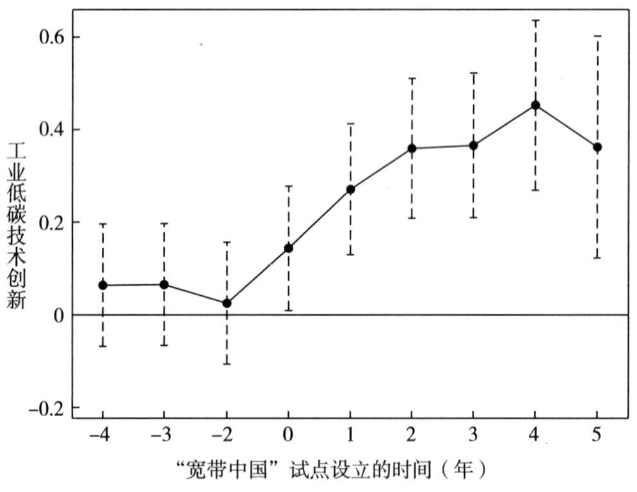

图 6-1　平行趋势和动态效应检验

6.2.3　内生性处理

由于“宽带中国”试点城市并非随机选择，试点城市选择可能受试点城市经济发展水平、区域分布及各省试点数量相对平衡等因素影响。实际上，从试点城市名单中可知，试点城市数量占全国地级市总数的40%左右，基本上涵盖了全国各个省份。在试点城市总量有限的情况下又要兼顾各个省份，在这种情况下试点城市的选择很难做到随机性，这可能会使估计结果产生一定的偏误。为此，本书采用工具变量法尽量克服可能存在的偏误。

本书采用1984年各地级市层面邮局数量作为工具变量，选择的理由是：在固定电话普及之前人们主要通过邮局系统进行信息沟通，邮电部门也是铺设固定电话的执行部门，而互联网技术早期往往是通过固定电话拨号的方式联网，因此邮局的分布在一定程度上影响固定电话和早期互联网等宽带基础设施的接入。此外，邮局的选址和数量往往要考虑城市布局、自然环境、人口分布等客观条件以节约投资、提高效益，这和网络基础设施的选址标准基本一致。因此，从这个意义上而言，选择邮局作为“宽带中国”试点的工具变量满足相关性要求。与此同时，历史上邮局的数量对工业低碳技术创新的影响正不断消失，就目前而言邮局数量也很难对工业低碳技术创新水平产生影响，这就满足了工具变量排他性要求。由于1984年地级市层面邮局数量是不随时间变化的，而本书采用的是地级市面板数据，因此会出现难以度量的问题。借鉴Nunn和Qian（2014）、黄群慧等（2019）的方法，构造1984年地级市邮局数量与全国上一年互联网投资额的交互项作为“宽带中国”试点的工具变量（*IV*）。

工具变量法回归结果如表6-3所示，试点政策虚拟变量系数仍然在1%水平上显著为正，而且与基准回归相比系数增大，这表明通过工具变量缓解内生性后，互联网发展水平对工业低碳技术创新的驱动作用更强。从工具变量检验结果可知，不可识别KP-LM检验在1%水平上拒绝了原假设，表明不存在不可识别的问题，同时弱工具变量识别CDW检验F值为66.599，大于10%的临界值16.38和经验值10，这意味着本书选取的工具变量较为合理，同时也进一步验证了本书结论的稳健性。

表6-3 工具变量法回归结果

变量	第二阶段	第一阶段
	lcinno	treat
treat	1.270***	
	(0.361)	

续表

变量	第二阶段	第一阶段
	lcinno	treat
IV		0.000*** (0.000)
控制变量	控制	控制
个体固定效应	控制	控制
时间固定效应	控制	控制
不可识别 KP-LM 检验	65.663***	
弱识别 CDW 检验	66.599 [16.38]	
观测值	3351	3351
地级市数	221	221
R^2	0.719	

6.2.4 稳健性检验

6.2.4.1 PSM-DID 检验

为了克服“宽带中国”试点城市与其他城市可能存在的系统性差异，缓解双重差分法的估计偏误，本书进一步使用 PSM-DID 方法进行稳健性检验。本书采用 Logit 方法，通过是否“宽带中国”试点城市虚拟变量对控制变量进行回归得到倾向得分值，将得分最近的城市作为试点城市的匹配对照组。进行 PSM-DID 估计的重要前提是需要满足共同支撑假设，即控制组和对照组是否存在显著差异，如果不存在显著差异，那么则可进行 PSM-DID 检验。在匹配方法选择上，本书选取一比一近邻匹配、核匹配两种方法。

此外，由于倾向得分匹配法在进行匹配时依赖 Logit 等具体模型，而这些模型无法确保联合平衡所有协变量，因此可能出现错误指定模型的情况，而熵平衡能够同时控制实验组和控制组多维平衡性，能够在最大程度上实现实验组和对照组精准匹配。因此，本书借鉴 Hainmueller（2012）提出的熵平衡法，通过一阶匹配和二阶匹配获得可能导致估计偏误协变量的相应权重，从而使实验组和控制组均值和方差均相同。在此基础上，通过加权回归模型重新对匹配后的样本进行双重差分估计。

通过一比一近邻匹配、核匹配和熵平衡匹配后进行双重差分的回归结果如表6-4所示，结果表明匹配后“宽带中国”试点政策仍然对工业低碳技术创新存在显著的正向促进作用，而且除一比一近邻匹配外，核匹配和熵平衡匹配回归系数与基准回归基本保持一致，这进一步证明了本书回归结果的稳健性。

表6-4 PSM-DID检验

变量	(1) 一比一近邻匹配	(2) 核匹配	(3) 熵平衡匹配	(4) 基准回归
treat	0.251*** (0.054)	0.177*** (0.047)	0.181*** (0.045)	0.170*** (0.043)
Constant	-14.232*** (1.621)	-8.733*** (1.358)	-21.114*** (0.427)	-10.346*** (1.275)
控制变量	控制	控制	控制	控制
个体固定效应	控制	控制	控制	控制
时间固定效应	控制	控制	(控制)	控制
观测值	3082	4118	4189	4390
地级市数	260	285	281	285
R^2	0.728	0.737	0.919	0.745

6.2.4.2 替换被解释变量

为进一步检验回归结果的稳健性，本书将被解释变量替换成各地级市绿色技术水平，用绿色发明专利数量表示。区别之前使用CPC-Y02专利分类，此处采用世界知识产权局发布的“国际专利分类绿色清单”（IPC Green Inventory）获得各地级市绿色发明专利数量。按照绿色发明专利的分类，绿色发明专利包含能源类和环境类技术专利，包含但不局限于低碳技术专利。实际上，由于能源问题和环境问题往往相伴相生，化石燃料是高能耗产业的主要能源投入，化石燃料除产生二氧化碳外，往往还会产生二氧化硫、一氧化碳、二氧化氢等污染物（韩超等，2020）。因此，绿色技术创新兼顾节能和环保两个方向，同时又存在相互交叉的领域，特别是在国家大力实施减污降碳协同推进背景下，低碳和环保方面的技术创新界限将会更难界定。从这个角度而言，绿色发明专利能够在较大程度上代表低碳技术创新水平。从表6-5第（1）列可知，将因变量替换成绿色发明专利后试点政策系数依然在1%水平上显著为正，且回归系数与基准回归基本保持一致。

表 6-5 稳健性检验

变量	替换因变量 lngfm	删除直辖市 lcinno	排除政策干扰 lcinno
treat	0.181*** (0.067)	0.191*** (0.047)	0.130*** (0.046)
treat_inno			0.439*** (0.050)
treat_lc			-0.147*** (0.038)
Constant	-5.940** (2.594)	-8.897*** (1.358)	-7.222*** (1.343)
控制变量	控制	控制	控制
个体固定效应	控制	控制	控制
时间固定效应	控制	控制	控制
观测值	4068	4130	4193
R^2	0.745	0.734	0.743
地级市数	283	281	285

6.2.4.3 删除直辖市样本

“宽带中国”试点城市中包含了北京市、天津市、上海市和重庆市四个直辖市，由于直辖市在城市行政等级、经济发展水平、人口规模及创新能力上与普通地级市有较大差异，为避免上述政治、经济和社会等因素差异带来的影响，本书删除四个直辖市样本重新回归，结果如表 6-5 第（2）列所示。结果表明，试点政策对工业低碳技术创新并没有受直辖市的影响，回归系数较基准回归略大，仍然在 1%水平上显著为正。

6.2.4.4 排除政策干扰

在推进“宽带中国”战略试点政策期间，国家先后在 2008 年和 2010 年实施了创新型城市试点和低碳城市试点，这些试点政策与“宽带中国”战略有一定程度的交叉重叠。其中，创新城市试点从 2008 年起到 2013 年总共进行了六批次试点，低碳城市分别在 2010 年、2012 年和 2017 年进行了三个批次试点。为此，本书将两类试点政策加入基准回归模型，以检验两类试点政策是否干扰了以“宽带中国”战略试点为表征的互联网发展水平对工业低碳技术创新的影响，结果如表 6-5 第（3）列所示。由此可知，加入创新城市试点和低碳城市试点后，“宽带中国”试点政策对工业低碳技术创新的促进作用仍然在1%水平上为正，回归系数较基准回归略小，这表明创新城市试点和低碳城市试点政策可能吸收了部分“宽带中国”试点政策对工业低碳技术创新的影响，但并没有影响本书结论的稳健性。

6.3 异质性分析

虽然从总体上互联网发展水平促进了工业低碳技术创新水平，但这一影响也可能因城市等级、城市区域及城市碳排放强度等因素而产生差异。为此，本书进一步从城市等级、区域分布及碳排放强度等视角研究互联网对工业低碳技术创新的异质性影响。

6.3.1 城市等级异质性

我国城市之间存在行政等级的差别，如直辖市相当于正省级，省会城市则往往是副省级，而大多数地级市为厅级。城市等级的不同将会导致获取资源能力的差异，一般而言高等级城市在政策、资金、技术、人才等资源禀赋上都要更胜一筹。那么，高等级城市更能发挥互联网对工业低碳技术创新的促进作用吗？基于此，本书将直辖市、省会城市及副省级城市作为高等级城市组别，其余城市为普通等级城市组别，分别利用模型（6-1）进行回归。

回归结果如表6-6第（1）列、第（2）列所示。结果表明，以“宽带中国”试点引致的互联网发展水平的提升更能促进普通等级城市工业低碳技术创新，而对高等级城市的作用并不明显。原因可能在于，高等级城市工业低碳技术水平的发展更不依赖互联网的助推作用，因为高等级城市在创新资源上远远多于普通地级市，在人才、资金、技术等资源上集聚度高，“宽带中国”试点政策只是“锦上添花”，而对于资源相对匮乏的普通城市则是“雪中送炭”。同时，高等级城市产业结构多数已经以服务业为主导，主要通过创新而不是资源驱动，而普通城市产业结构高级化程度不如高等级城市，推动产业结构升级、促进产业结构低碳化仍然是普通地级市的重要任务，因此产业结构的差异也导致普通城市更有推动低碳技术创新的紧迫感。

表 6-6　异质性分析

变量	(1) 非省会/直辖市	(2) 省会/直辖市	(3) 东部地区	(4) 中西部地区	(5) 高排放区	(6) 低排放区
treat	0.220*** (0.059)	−0.062 (0.083)	0.063 (0.073)	0.261*** (0.068)	0.296*** (0.074)	0.063 (0.058)
Constant	−6.800*** (1.629)	−9.253*** (3.030)	−11.930*** (2.511)	−6.700*** (1.823)	−8.810*** (1.751)	−15.112*** (2.976)
控制变量	控制	控制	控制	控制	控制	控制
个体固定效应	控制	控制	控制	控制	控制	控制
时间固定效应	控制	控制	控制	控制	控制	控制
观测值	3558	437	1484	2511	2326	1867
R^2	0.690	0.925	0.790	0.681	0.748	0.725
地级市数	255	30	101	184	283	234

6.3.2　城市区位异质性

我国区域间发展不充分不平衡的现象十分突出，不同区域城市之间经济社会发展水平存在很大差异。2013 年国务院发布《“宽带中国”战略及实施方案》的重点任务之首就是要促进区域间宽带基础设施的协调发展，努力缩小地区间互联网发展水平差距，特别是要给予中西部地区政策倾斜，推动中西部地区骨干网络容量、网络覆盖范围等宽带网络建设与东部地区协调发展，推动中西部地区移动通信技术、下一代互联网等网络应用与东部地区同步部署。那么，“宽带中国”试点政策对工业低碳技术创新的影响是否存在区域异质性呢？

为此，本书将样本城市分为东部地区和中西部地区，采用模型（6-2）分别进行回归检验。结果如表 6-6 第（3）列、第（4）列所示，结果表明试点政策显著提升了中西部地区工业低碳技术水平，回归系数较基准回归更大，而对东部地区虽然为正向促进作用，但在统计上并不显著。这意味着试点政策通过提升中西部地区网络基础设施和互联网应用水平有效促进了工业低碳技术创新，通过弥合地区间的“数字鸿沟”缩小了与东部地区技术创新能力的差距。而东部地区由于创新资源丰富，试点政策虽然进一步提高了互联网基础设施和应用水平，对低碳技术创新有正向作用，但相较于已有的创新资源禀赋，试点政策的推动作用相对有限。同时，与城市等级异质性分析类似，中西部地区产业结构高级化水平仍不如东部地区，很多高能耗产业大多集聚在中西部地区，中西部更有动力通过互联网推动低碳技术创新，特别是通过网上协作研发等方式集聚东部沿海地区创新人才，也就是说互联网能够促进创新资源在禀赋高的地区和禀赋低的地区流动扩散，从而使低碳技术创新在更为需要的中西部地区加快发展，从而导致互联网发展水平对工业低碳技术创新存在较强的区域异质性。

6.3.3 城市碳排放强度异质性

从城市等级和区位异质性可知，互联网更能促进非省会和直辖市及中西部城市低碳技术创新。本书认为，减排压力大的地区更有积极性进行低碳技术研发创新，而互联网应用的不断普及加速了低碳创新的步伐，缩小了中西部地区及城市等级较低的地区与东部地区及高等级城市之间的研发能力差距，特别是有助于促进低碳实用型专利的研发应用。为此，本书从城市碳排放强度差异视角进行异质性分析。运用中国碳排放数据库（CEADS）公布的县级层面碳排放数据，按地级市累计相加得到地级市层面碳排放数据，再根据城市工业用电总量占全市比重估算工业碳排放量，然后除以工业增加值得到各城市工业碳排放强度。取工业碳排放强度的中位数作为临界值（1.162074 吨/万元），低于临界值的为低排放组，高于临界值的为高排放组，分别利用基准回归模型重新进行回归。

回归结果如表 6-6 第（5）列、第（6）列所示，结果表明，试点政策能够显著促进高排放组工业低碳技术创新，而对低排放组作用虽然为正，但并不显著。这印证了本书城市等级异质性和城市区域异质性的分析，正是因为普通等级城市和中西部地区城市工业结构中仍有较多重化工行业依赖能源投入，经济增长方式仍然以资源投入为主而不是创新驱动，这就不可避免地导致碳排放强度增高。样本中高等级城市工业碳排放强度均值为 1.1 吨/万元工业产值，而普通城市碳排放强度则为 1.98 吨/万元工业产值，约为高等级城市的两倍；东部地区工业碳排放强度为 1.14 吨/万元工业产值，中西部地区为 2.3 吨，是东部地区的两倍多。在绿色发展理念深入人心和能源强度约束趋紧的背景下，中西部地区更有动力和紧迫感利用互联网推动工业低碳技术创新，以降低工业能源强度，推动产业结构高级化和清洁化。

6.4 机制分析

6.4.1 创新要素整合

为检验互联网通过创新要素整合影响工业低碳技术创新，本书借鉴王小鲁等

（2021）的方法对地级市要素市场化指数进行度量，采用地级市要素市场化指数表示创新要素整合水平。创新要素整合包含资金、技术和人才等要素的市场化程度，而王小鲁等（2021）设置的指标“要素市场发育”中涵盖了信贷资源市场化分配程度、技术人员供应情况及技术成果转化和知识产权保护等，能够较好地反映要素优化配置的水平。回归结果如表 6-7 所示。

从表 6-7 可知，“宽带中国”试点战略显著提升了要素市场化水平，并且在1%水平上显著为正，这表明互联网发展水平越高的城市要素市场化程度更高，从而越有助于低碳技术创新。由此可知，研究假说 3-2 得到验证。

表 6-7　互联网通过创新要素整合影响工业低碳技术创新的机制检验

变量	（1） factor
treat	0.092*** （0.033）
Constant	4.586*** （0.982）
控制变量	控制
个体固定效应	控制
时间固定效应	控制
观测值	4390
地级市数	285
R^2	0.964

6.4.2　创新方式变革

因地级市层面衡量创新方式变革的指标较为缺乏，本书基于第 4 章省级面板数据，采用新产品开发项目数（*product*）、新产品开发经费支出（*rd*）及新产品出口销售收入（*sale*）等指标表征创新方式变革。新产品是指使用新技术、新方法和新理念设计生产的产品，与现有产品相比具有一定的创新性。新产品体现了创新方式的变革，是产品质量、功效和形象不断提升的结果，能够较好地体现区域创新方式变革的整体程度。回归结果如表 6-8 中第（1）列至第（3）列所示。

表 6-8 互联网影响低碳技术创新的作用机制分析

变量	(1) *product*	(2) *rd*	(3) *sale*	(4) *tm*	(5) *exp*	(6) *imp*
Inter	21.058***	4.981***	14.355***	14.719***	15.965**	32.425***
	(2.292)	(0.844)	(2.347)	(2.705)	(7.522)	(5.998)
INN	−0.331***	−0.080***	−0.243***	1.956***	1.912***	0.673***
	(0.074)	(0.017)	(0.049)	(0.086)	(0.148)	(0.146)
GDP	0.228	0.054	0.109	−0.623***	−0.600	−0.433
	(0.219)	(0.059)	(0.165)	(0.187)	(0.552)	(0.452)
ER	0.649	0.190	0.545	−4.559	−4.162	−7.287
	(2.114)	(0.506)	(1.952)	(4.758)	(7.720)	(5.110)
ES	11.172	1.500	2.772	−1.708	−3.288	5.525
	(8.834)	(2.194)	(8.251)	(15.340)	(42.925)	(21.417)
IS	−0.577	−0.151*	−0.441	−0.586	−0.479	−2.076*
	(0.425)	(0.084)	(0.330)	(0.652)	(1.183)	(1.040)
OPEN	−2.767**	−0.928***	−1.603	2.271*	2.918	−2.071
	(1.102)	(0.252)	(1.001)	(1.176)	(3.700)	(1.971)
Constant	−0.069	0.114	0.218	0.862	0.583	3.358
	(0.770)	(0.192)	(0.757)	(1.355)	(2.974)	(2.471)
省份/年份	控制	控制	控制	控制	控制	控制
观测值	330	330	329	420	390	390
R^2	0.773	0.829	0.689	0.850	0.845	0.825
省份数	30	30	30	30	30	30

从回归结果看，互联网对新产品研发项目数、新产品研发经费支出和新产品出口销售收入均有积极的促进作用，而且均在1%水平上显著为正。其中，互联网对新产品研发项目数促进作用最大，而对新产品研发经费支出的影响相对较小。以上分析表明，互联网有助于促进创新方式变革，从而作用于低碳技术创新。至此，研究假说3-3得到验证。

6.4.3 创新技术扩散

参考戴魁早（2018）的做法，采用省级市场交易额（*tm*）表示技术扩散程度，回归结果如表6-8中第（4）列所示。同时，还用各省输出技术金额

（*exp*）和引进技术金额（*imp*）加以检验，回归结果分别如表 6-8 中第（5）列和第（6）列所示。结果显示，互联网显著提升了技术市场交易额，从而加快了技术扩散步伐。进一步研究发现，互联网对技术引进的促进作用大于技术输出，这表明，互联网通过缓解技术市场信息不对称等问题，有效推动了技术引进力度，从而支撑更为复杂和先进的技术研发活动，进而推动工业低碳技术创新。从以上分析可知，本书的研究假说 3-4 得到验证。

6.5 本章小结

低碳技术创新是工业低碳转型的关键。本章利用 2003～2019 年地级市层面数据，以“宽带中国”试点作为外生冲击，采用双重差分法研究了互联网对工业低碳技术创新的影响，研究结果表明互联网发展显著提升了工业低碳技术创新水平，在运用 PSM-DID 检验、替换被解释变量、排除政策干扰等一系列稳健性检验和采用 1984 年地级市层面邮局数量作为工具变量进行内生性检验后结论依然成立。异质性分析表明，互联网对普通等级城市、中西部城市及高排放地区的低碳技术创新促进作用更为显著，这些城市和地区更能发挥互联网对低碳技术创新的积极作用。机制分析发现，互联网通过创新要素整合、创新方式变革及创新技术扩散三种方式促进低碳技术创新。

7 研究结论与对策建议

7.1 研究结论

7.1.1 互联网对区域工业全要素能源效率存在先抑制后促进的“U”型关系

从宏观层面而言，基于文献梳理和理论分析提出互联网发展水平对工业全要素能源效率影响的研究假设，利用2006~2019年省级层面工业行业数据，实证研究发现，互联网发展水平对工业全要素能源效率存在“U”型关系，经内生性处理和稳健性检验后结果与基准回归保持一致。通过机制讨论分析发现，互联网通过要素配置、技术创新、环境规制和回弹效应等机制影响工业全要素能源效率，一方面互联网发展通过促进要素资源配置、能源技术创新及提高环境监管能力，有效降低了工业能源强度，进而提升了工业全要素能源效率；另一方面随着互联网普及和应用深化，互联网通过推动工业经济增长诱发的能源回弹效应逐步放大，这部分抑制了工业全要素能源效率的提升。异质性研究发现，在构成互联网发展水平的四个组成部分中，互联网基础设施和互联网应用程度对工业全要素能源效率的影响呈“U”型并在1%水平上显著，而互联网普及程度和互联网资源状况与工业全要素能源效率虽然也呈“U”型，但大多不显著。从地区异质性看，仅有东部地区互联网发展水平与工业全要素能源效率呈“U”型且在统计上显著。

7.1.2 互联网有效促进了规模以上工业企业能源效率提升

从微观层面而言，基于2001~2010年中国工业企业数据和中国工业企业污染数据的匹配数据，实证研究了互联网发展对规模以上工业企业能源效率的影响，发现互联网显著提升了工业企业能源效率，并在替换解释变量和被解释变量等多重稳健性检验下均成立。同时，选取 1984 年地级市邮局数和固定电话数作为互联网发展的工具变量进行内生性检验，发现互联网对工业企业能源效率的促进作用依然成立。此外，从行业、企业所有制、企业规模和区域分布进行异质性分析发现，互联网均有助于企业能源效率的提升，但对低能耗行业、非国有企业、小微型企业和中部地区企业能源效率影响更为显著。最后，对互联网影响企业能源效率的机制分析表明，互联网通过优化要素配置、促进技术创新和提升环境规制水平作用于企业能源效率提升，这与省级层面的机制分析结论保持基本一致。互联网发展对工业企业能源效率和区域工业能源效率影响产生差异的原因可能是，本书选择规模以上工业企业作为研究样本，而区域中除规模以上工业企业外，仍有大量的中小企业，这表明互联网发展对中小企业能源效率提升需要经历先抑制后促进的过程。

7.1.3 互联网通过推动产业结构合理化和能源结构清洁化助力工业结构低碳化

工业结构低碳化是推动工业低碳转型的核心。本书利用 2006~2019 年省级面板数据研究表明，互联网发展显著提升了低碳工业行业总产值在工业中的比重，推动了高碳行业的低碳化和促进了低碳工业的发展，从结构上根本改变了中国工业发展模式，促使互联网技术革新与工业低碳增长相向而行，改变了历次工业革命中重大技术变革对资源环境产生的负面影响。产业结构合理化和能源结构清洁化是互联网作用于工业结构低碳化的重要途径。产业结构合理化意味着经济增长中各行业投入要素得到优化配置，要素投入不存在市场扭曲，从而能够提高经济增长效率。不仅如此，产业结构合理化遵循工业化演进一般规律和产品价值链攀升的一般路径，即从农业到工业再到服务业依次为主导的产业结构以及从劳动到资本到技术到品牌导向的价值链演变规律，这种演变对能源资源要素投入的依赖逐渐降低，而对知识技术的要求逐渐提高，互联网通过淘汰落后产业、催生新兴产业加速了产业结构合理化进程，这一过程也是工业低碳化转型过程。同时，能源结构清洁化是工业结构低碳化的直接动力，互联网通过促进清洁能源的开发、利用和消纳，降低了煤炭等化石能源的占比，促进了中国能源结构的清洁化。通过中介效应模型发现，产业结构合理化和能源结构清洁化是互联网作用于工业结构低碳化的有效中介，中介效应分别达到 9.66%和 19.13%。

7.1.4 服务型制造是互联网作用于工业结构低碳化的新路径

服务型制造是互联网不断发展后兴起的生产组织方式，它与工业生产紧密相关但具有更多的服务化投入，而服务业是较为典型的低碳产业，因此服务型制造对工业结构低碳化具有重要影响。本书通过 2006~2018 年中国投入产出表数据，从行业层面研究了互联网对工业服务化投入的影响，发现互联网显著促进了服务型制造水平，并且经过稳健性、内生性等多重检验后结论依然成立。异质性研究发现，互联网对高碳行业、交通运输仓储邮政和批发零售业服务型制造水平的促进作用更为显著，而对低碳行业、金融保险及科学研究和技术服务型制造水平促进作用更低，这表明当前我国互联网发展更多是促进低技术水平服务业量的增加，对高技术服务业质的提升作用不够。中介效应模型显示，互联网能够通过提升服务型制造水平显著降低了工业能源消费量和工业碳排放量，且中介效应分别达到 6.74%和 9.70%。

7.1.5 互联网推动低碳技术创新成为工业低碳转型的持久动力

低碳技术创新是实现工业低碳转型的持久动力。互联网发展有效促进了创新要素优化配置、推动了技术创新方式变革及加速了低碳技术的传播扩散，对低碳技术的研发和扩散均有积极的促进作用。基于"宽带中国"政策试点外生冲击，运用双重差分法研究了互联网对我国工业低碳技术创新的影响。研究发现，互联网显著促进了工业低碳技术创新，与普通双重固定效应回归模型相比，双重差分模型有效减少了估计偏误，因而回归结果可信度更高。经过一系列稳健性和内生性检验均表明，互联网能够促进工业低碳技术创新的结论成立。异质性研究发现，互联网更能促进普通等级城市、中西部地区、高排放地区的工业低碳技术，这表明互联网更能促进经济发展水平更低地区的低碳技术创新，能够缩小与发达地区的技术差距，从而加快工业低碳转型步伐。机制研究发现，互联网通过创新要素整合、创新方式变革和加速技术扩散三种途径作用于低碳技术创新。

7.2 对策建议

7.2.1 互联网推动工业能源效率提升的政策建议

7.2.1.1 继续完善互联网基础设施建设，为发挥互联网赋能作用奠定基础

本书研究表明，互联网发展只有达到一定水平后才能促进工业能源效率提

升，因此当务之急就是要大力推动企业互联网应用水平提升，而互联网基础设施建设是发挥互联网作用功能的先决条件。虽然我国互联网基础设施建设飞速发展，但是随着5G、工业互联网、人工智能等新一代信息技术的快速发展和应用需求增加，我国互联网基础设施仍然面临着不少短板，例如5G网络尚未完全覆盖、工业互联网建设仍处于起步阶段及智能网联汽车设施不健全等，这就制约了新业态新模式的发展，不利于发挥互联网对工业能源效率提升的赋能作用。

因此，要加快建设和改造宽带网络基础设施，加快推进千兆光网和5G"双千兆"网络协同发展，加快在工业行业部署千兆虚拟专网建设，满足企业对超低延时、超大带宽的需求，促进工业企业设备网络化改造及内网升级。以工业园区为重点，加快新型基础设施的布局和升级改造，打造一批万兆宽带接入示范工业园区。持续推进工业园区光分配网改造升级，加快面向工业园区规模部署5G独立组网，促进重点园区和行业网络全覆盖。加快Ipv6规模部署和融合应用，探索Ipv6全链条、全场景、全业务部署和创新应用，由点带面提高Ipv6部署规模和创新应用水平。超前部署6G网络研发，抢占网络技术制高点，为领跑新一轮信息技术变革做好充足准备。

加快构建工业互联网基础设施建设，以北京、上海、广州、重庆、武汉五大工业互联网标识解析国家顶级节点为依托，加速各省级工业互联网标识解析二级节点建设。同时，构建若干个国家级行业互联网平台，鼓励省级层面构架行业互联网二级平台，通过打通各层级行业互联网平台，为行业资源要素优化配置提供系统性解决方案。加快改造工业互联网内外网，推动工业企业运用新型网络技术和先进适用技术改造企业内网，推动基础电信企业建设覆盖重点区域的高质量外网，让工业企业、工业互联网平台能够接入高质量外网。推动工业设备网络化智能化改造，加强对工业"哑设备"进行网络互连能力改造，促进工业设备之间通信协议统一，从而实现物与物的通信及跨系统互操作。

7.2.1.2 多措并举提升企业互联网应用水平，加速互联网赋能企业能效提升

中小企业能源效率提升是实现工业企业整体效率提升的重要组成部分。本书利用中国工业企业数据库中的数据进行研究发现，互联网显著促进了企业能源效率，而利用省级层面数据进行研究却发现互联网对能源效率的影响呈现"U"型，其中就可能是由于占绝大部分比例的中小企业能源效率提升需要经历一定的过程，即中小企业互联网普及程度和应用深度均偏低。为此，应进一步降低中小企业网络的资费水平，不断提高中小企业互联网普及水平和应用程度。具体而言，要持续推进企业宽带和专线提速降费行动，进一步降低企业特别是中小企业

互联网专线接入资费水平，降低企业数字化、网络化改造成本，加快提高企业互联网应用普及水平。加大中小微企业互联网转型的财税和金融支持力度，加大对企业数字化改造进行税收优惠和专项补贴，以及发放数字化转型专项贷款等举措激励企业加大“上云用数赋智”力度。

推动“5G+工业互联网”在钢铁、有色、石油、化工、电力等高能耗行业深度应用。根据中国信息通信研究院对1015个工业互联网应用案例的统计，互联网赋能工业节能减排主要体现生产过程管控中，占节能减排总量的约65%①。因此，以高能耗行业为重点开发以能源效率提升为导向的应用场景，鼓励企业积极参与“5G+工业互联网”典型工业应用场景试点，培育一批5G全连接示范工厂，建设一批智能工厂，加速高耗能企业数字化、智能化转型步伐，进一步发挥互联网等新一代信息技术对高能耗行业节能减排的赋能作用。

充分发挥互联网在工业企业能源管理中的独特优势。推动工业企业能源节约是实现碳达峰碳中和目标的重要途径，要发挥工业互联网能效管理的独特优势，推动工业生产数据和碳排放数据有机衔接，通过大数据综合分析优化生产流程，从而达到减少能耗和碳排放目的。例如，在碳排放量较大的燃煤电力行业，可借助互联网平台对锅炉指标、主要变量指标、经济指标及影响锅炉运行的其他指标数据进行实时动态收集处理，实现能源流、数据流和碳追溯流“三流合一”，从而得到准确的锅炉生产控制模型，并给出合适的煤量和风量建议，进而有助于降低碳排放。

7.2.1.3 加强“互联网+绿色环保”监督管理，以环境规制倒逼企业能效提升

发挥互联网在低碳技术创新中的各种要素资源优化配置功能，借助互联网平台进行能效提升、关键节能技术突破等重点难点技术协同攻关，加速低碳节能技术的研发进程，从而为工业低碳节能提供技术支撑。同时，加快企业智能化能耗管理应用的开发和普及，推动企业进行能耗动态实时管理，优化企业能源消耗结构和提高能源效率。此外，政府也应发挥“互联网+”环境监管的作用，加大对重点工业企业能耗的实时监管，制定和落实企业节能减排目标，倒逼企业能效提升。

信息公开是公众监督的前提，是发挥互联网提升环境规制水平作用的重要方面。推动我国上市公司能源消耗和碳排放信息透明化、公开化，通过能源和碳排放信息公开透明倒逼企业提高能源效率和降低碳排放。美国证券交易委员会在

① 数据源自2022年4月中国信息通信研究院和工业互联网联盟联合发布的《数字技术赋能碳达峰碳中和应用指南V1.0》。

2022年已经要求上市公司报告温室气体排放和气候变化相关信息，披露范围包括自身碳排放和供应商及合作伙伴碳排放情况。然而，我国上市公司能源和碳排放信息公布水平仍然很低，上市公司也没有主动公开相关数据，当前主动公布碳排放信息的上市公司不足百家。推动上市公司披露能源消耗和碳排放有助于激励企业落实碳减排行动，督促企业履行社会责任。因此，应逐步压实上市公司企业责任，将碳排放披露信息作为企业承担社会责任的重要方面，交易所应对上市公司碳排放信息作为企业上市和日常监督的重要方面，推动已上市企业加大公开碳排放信息力度，将碳排放信息披露作为企业上市的重要条件之一。

7.2.1.4 加大对西部地区互联网发展的政策倾斜力度

本书研究表明，互联网对西部地区企业能源效率提升作用低于中东部地区，其中很大程度上是由于西部地区互联网普及率低于中东部地区，使西部企业互联网普及和应用程度较低，导致互联网对企业能源效率提升的作用尚未完全发挥。为此，在推动互联网基础设施建设上要进一步向西部地区倾斜，着力缩小西部地区与中东部地区的“数字鸿沟”。要加大政策、资金和人才支持力度，努力使西部地区互联网发展水平赶上中东部地区，为西部企业进一步提升互联网应用水平奠定良好的基础。

7.2.1.5 推动工业互联网和能源互联网协同联动

“互联网+”制造业有助于推动互联网与工业的深度融合，提升工业企业数字化、网络化、智能化、绿色化水平，能够提升能源效率及降低对能源的依赖。“互联网+”智慧能源有助于提高可再生能源比重，促进化石能源清洁高效利用，对提高能源综合效率具有重要的推动作用。因此，在我国大力推动工业互联网和能源互联网发展的背景下，应注重两者的协同推进，建设若干个面向能源效率提升的工业互联网平台，为工业绿色低碳发展提供了智慧能源解决方案。例如，卡奥斯 COSMOPlat 智慧能源定制平台就是一个面向智慧能源管理的工业互联网平台，通过构建多方参与、共同输出动态开放平台并与能源互联网相连，大幅提升了整体生产效率和降低了碳排放。

7.2.2 互联网推动工业结构低碳化的政策建议

7.2.2.1 推动互联网与制造业深度融合助力工业结构低碳化

本书研究表明，互联网发展能够显著促进工业结构低碳化，以结构低碳化推动工业低碳转型。为进一步推动工业结构低碳化水平，确保工业领域在2035年前碳达峰，应持续推动互联网与工业行业的深度融合，积极推动“互联网+绿色制造”行动，充分发挥互联网、5G、人工智能、大数据、云计算等新一代信息技术在生产效能提升、生产设备数字化、产业发展协同化等方面的赋能作用，通过数字化、智能化和网络化生产推动工业行业低碳化转型。具体而言：

一是要以石油化工、钢铁、有色金属、电力热力等高耗能行业为重点，着力提高高耗能行业互联网应用水平，推动传统高耗能行业低碳化转型。聚焦能源管理和节能降碳等典型应用场景，根据行业特点有针对性地构建面向绿色制造的行业互联网平台，促进生产工艺流程和设备绿色低碳升级和生产过程智能化改造，培育和推广标准化的“工业互联网+绿色低碳”解决方案，以点带面持续推动高耗能行业低碳化转型。

二是构建“工业互联网+绿色低碳”公共服务平台。深入到产品研发设计、生产制造、交通运输及回收利用等产业链全环节，将互联网应用到产品的全生命周期，实现全产业链低碳化转型。根据原材料、装备、消费品、电子信息等工业行业特点，构建若干个专业化的工业互联网公共服务平台，促进各行业中各生产环节的绿色化低碳化。充分发挥区域工业互联网生产协作一体化服务平台功能，推动区域工业生产协同发展，促进要素资源在区域内甚至全国范围内优化统筹协同，从而实现资源和能源的充分利用和有效节约。当前，长三角城市群积极推动产业数字化进程，构建长三角企业数字化转型公共服务平台和长三角区域一体化工业互联网公共服务平台，为协同推动长三角企业数字化转型和工业互联网发展奠定了良好基础。但是，我国其他主要城市群工业互联网服务平台仍然处于起步阶段，亟须加快建设步伐，从而更好地赋能区域工业低碳转型发展。

三是加强互联网赋能绿色园区建设。工业园区是我国工业发展的主战场，特别是国家级经济开发区是工业低碳转型的重要载体，2021 年国家级经开区用全国约 3‰的国土面积创造了全国 11.5%的地区生产总值，推动国家级经开区产业结构低碳化转型有助于加速全国工业低碳转型。

7.2.2.2 推动互联网赋能低碳能源开发与应用

推动互联网等信息技术和清洁能源开发技术融合创新，提升清洁能源开发技术能力。加强互联网技术在气象预报领域的作用，提高气象预报准确性以保障风光电等新能源发电稳定性。建设基于互联网的绿色能源交易平台，加快完善绿电交易市场各项制度，支持风电、水电、光伏等绿色低碳能源与电力用户实现直接交易，推动全部省份参与电力交易，构建以新能源为主的新型电力交易系统。鼓励企业加快智能电网等先进技术的采用，不断提高电力系统接纳光伏发电的能力。

加快能源互联网构建，推动可再生能源生产智能化。为实现“双碳”目标，需加快推进新能源发电装机容量，以及推动电力系统智能化改造，不断提升电力系统的灵活性。我国“三北”地区[①]是“十四五”时期风光大基地项目的重点规划区，规划风光基地总装机容量2亿千瓦，其中1.5亿千瓦外送，这就亟须促进风电大规模入网和提高风电消纳率。与此同时，西南地区的水电基地和东部沿海地区的海上风电基地等也迫切需要电力传输灵活性和智能化。因此，要以我国清洁能源基地为重点，加快能源互联网构建及应用，在西北和西南地区建立新能源调控中心，实施西电东送工程，促使更多清洁电力大规模入网并有效及时消纳，从而不断提升清洁能源占能源结构中的比重，促进能源结构低碳化。

以国家级开发区为重点提升工业园区绿色能源比重。当前国家级经开区绿色能源使用占比超过50%的数量仅有83家，占全部经开区数量的36.08%，其中有48家绿色能源比重超过75%[②]。这说明，绿色能源在国家级经开区中仍未占据主导地位，有超过一半的园区仍然以传统的化石能源作为能源动力，这不利于工业能源结构低碳化转型。为此，要以工业园区为抓手，依托能源互联网平台，推动工业企业参与绿电交易等市场化手段提升园区绿色能源占比，充分利用能源互联网提升园区可再生能源使用比例，通过能源结构低碳化助力工业低碳转型。

7.2.2.3　发挥互联网对服务型制造的积极推动作用

我国工业服务型制造水平普遍较低，根据全国两化融合公共服务平台数据，截至2022年第二季度，我国电子、轻工、交通制造设备、机械和纺织行业开展服务型制造的企业比例分别为32.6%、32.1%、30%、29.1%和28.7%，普遍处于较低水平。因此，应充分发挥互联网对服务型制造的赋能作用，大力推动制造企业从单一的制造端向产业链、价值链前端和后端延伸，催生一批新制造、新服务企业，加快培育服务型制造新业态新模式，通过提升服务化投入水平降低制造企业物质投入，从而实现能耗减少和碳减排目的。

一是综合利用互联网、大数据、5G、物联网等新一代信息通信技术，推动制造企业定制化服务。通过建立数字化设计和虚拟仿真系统，根据用户需求进行个性化生产，通过模拟产品与用户进行交互化设计。同时，推动生产制造系统智能化、柔性化改造，提升个性化定制能力，不断提升个性化定制服务水平。

二是发挥互联网平台在优化企业全生命周期管理中的作用。通过构建和应用互联网平台，提升企业在研发设计、生产制造、售后服务、在线监测、数据分析

① “三北”地区是指我国的东北、华北北部和西北地区。

② 数据源自《国家级经济技术开发区绿色发展报告2021》。

等全链条服务水平，优化从企业生产到产品使用全生命周期管理水平，从而促使生产效率和能源效率提高。

三是鼓励企业推行“互联网+节能环保”服务，在加大节能环保技术和产品研发力度基础上，进一步通过互联网开展产品回收再利用、再制造服务，促进产品从生产到回收闭环运行，从而实现能源资源节约。企业通过互联网延伸环保服务环节，既能够实现资源有效利用又能推动产业价值链延伸和低碳化转型。

四是大力发展“互联网+绿色金融”新型融资模式，加速工业低碳转型步伐。受信息不对称等因素影响，工业企业向低碳转型仍面临“融资难、融资贵”等问题。互联网、大数据的发展在很大程度上能够缓解金融机构和企业的信息不对称和资金使用监督难等问题，从而为工业低碳转型提供有力的融资支持。因此，在依法合规、风险可控的前提下，应大力发展“互联网+绿色金融”，支撑企业在全产业链、全供应链上低碳转型，特别是加大中小企业低碳转型融资支持。

7.2.3 互联网推动工业低碳技术创新的政策建议

7.2.3.1 基于互联网平台构建国家低碳技术创新体系

构建国家低碳技术协同创新平台。本书研究表明，互联网能够通过整合创新要素促进工业低碳技术创新。为此，应积极发挥互联网在创新要素集聚上的整合作用，推动低碳技术协同创新。要构建面向低碳技术创新的工业互联网平台，以工业互联网平台为支撑，以低碳技术发展的重点领域和环节为突破口，整合人才、资金和技术等创新要素资源，构建国家低碳技术协同创新体系，协同攻克低碳技术创新中的重点难点问题，从而促进工业低碳技术研发和应用。着眼 2030 年和 2060 年实现碳达峰碳中和目标，推动关键核心要素资源加快集聚，切实解决工业低碳技术研发过程中面临的人才短缺、资金不足及支撑技术不够等问题，实施近期、中期、远期关键低碳技术协同攻关，加快变革性技术研发和战略性技术储备，以此提升产业低碳发展水平。联合科研院所、高校、共性技术平台等技术研发单位，形成低碳技术研发联盟。加强低碳技术跨区域、跨领域协同创新，构建工业低碳转型发展区域协作机制。

完善国家低碳技术协同创新服务体系。低碳技术具有较强的社会正外部性，要激发市场主体开展低碳技术创新活动积极性，需建立和完善以市场为导向的绿色低碳技术创新体系，并且通过政府有效的制度安排为低碳技术创新主体提供有效激励，例如，完善绿色低碳技术知识产品保护、加大对低碳技术创新公共研发平台的支持等。同时，要加大对低碳技术的补贴及融资支持，构建银行贷款、上市融资、风险投资、股权融资等多样化金融支持举措，分散研发人员低碳技术研发风险，从而加快促使研究体系向低碳方向转变。

7.2.3.2 推动互联网支撑的低碳技术创新模式变革

立足我国以煤炭为主的能源结构，推动煤炭清洁高效利用，提升新能源开发和消纳能力，促进煤炭和新能源优化组合，是当前我国低碳技术创新的重中之重。因此，亟须提升我国低碳技术研发效率，加速低碳技术研发进程，实现在保障国家能源安全的前提下减少碳排放。互联网对研发模式产生深刻影响，从研发主体、研发流程和研发手段等方面重构了现有研发模式，从而有助于提升低碳技术创新效率。为此，应充分利用互联网技术及其应用，围绕低碳技术创新难点重点问题，将企业研发、设计、采购、制造、维修、消费等环节纳入低碳技术研发设计体系，从全产业链低碳化视角出发，逐个攻克低碳技术“卡脖子”环节。同时，利用互联网推动研发设计从串行方式向并行方式转变，从而缩短低碳技术研发流程和提高低碳技术研发效率。在低碳技术试验阶段，利用互联网提升研发工具数字化网络化水平，通过数字化仿真和建模手段对现实世界进行模拟，从虚拟空间仿真测试中不断改进低碳技术，从而大幅降低试验生产阶段的成本。

7.2.3.3 运用互联网推动低碳技术加快扩散与应用

充分利用互联网加大低碳技术推广和应用。互联网能够有效降低国家之间、行业之间和企业之间低碳技术信息不对称的现象，能够更好地为低碳技术供给和需求提供广阔的交易市场，从而降低了技术扩散过程中的高额成本。为此，应畅通专业化的低碳技术扩散和应用渠道，借助互联网开发专业化的低碳技术应用软件和市场交易平台，集聚低碳技术海量供给方和需求方，从而促进低碳技术在更广的范围内扩散传播，进而更大程度上发挥低碳技术对工业低碳转型的积极推动作用。

当前，我国有湖南省国际低碳技术交易中心、上海技术交易所提供的绿色低碳技术交易服务，但由于成立时间较短，在交易标准化、专业化和交易额上均有提升的空间。为进一步构建全国统一的低碳技术交易平台，应加快从整体布局视角出发，在建立低碳技术标准化服务体系基础上，打通各大地方交易所绿色低碳技术库、生态环境保护部成果平台、高校科研院所绿色低碳技术库，汇聚形成全国统一低碳技术大市场，为绿色低碳技术扩散及后期应用提供多方面支撑。此外，还应加强与国外低碳技术的国际合作与交流，加强国内低碳技术标准和国外的有机衔接，加大引进国外先进低碳技术力度，从而提升国内低碳技术应用水平。

参考文献

[1] Acemoglu D. Directed Technical Change [J]. The Review of Economic Studies, 2002, 69 (4): 781-809.

[2] Acemoglu D, Aghion P. The Environment and Directed Technical Change [J]. American Economic Review, 2012, 102 (1): 131-166.

[3] Afzal I, Gow J. Electricity Consumption and Information and Communication Technology in the Next Eleven Emerging Economies [J]. International Journal of Energy Economics and Policy, 2016, 6 (3): 381-388.

[4] Aghion P, Howitt P. A Model of Growth through Creative Destruction [J]. Econometrica, 1992 (60): 323-351.

[5] Aghion P, Howitt P. Endogenous Growth Theory [M]. Cambridge: MIT Press, 1998.

[6] Aghion P, Howitt P. The Economics of Growth [M]. Cambridge: MIT Press, 2009: 151-156.

[7] Ahmed F, Naeem M, Iqbal M. ICT and Renewable Energy: A Way Forward to the Next Generation Telecom Base Stations [J]. Telecommunication Systems, 2017, 64 (1): 43-56.

[8] Amri F, Ben Y, Ben B. ICT, Total Factor Productivity, and Carbon Dioxide Emissions in Tunisia [J]. Technological Forecasting and Social Change, 2019 (146): 212-217.

[9] Ang W. The LMDI Approach to Decomposition Analysis: A Practical Guide [J]. Energy Policy, 2005, 33 (7): 867-871.

[10] Asongu A, Le S, Biekpe N. Enhancing ICT for Environmental Sustainability in Sub-Saharan Africa [J]. Technological Forecasting and Social Change, 2018

(127): 209–216.

[11] Avom D, Nkengfack H, Fotio K., Totouom A. ICT and Environmental Quality in Sub–Saharan Africa: Effects and Transmission Channels [J]. Technological Forecasting and Social Change, 2020 (155): 1–12.

[12] Barış–Tüzemen Ö, Tüzemen S, Çelik K. Does an N–shaped Association exist between Pollution and ICT in Turkey? ARDL and Quantile Regression Approaches [J]. Environmental Science and Pollution Research, 2020, 27 (17): 20786–20799.

[13] Bastida L, Cohen J, Kollmann A, Moya A, Reichl J. Exploring the role of ICT on Household Behavioural Energy Efficiency to Mitigate Global Warming [J]. Renewable & Sustainable Energy Reviews, 2019 (103): 455–462.

[14] Brandt L, Johannes B, Luhang W, Yifan Z. Creative Accounting or Creative Destruction? Firm–level Productivity Growth in Chinese Manufacturing [J]. Journal of Development Economics, 2012, 97 (2): 339–351.

[15] Brandt L, Johannes B, Luhang W, Yifan Z. WTO Accession and Performance of Chinese Manufacturing Firms [J]. American Economic Review, 2017, 107 (9): 2784–2820.

[16] Bresnahan F, Trajtenberg M. General Purpose Technologies "Engines of Growth"? [J]. Journal of Econometrics, 1995, 65 (1): 83–108.

[17] Britain G. Energy White Paper: Our Energy Future: Creating a Low Carbon Economy: Presented to Parliament by the Secretary of State for Trade and Industry by Command of Her Majesty [M]. Stationery Office, 2003.

[18] Barış–Tüzemen Ö, Tüzemen S, & Çelik A K. Does an N–shaped Association Exist between Pollution and ICT in Turkey? ARDL and Quantile Regression Approaches [J] . Environmental Science and Pollution Research International, 2020, 27 (17): 20786–20799.

[19] Cowen, Tyler. The Great Stagnation: How America ate all the Low–hanging Fruit of Modern History, Got Sick, and Will (eventually) Feel Better [M]. New York: Dutton Publishing , 2011.

[20] Cecere G, Rexhäuser S, Schulte P. From Less Promising to Green? Technological Opportunities and Their Role in (green) ICT Innovation [J]. Economics of Innovation and New Technology, 2019, 28 (1): 45–63.

[21] Chen C, Han J, Fan P. Measuring the Level of Industrial Green Develop-

ment and Exploring Its Influencing Factors: Empirical Evidence from China's 30 Provinces [J]. Sustainability, 2016, 8 (153): 1-20.

[22] Chen W, Chen J, Xu D, et al. Assessment of the Practices and Contributions of China's Green Industry to the Socio-economic Development [J]. Journal of Cleaner Production, 2017, 153 (1): 648-656.

[23] Cho Y, Lee J, Kim Y. The Impact of ICT Investment and Energy Price on Industrial Electricity Demand: Dynamic Growth Model Approach [J]. Energy Policy, 2007, 35 (9): 4730-4738.

[24] Collard F, Fève P, Portier F. Electricity Consumption and ICT in the French Service Sector [J]. Energy Economics, 2005, 27 (3): 541-550.

[25] Coroama C, Hilty M. Assessing Internet Energy Intensity: A Review of Methods and Results [J]. Environmental Impact Assessment Review, 2014, 45 (2): 63-68.

[26] Corrocher N, Özman M. Green Technological Diversification of European ICT Firms: A Patent-based Analysis [J]. Economics of Innovation and New Technology, 2020, 29 (6): 559-581.

[27] Danish. Effects of Information and Communication Technology and Real Income on CO_2 Emissions: The Experience of Countries Along Belt and Road [J]. Telematics and Informatics, 2019, 45 (12): 101300.

[28] Dietz T, Rosa A. Rethinking the Environmental Impacts of Population, Affluence and Technology [J]. Human Ecology Review, 1994, 1 (2): 277-300.

[29] Ebadian M, van Dyk S, McMillan J, et al. Biofuels Policies That Have Encouraged Their Production and Use: An International Perspective [J]. Energy Policy, 2020, 147 (12): 111906.

[30] Ehrlich R, Holden P. Impact of Population Growth [J]. Science, 1971 (171): 1212-1217.

[31] GeSI. SMARTer2030: ICT Solutions for 21st Century Challenges [R]. Brussels: Global e-Sustainability Initiative, 2015.

[32] GGBP. Green Growth in Practice: Lessons from Country Experiences [A] //Green Growth Best Practice [R]. Seoul: Green Growth Best Practice Initiative, 2014.

[33] Goldfarb A, Tucker C. Digital Economics [J]. Journal of Economic Literature, 2019, 57 (1): 3-43.

[34] Gong X, Zhang J, Zhang H, et al. Internet Use Encourages Pro-environmental Behavior: Evidence from China [J]. Journal of Cleaner Production, 2020, 256 (5): 120725.

[35] Greening A, Greene L, Difiglio C. Energy Efficiency and Consumption-the Rebound Effect-a Survey [J]. Energy Policy, 2000, 28 (6-7): 389-401.

[36] Grossman M, Krueger B. Environmental Impacts of a North American Free Trade Agreement [J]. National Bureau of Economic Research Working Papers, 1991, 3914.

[37] Hainmueller J. Entropy Balancing for Causal Effects: A Multivariate Reweighting Method to Produce Balanced Samples in Observational Studies [J]. Political Analysis, 2012, 20 (1): 25-46.

[38] Hansen E. Threshold Effects in Non-dynamic Panels: Estimation, Testing, and Inference [J]. Journal of Econometrics, 1999, 93 (2): 345-368.

[39] Harris R. General Purpose Technologies and Economic Growth [M]. Cambridge: MIT Press, 1998: 145-166.

[40] Higon A, Gholami R, Shirazi F. ICT and Environmental Sustainability: A Global Perspective [J]. Telematics and Informatics, 2017, 34 (4): 85-95.

[41] Hsieh T, Klenow J. Misallocation and Manufacturing TFP in China and India [J]. The Quarterly Journal of Economics, 2009, 124 (4): 1403-1448.

[42] IRENA. Innovation Priorities to Transform the Energy System [R]. Abu Dhabi: International Renewable Energy Agency, 2018.

[43] Ishida H. The Effect of ICT Development on Economic Growth and Energy Consumption in Japan [J]. Telematics and Informatics, 2015, 32 (1): 79-88.

[44] Joseph Schumpeter. The Theory of Economic Development [M]. Massachusetts: Harvard University Press, 1934.

[45] Jaffe B, Stavins N. The Energy Paradox and the Diffusion of Conservation Technology [J]. Resource and Energy Economics, 1994, 16 (2): 91-122.

[46] Kaya Y. Impact of Carbon Dioxide Emission Control on GNP Growth: Interpretation of Proposed Scenarios [R]. Paris: IPCC Response Strategies Working Group Memorandum, 1990.

[47] Kemp R, Never B. Green Transition, Industrial Policy and Economic development [J]. Oxford Review of Economic Policy, 2017, 33 (1): 66-84.

[48] Kuznets S. Modern Economic Growth: Rate, Structure and Spread [M]. New Haven: Yale University Press, 1966.

[49] Lange S, Pohl J, Santarius T. Digitalization and Energy Consumption [A]//Does ICT reduce energy demand? [J]. Ecological Economics, 2020, 176 (10): 106760.

[50] Lee W, Brahmasrene T. ICT, CO_2 Emissions and Economic Growth: Evidence from a Panel of ASEAN [J]. Global Economic Review, 2014, 43 (2): 93-109.

[51] Li M, Du W. Can Internet Development Improve the Energy Efficiency of Firms: Empirical Evidence from China [J]. Energy, 2021, 237 (12): 121590.

[52] Lind T, Mehlum H. With or Without U? The Appropriate Test for a U Shaped Relationship [J]. Oxford Bulletin of Economics and Statistics, 2010, 72 (1): 109-118.

[53] Linnenluecke M, Han J, Pan Z, et al. How Markets Will Drive the Transition to a Low Carbon Economy [J]. Economic Modelling, 2019 (77): 42-54.

[54] Moyer D, Hughes B. ICTs: Do They Contribute to Increased Carbon Emissions? [J]. Technological Forecasting and Social Change, 2012, 79 (5): 919-931.

[55] Mun B, Nadiri I. Information Technology Externalities: Empirical Evidence from 42 U. S. Industries [R]. Cambridge: NBER Working Paper, 2002, No. 9272.

[56] Murshed M. An Empirical Analysis of the Non-linear Impacts of ICT-trade Openness on Renewable Energy Transition, Energy Efficiency, Clean Cooking Fuel Access and Environmental Sustainability in South Asia [J]. Environmental Science and Pollution Research, 2020 (27): 36254-36281.

[57] Nathan N, Qian N. US Food Aid and Civil Conflict [J]. American Economic Review, 2014, 104 (6): 1630-1666.

[58] OECD. Towards Green Growth: Monitoring Progress [R]. Pairs: OECD Publishing, 2011.

[59] Ozcan B, Apergis N. The Impact of Internet Use on Air Pollution: Evidence from Emerging Countries [J]. Environmental Science and Pollution Research, 2018, 25 (5): 4174-4189.

[60] Oh D H . A Global Malmquist-Luenberger Productivity Index [J] . Journal of Productivity Analysis, 2010, 34 (3): 183-197.

[61] Park Y, Meng F, Baloch A. The effect of ICT, Financial Development,

Growth, and Trade Openness on CO_2 Emissions: An Empirical Analysis [J]. Environmental Science and Pollution Research, 2018, 25 (9): 30708-30719.

[62] Pearce W. A. Markandya. Blueprint for a Green Economy [M]. London: Earthscan Publication Ltd, 1989.

[63] Ramamurthy A, & Jain P. The Internet of Things in the Power Sector: Opportunities in Asia and the Pacific [R]. Asia Development Bank Sustainable Development Working Paper Series, No. 48, August 2017.

[64] Romm J. The Internet and the New Energy Economy [J]. Resources, Conservation and Recycling, 2002, 36 (3): 197-210.

[65] Sadorsky P. Information Communication Technology and Electricity Consumption in Emerging Economies [J]. Energy Policy, 2012 (48): 130-136.

[66] Saidi K., Toumi H, Zaidi S. Impact of Information Communication Technology and Economic Growth on the Electricity Consumption: Empirical Evidence from 67 Countries [J]. Journal of the Knowledge Economy, 2017, 8 (3): 789-803.

[67] Salahuddin M, Alam K. Internet Usage, Electricity Consumption and Economic Growth in Australia: A Time Series Evidence [J]. Telematics and Informatics, 2015, 32 (4): 862-878.

[68] Salahuddin M, Alam K, Ozturk I. The effects of Internet Usage and Economic Growth on CO_2 Emissions in OECD Countries: A Panel Investigation [J]. Renewable and Sustainable Energy Reviews, 2016, 62 (9): 1226-1235.

[69] Schumpeter J. The Theory of Economic Development [M]. Cambridge: Harvard University Press, 1934.

[70] Shafique N, Rashid A, Bajwa S, et al. Effect of IoT Capabilities and Energy Consumption behavior on Green Supply Chain Integration [J]. Applied Science, 2018 (8): 2481.

[71] Song M, Wang S. Participation in Global Value Chain and Green Technology Progress: Evidence from Big Data of Chinese Enterprises [J]. Environmental Science and Pollution Research, 2017, 24 (2): 1648-1661.

[72] Stern N, Stern N H. The Economics of Climate Change: the Stern Review [M]. Cambridge University Press, 2007.

[73] Stigler J. The Economics of Information [J]. The Journal of Political Economy, 1961, 69 (3): 213-255.

[74] UNEP. Towards a Green Economy: Pathways to Sustainable Development and Poverty Eradiction [R]. Geneva: UN Environment Programme Publications, 2011.

[75] UNEP. Modelling China's Green Economy 2010-2050—A Synthesis Report [R]. Geneva: United Nations Environment Programme Publications, 2014.

[76] UNEP. China's Green Long March [R]. Geneva: United Nations Environment Programme Publications, 2013.

[77] UNIDO. Green Industry Initiative for Sustainable Development [R]. Vienna: United Nations Industrial Development Organization, 2011.

[78] UNIDO. Green Industry Policies for Supporting Green Industry [R]. Vienna: United Nations Industrial Development Organization, 2011.

[79] Vinuesa R, Azizpour H, Leite I, et al. The Role of Artificial Intelligence in Achieving the Sustainable Development Goals [J]. Nature Communications, 2020, 11 (1): 233.

[80] Vandermerwe S, Rada J. Servitization of Business: Adding Value by Adding Services [J]. European Management Journal, 1988, 6 (4): 314-324.

[81] Wang D, Han B. The Impact of ICT Investment on Energy Intensity Across Different Regions of China [J]. Journal of Renewable and Sustainable Energy, 2016, 8 (5): 059001-059012.

[82] Wang Q, Chiu Y, Chiu C. Driving Factors Behind Carbon Dioxide Emissions in China: A Modified Production-theoretical Decomposition Analysis [J]. Energy Economics, 2015, 51 (9): 252-260.

[83] Weizman M. Recombinant Growth [J]. Quarterly Journal of Economics, 1998, 113 (2): 331-360.

[84] Welfens J, Lutz C. Green ICT Dynamics: Key Issues and Findings for Germany [J]. Mineral Economics, 2012, 24 (2): 155-163.

[85] Williams E. Environmental Effects of Information and Communications Technologies [J]. Nature, 2011, 479 (7373): 354-358.

[86] Wu X, Xu Y, Lou Y, et al. Low Carbon Transition in a Distributed Energy System Regulated by Localized Energy Markets [J]. Energy Policy, 2018, 122 (11): 474-485.

[87] Yang J. Big Data and the Future of Urban Ecology: From the Concept to Results [J]. Science China Earth Sciences, 2020, 63 (8): 1443-1456.

[88] Zhang B, Chen X, Guo H. Does Central Supervision Enhance Local Environmental Enforcement? Quasi-experimental Evidence from China [J]. Journal of Public Economics, 2018, 164 (8): 70-90.

[89] Zhang C, Liu C. The Impact of ICT Industry on CO_2 Emissions: A Regional Analysis in China [J]. Renewable and Sustainable Energy Reviews, 2015 (44): 12-19.

[90] Zhang J, Liang X. Promoting Green ICT in China: A Framework Based on Innovation System Approaches [J]. Telecommunications Policy, 2012, 36 (10): 997-1013.

[91] Zhang J, Cheng M, Mei R, et al. Internet Use and Individuals' Environmental Quality Evaluation: Evidence from China [J]. Science of The Total Environment, 2019, 710 (3): 136290.

[92] Zhang Y. Structural Decomposition Analysis of Sources of Decarbonizing Economic Development in China; 1992-2006 [J]. Ecological Economics, 2009, 68 (8-9): 2399-2405.

[93] 埃弗雷特·罗杰斯. 创新的扩散 [M]. 北京: 中央编译出版社, 2002.

[94] 安同良, 杨晨. 互联网重塑中国经济地理格局: 微观机制与宏观效应 [J]. 经济研究, 2020 (2): 4-19.

[95] 安筱鹏. 重构数字化转型逻辑 [M]. 北京: 电子工业出版社, 2019.

[96] 白雪洁, 孙献贞. 互联网发展影响全要素碳生产率: 成本、创新还是需求引致 [J]. 中国人口·资源与环境, 2021, 31 (10): 105-117.

[97] 柏培文, 张云. 数字经济、人口红利下降与中低技能劳动者权益 [J]. 经济研究, 2021, 56 (5): 91-108.

[98] 鲍健强, 苗阳, 陈锋. 低碳经济: 人类经济发展方式的新变革 [J]. 中国工业经济, 2008 (4): 153-160.

[99] 卞亚斌, 房茂涛, 杨鹤松. "互联网+"背景下中国制造业转型升级的微观路径——基于微笑曲线的分析 [J]. 东岳论丛, 2019, 40 (8): 62-73.

[100] 蔡宁, 吴婧文, 刘诗瑶. 环境规制与绿色工业全要素生产率——基于我国30个省市的实证分析 [J]. 辽宁大学学报(哲学社会科学版), 2014, 42 (1): 65-73.

[101] 曹东, 赵学涛, 杨威杉. 中国绿色经济发展和机制政策创新研究

[J]. 中国人口·资源与环境，2012，22（5）：48-54.

［102］岑聪．互联网技术发展与中国创新效率的空间优化——兼论知识产权保护的门槛效应［J］. 会计与经济研究，2022，36（2）：94-111.

［103］柴瑞瑞，李纲．可再生清洁能源与传统能源清洁利用：发电企业能源结构转型的演化博弈模型［J］. 系统工程理论与实践，2022，42（1）：184-197.

［104］陈兵，王伟龙．互联网发展、产业集聚结构与绿色创新效率［J］. 华东经济管理，2021，35（4）：42-56.

［105］陈登科．贸易壁垒下降与环境污染改善——来自中国企业污染数据的新证据［J］. 经济研究，2020，55（12）：98-114.

［106］陈庆江，杨蕙馨，焦勇．信息化和工业化融合对能源强度的影响——基于2000-2012年省际面板数据的经验分析［J］. 中国人口·资源与环境，2016（1）：55-63.

［107］陈诗一．中国特色绿色低碳经济发展理论探索［J］. 管理世界，2022，38（6）：55-56.

［108］陈诗一，陈登科．加快推进绿色低碳转型，建设中国特色生态文明［J］. China Economist，2022，17（2）：28-47.

［109］陈诗一，张建鹏，刘朝良．环境规制、融资约束与企业污染减排——来自排污费标准调整的证据［J］. 金融研究，2021（9）：51-71.

［110］陈诗一．中国的绿色工业革命：基于环境全要素生产率视角的解释（1980—2008）［J］. 经济研究，2010，45（11）：21-34+58.

［111］陈勇，李小平．中国工业行业的面板数据构造及资本深化评估：1985~2003［J］. 数量经济技术经济研究，2006（10）：57-68.

［112］陈钊，陈乔伊．中国企业能源利用效率：异质性、影响因素及政策含义［J］. 中国工业经济，2019（12）：78-95.

［113］程名望，张家平．互联网普及与城乡收入差距：理论与实证［J］. 中国农村经济，2019（2）：19-41.

［114］崔蓉，李国锋．中国互联网发展水平的地区差距及动态演进：2006~2018［J］. 数量经济技术经济研究，2021（5）：3-20.

［115］戴魁早．技术市场发展对出口技术复杂度的影响及其作用机制［J］. 中国工业经济，2018（7）：117-135.

［116］戴魁早，刘友金．要素市场扭曲如何影响创新绩效［J］. 世界经济，2016，39（11）：54-79.

［117］单豪杰．中国资本存量 K 的再估算：1952~2006 年［J］．数量经济技术经济研究，2008（10）：17-31.

［118］樊茂清，郑海涛，孙琳琳，任若恩．能源价格、技术变化和信息化投资对部门能源强度的影响［J］．世界经济，2012（5）：22-45.

［119］樊轶侠，徐昊．中国数字经济发展能带来经济绿色化吗？——来自我国省际面板数据的经验证据［J］．经济问题探索，2021（9）：15-29.

［120］菲利普·阿格因，彼得·豪伊特．增长经济学［M］．北京：中国人民大学出版社，2011.

［121］菲利普·阿吉翁，彼得·豪伊特．内生增长理论［M］．北京：北京大学出版社，2004.

［122］付华，李国平，朱婷．中国制造业行业碳排放：行业差异与驱动因素分解［J］．改革，2021（5）：38-52.

［123］付允，马永欢，刘怡君，牛文元．低碳经济的发展模式研究［J］．中国人口·资源与环境，2008（3）：14-19.

［124］干春晖，郑若谷，余典范．中国产业结构变迁对经济增长和波动的影响［J］．经济研究，2011，46（5）：4-16+31.

［125］工业绿色发展工程科技战略及对策研究课题组．工业绿色发展工程科技战略及对策［J］．中国工程科学，2015，17（7）：32-36.

［126］谷树忠，谢美娥，张新华．绿色转型发展［M］．杭州：浙江大学出版社，2016.

［127］郭丰，杨上广，任毅．数字经济、绿色技术创新与碳排放——来自中国城市层面的经验证据［J］．陕西师范大学学报（哲学社会科学版），2022（3）：45-60.

［128］郭峰，陈凯．空间视域下互联网发展对城市环境质量的影响——基于空间杜宾模型和中介效应模型［J］．经济问题探索，2021（1）：104-112.

［129］郭家堂，骆品亮．互联网对中国全要素生产率有促进作用吗？［J］．管理世界，2016（10）：34-49.

［130］郭然，原毅军，张涌鑫．互联网发展、技术创新与制造业国际竞争力——基于跨国数据的经验分析［J］．经济问题探索，2021（1）：171-180.

［131］哈尔·R. 范里安，约瑟夫·法雷尔，卡尔·夏皮罗．信息技术经济学导论［M］．北京：中国人民大学出版社，2013.

［132］韩超，陈震，王震．节能目标约束下企业污染减排效应的机制研究

[J]. 中国工业经济，2020（10）：43-61.

[133] 韩晶，陈曦. 数字经济赋能绿色发展：内在机制与经验证据 [J]. 经济社会体制比较，2022（2）：73-84.

[134] 韩先锋，宋文飞，李勃昕. 互联网能成为中国区域创新效率提升的新动能吗 [J]. 中国工业经济，2019（7）：119-136.

[135] 何大安，周法法. 互联网平台应用对产业结构转型的影响研究：内在机理与实证检验 [J]. 商业经济与管理，2022（6）：51-67.

[136] 何菊香，赖世茜，廖小伟. 互联网产业发展影响因素的实证分析 [J]. 管理评论，2015（1）：138-147.

[137] 何小钢，张耀辉. 技术进步、节能减排与发展方式转型——基于中国工业 36 个行业的实证考察 [J]. 数量经济技术经济研究，2012，29（3）：19-33.

[138] 胡鞍钢. 中国实现 2030 年前碳达峰目标及主要途径 [J]. 北京工业大学学报（社会科学版），2021，21（3）：1-15.

[139] 胡剑锋. 信息化资本对能源强度的影响研究——基于我国省际面板数据的实证分析 [J]. 中国经济问题，2010（4）：26-32.

[140] 黄群慧，贺俊等. 新工业革命：理论逻辑与战略视野 [M]. 北京：社会科学文献出版社，2016.

[141] 黄群慧，余泳泽，张松林. 互联网发展与制造业生产率提升：内在机制与中国经验 [J]. 中国工业经济，2019（8）：5-23.

[142] 黄小勇，查育新，朱清贞. 互联网对中国绿色经济增长的影响——基于中国省域绿色竞争力的实证研究 [J]. 当代财经，2020（7）：112-123.

[143] 纪玉俊，张彦彦. 互联网+背景下的制造业升级：机理及测度 [J]. 中国科技论坛，2017（3）：50-57.

[144] 蒋含明. 外商直接投资知识溢出、信息化水平与技术创新能力 [J]. 江西财经大学学报，2019（1）：34-42.

[145] 蒋佳妮，王灿. 低碳技术国际竞争力比较与政策环境研究 [M]. 北京：社会科学文献出版社，2017.

[146] 解春艳，丰景春，张可. 互联网技术进步对区域环境质量的影响及空间效应 [J]. 科技进步与对策，2017，34（12）：35-42.

[147] 杰里米·里夫金. 零成本社会：一个物联网、合作共赢的新经济时代 [M]. 赛迪研究院专家组译，北京：中信出版社，2014.

［148］金春华，王雷，王欣．可持续发展研究的新视角——ICT、环境与经济增长的关系［J］．工业技术经济，2013，33（2）：128-132.

［149］金环，于立宏，魏佳丽．国家电子商务示范城市建设对企业绿色技术创新的影响及机制研究［J］．科技进步与对策，2022，39（10）：81-90.

［150］李碧珍，蔡云清．制造业服务化转型对能源消耗水平影响的测度——基于中国39个行业面板数据的实证分析［J］．东南学术，2021（5）：159-169.

［151］李标，吴贾，陈姝兴．城镇化、工业化、信息化与中国的能源强度［J］．中国人口·资源与环境，2015（8）：69-76.

［152］李兵，李柔．互联网与企业出口：来自中国工业企业的微观经验证据［J］．世界经济，2017（7）：102-125.

［153］李双杰，李春琦．全要素能源效率测度方法的修正设计与应用［J］．数量经济技术经济研究，2018，35（9）：110-125.

［154］李金铠，孙合草，张瑾．基于SML指数的环境回弹效应分析：模型与测算［J］．中国环境管理，2021（2）：102-109.

［155］李金林，陈立泰，刘梅．互联网发展对中国区域绿色经济效率的影响［J］．中国人口·资源与环境，2021，31（10）：149-157.

［156］李锴，齐绍洲．碳减排政策与工业结构低碳升级［J］．暨南学报（哲学社会科学版），2020，42（12）：102-116.

［157］李廉水，周勇．技术进步能提高能源效率吗？——基于中国工业部门的实证检验［J］．管理世界，2006（10）：82-89.

［158］李少林，冯亚飞．区块链如何推动制造业绿色发展？——基于环保重点城市的准自然实验［J］．中国环境科学，2021，41（3）：1455-1466.

［159］李世峰，朱国云．“双碳”愿景下的能源转型路径探析［J］．南京社会科学，2021（12）：48-56.

［160］李寿国，宋宝东．互联网发展对碳排放的影响——基于面板门槛模型的实证研究［J］．生态经济，2019，35（11）：33-36+70.

［161］李晓华．“互联网+”改造传统产业的理论基础［J］．经济纵横，2016（3）：57-63.

［162］李雪，吴福象，竺李乐．互联网发展水平、知识溢出与区域创新能力［J］．经济经纬，2022，39（3）：15-25.

［163］李振叶，刘杨程，徐斌．“互联网+”对工业高质量发展的影响——基于面板中介效应模型的估计［J］．科技进步与对策，2020，37（14）：86-93.

［164］李子豪．FDI 增加了还是减少了中国工业碳排放？——门槛效应视角的考察［J］．经济经纬，2016，33（2）：66-71.

［165］厉以宁，朱善利，罗来军，杨德平．低碳发展作为宏观经济目标的理论探讨——基于中国情形［J］．管理世界，2017（6）：1-8.

［166］廖进球，邱信丰．互联网应用促进了企业环保投入吗？［J］．经济经纬，2021，38（3）：95-104.

［167］林伯强，杜克锐．要素市场扭曲对能源效率的影响［J］．经济研究，2013，48（9）：125-136.

［168］林伯强，蒋竺均．中国二氧化碳的环境库兹涅茨曲线预测及影响因素分析［J］．管理世界，2009（4）：27-36.

［169］林伯强，李江龙．环境治理约束下的中国能源结构转变——基于煤炭和二氧化碳峰值的分析［J］．中国社会科学，2015（9）：84-107+205.

［170］林伯强，刘泓汛．对外贸易是否有利于提高能源环境效率——以中国工业行业为例［J］．经济研究，2015，50（9）：127-141.

［171］林伯强，王喜枝，杜之利．环境规制对中国工业能源效率的影响——基于微观企业数据的实证研究［J］．厦门大学学报（哲学社会科学版），2021（4）：30-42.

［172］林伯强，吴微．全球能源效率的演变与启示——基于全球投入产出数据的 SDA 分解与实证研究［J］．经济学（季刊），2020，19（2）：663-684.

［173］林木西，张紫薇．“区块链+生产”推动企业绿色生产——对政府之手的新思考［J］．经济学动态，2019（5）：42-56.

［174］刘保留，张莹，李雨珊．互联网发展对城市绿色创新的影响机理——基于专利视角的分析［J］．中国人口·资源与环境，2022，32（6）：104-112.

［175］刘斌，顾聪．互联网是否驱动了双边价值链关联［J］．中国工业经济，2019（11）：98-116.

［176］刘斌，魏倩，吕越，祝坤福．制造业服务化与价值链升级［J］．经济研究，2016，51（3）：151-162.

［177］刘传明，马青山．网络基础设施建设对全要素生产率增长的影响研究——基于“宽带中国”试点政策的准自然实验［J］．中国人口科学，2020（3）：75-88+127-128.

［178］刘洪涛，杨洋．信息化与中国碳强度——基于中国省级面板数据的经验分析［J］．科技管理研究，2018（19）：226-233.

［179］刘湖，张家平．互联网使用、电力消费与经济增长关系研究［J］．西北工业大学学报（社会科学版），2016（1）：44-51.

［180］刘鹏程，刘杰．信息化影响城市环境污染的机制与效应研究［J］．中南林业科技大学学报（社会科学版），2020，14（2）：27-34.

［181］刘强，马彦瑞，徐生霞．数字经济发展是否提高了中国绿色经济效率？［J］．中国人口·资源与环境，2022，32（3）：72-85.

［182］刘仁厚，杨洋，丁明磊，王书华．“双碳”目标下我国绿色低碳技术体系构建及创新路径研究［J］．广西社会科学，2022（4）：8-15.

［183］刘伟，张辉．中国经济增长中的产业结构变迁和技术进步［J］．经济研究，2008，43（11）：4-15.

［184］刘运材，沈琛．互联网发展对区域能源效率的影响——基于产业升级的中介效应分析［J］．湖南工业大学学报，2021，35（4）：30-37.

［185］刘政，姚雨秀，张国胜，匡慧姝．企业数字化、专用知识与组织授权［J］．中国工业经济，2020（9）：156-174.

［186］刘竹，关大博，魏伟．中国二氧化碳排放数据核算［J］．中国科学：地球科学，2018（7）：878-887.

［187］柳亚琴，孙薇，朱治双．碳市场对能源结构低碳转型的影响及作用路径［J］．中国环境科学，2022，42（9）：4369-4379.

［188］卢福财，刘林英，徐远彬．互联网发展对工业绿色全要素生产率的影响研究［J］．江西社会科学，2021，41（1）：39-50+254-255.

［189］卢福财，徐远彬．互联网对制造业劳动生产率的影响研究［J］．产业经济研究，2019（4）：1-11.

［190］卢强，吴清华，周永章，周慧杰．工业绿色发展评价指标体系及应用于广东省区域评价的分析［J］．生态环境学报，2013，22（3）：528-534.

［191］罗良文，李珊珊．对外贸易技术效应与中国工业碳排放——基于产业关联的视角［J］．经济管理，2013，35（1）：11-22.

［192］吕民乐，陈颖瑶．信息化有利于降低雾霾污染吗？——基于空间计量模型的实证检验［J］．南京财经大学学报，2021（3）：13-24.

［193］马大来，武文丽，董子铭．中国工业碳排放绩效及其影响因素——基于空间面板数据模型的实证研究［J］．中国经济问题，2017（1）：121-135.

［194］马化腾等．互联网+：国家战略行动路线图［M］．北京：中信出版社，2015.

［195］毛涛．“双碳”目标下中国工业低碳转型研究［J］．改革，2022（8）：67-75.

［196］聂辉华，江艇，杨汝岱．中国工业企业数据库的使用现状和潜在问题［J］．世界经济，2012，35（5）：142-158.

［197］潘冬阳，陈川祺，Michael Grubb. 金融政策与经济低碳转型——基于增长视角的研究［J］．金融研究，2021（12）：1-19.

［198］潘毛毛，赵玉林．互联网融合、人力资本结构与制造业全要素生产率［J］．科学学研究，2020，38（12）：2171-2182+2219.

［199］潘雄锋，彭晓雪，李斌．市场扭曲、技术进步与能源效率：基于省际异质性的政策选择［J］．世界经济，2017，40（1）：91-115.

［200］彭继宗，郭克莎．制造业投入服务化与服务投入结构优化对制造业生产率的影响［J］．经济评论，2022（2）：17-35.

［201］平新乔，郑梦圆，曹和平．中国碳排放强度变化趋势与“十四五”时期碳减排政策优化［J］．改革，2020，321（11）：37-52.

［202］戚聿东，肖旭．数字经济概论［M］．北京：中国人民大学出版社，2022.

［203］秦业，张群，杜娟．“互联网+”时代制造业绿色发展模式与策略研究［J］．中国工程科学，2015（8）：70-74.

［204］邱信丰．互联网发展与企业能源效率提升——基于中国企业污染数据的新证据［J］．企业经济，2022（11）：94-104.

［205］渠慎宁．区块链助推实体经济高质量发展：模式、载体与路径［J］．改革，2020（1）：39-47.

［206］邵帅，范美婷，杨莉莉．经济结构调整、绿色技术进步与中国低碳转型发展——基于总体技术前沿和空间溢出效应视角的经验考察［J］．管理世界，2022，38（2）：46-69+4-10.

［207］邵帅，李欣，曹建华．中国的城市化推进与雾霾治理［J］．经济研究，2019，54（2）：148-165.

［208］邵帅，李欣，曹建华，杨莉莉．中国雾霾污染治理的经济政策选择——基于空间溢出效应的视角［J］．经济研究，2016，51（9）：73-88.

［209］邵帅，杨莉莉，黄涛．能源回弹效应的理论模型与中国经验［J］．经济研究，2013（2）：96-109.

［210］沈国兵，袁征宇．互联网化对中国企业出口国内增加值提升的影响

[J]. 财贸经济，2020（7）：130-146.

[211] 沈小波，陈语，林伯强. 技术进步和产业结构扭曲对中国能源强度的影响 [J]. 经济研究，2021（2）：157-173.

[212] 盛馥来，诸大建. 绿色经济——联合国视野中的理论、方法与案例 [M]. 北京：中国财政经济出版社，2015.

[213] 师博. 人工智能助推经济高质量发展的机理诠释 [J]. 改革，2020（1）：30-38.

[214] 施炳展. 互联网与国际贸易——基于双边双向网址链接数据的经验分析 [J]. 经济研究，2016，51（5）：172-187.

[215] 石大千，丁海，卫平，刘建江. 智慧城市建设能否降低环境污染 [J]. 中国工业经济，2018（6）：117-135.

[216] 石大千，李格，刘建江. 信息化冲击、交易成本与企业 TFP——基于国家智慧城市建设的自然实验 [J]. 财贸经济，2020，41（3）：117-130.

[217] 史丹，陈素梅. 公众关注度与政府治理污染投入：基于大数据的分析方法 [J]. 当代财经，2019（3）：3-13.

[218] 宋敏，周鹏，司海涛. 金融科技与企业全要素生产率——"赋能"和信贷配给的视角 [J]. 中国工业经济，2021（4）：138-155.

[219] 苏利阳，郑红霞，王毅. 中国省际工业绿色发展评估 [J]. 中国人口·资源与环境，2013，23（8）：116-122.

[220] 孙毅. 数字经济学 [M]. 北京：机械工业出版社，2021.

[221] 唐国锋，李丹. 工业互联网背景下制造业服务化价值创造体系重构研究 [J]. 经济纵横，2020（8）：61-68.

[222] 唐晓华，刘蕊，丁琦，张志国. 我国高技术制造业技术创新效率研究——基于"互联网+"视角 [J]. 辽宁大学学报（哲学社会科学版），2020，48（2）：69-80.

[223] 田杰棠，闫德利. 新基建和产业互联网：疫情后数字经济加速的"路与车" [J]. 山东大学学报（哲学社会科学版），2020（3）：1-8.

[224] 田秀娟，李睿. 数字技术赋能实体经济转型发展——基于熊彼特内生增长理论的分析框架 [J]. 管理世界，2022，38（5）：56-74.

[225] 佟家栋，杨俊. 互联网对中国制造业进口企业创新的影响 [J]. 国际贸易问题，2019（11）：1-15.

[226] 通用电气公司（GE）. 工业互联网：打破智慧与机器的边界 [M].

北京：机械工业出版社，2015.

［227］万伦来，朱琴. R&D 投入对工业绿色全要素生产率增长的影响——来自中国工业 1999~2010 年的经验数据［J］. 经济学动态，2013（9）：20-26.

［228］万攀兵，杨冕，陈林. 环境技术标准何以影响中国制造业绿色转型——基于技术改造的视角［J］. 中国工业经济，2021（9）：118-136.

［229］汪东芳，曹建华. 互联网发展对中国全要素能源效率的影响及网络效应研究［J］. 中国人口·资源与环境，2019，29（1）：86-95.

［230］王班班，莫琼辉，钱浩祺. 地方环境政策创新的扩散模式与实施效果——基于河长制政策扩散的微观实证［J］. 中国工业经济，2020（8）：99-117.

［231］王俊，陈国飞. "互联网+"、要素配置与制造业高质量发展［J］. 技术经济，2020，39（9）：61-72.

［232］王可，李连燕. "互联网+"对中国制造业发展影响的实证研究［J］. 数量经济技术经济研究，2018（6）：3-20.

［233］王雷，刘桂玲，王欣，李铁克. 碳足迹视角下 ICT 产业碳排放对环境的影响［J］. 西北农林科技大学学报（社会科学版），2013，13（6）：73-77.

［234］王鹏，尤济红. 中国环境管制效果的评价研究——基于工业绿色发展的一个空间视角［J］. 经济社会体制比较，2016（5）：25-42.

［235］王文娜，刘戒骄，张祝恺. 研发互联网化、融资约束与制造业企业技术创新［J］. 经济管理，2020（9）：127-143.

［236］王晓，齐晔. 经济结构变化对中国能源消费的影响分析［J］. 中国人口·资源与环境，2013，23（1）：49-54.

［237］王小鲁，胡李鹏，樊纲. 中国分省份市场化指数报告（2021）［M］. 北京：社会科学文献出版社，2021.

［238］温忠麟，叶宝娟. 中介效应分析：方法和模型发展［J］. 心理科学进展，2014，22（5）：731-745.

［239］邬彩霞，高媛. 数字经济驱动低碳产业发展的机制与效应研究［J］. 贵州社会科学，2020（11）：155-161.

［240］邬彩霞. 中国低碳经济发展的协同效应研究［J］. 管理世界，2021，37（8）：105-117.

［241］吴英姿，闻岳春. 中国工业绿色生产率、减排绩效与减排成本［J］. 科研管理，2013，34（2）：105-111+151.

［242］武建龙，郝蒙晓，黄静. "互联网+"环境下企业创新生态系统的构

建研究——以蔚来新能源汽车为例［J］. 软科学，2021，35（5）：70-77.

［243］肖利平．“互联网+”提升了我国装备制造业的全要素生产率吗［J］. 经济学家，2018（12）：38-46.

［244］谢康，肖静华，周先波，乌家培．中国工业化与信息化融合质量：理论与实证［J］. 经济研究，2012，47（1）：4-16+30.

［245］熊广勤，石大千．承接产业转移示范区提高了能源效率吗？［J］. 中国人口·资源与环境，2021（7）：27-36.

［246］徐伟呈，范爱军．“互联网+”驱动下的中国产业结构优化升级［J］. 财经科学，2018（3）：119-132.

［247］徐远彬，卢福财．互联网对制造企业价值创造的影响研究——基于价值创造环节的视角［J］. 当代财经，2021（1）：3-13.

［248］许和连，成丽红，孙天阳．制造业投入服务化对企业出口国内增加值的提升效应——基于中国制造业微观企业的经验研究［J］. 中国工业经济，2017（10）：62-80.

［249］许家云．互联网如何影响工业结构升级？——基于互联网商用的自然实验［J］. 统计研究，2019，36（12）：55-67.

［250］许宪春，任雪，常子豪．大数据与绿色发展［J］. 中国工业经济，2019（4）：5-22.

［251］薛成，孟庆玺，何贤杰．网络基础设施建设与企业技术知识扩散——来自“宽带中国”战略的准自然实验［J］. 财经研究，2020，46（4）：48-62.

［252］袁航，朱承亮．国家高新区推动了中国产业结构转型升级吗［J］. 中国工业经济，2018（8）：60-77.

［253］严北战，周懿．“互联网+”对制造业升级的影响——基于供给侧、需求侧双向驱动的分析［J］. 科技管理研究，2020，40（22）：124-130.

［254］鄢哲明，邓晓兰，陈宝东．绿色技术进步对中国产业结构低碳化的影响［J］. 经济社会体制比较，2016（4）：25-39.

［255］杨德明，毕建琴．“互联网+”、企业家对外投资与公司估值［J］. 中国工业经济，2019（6）：136-153.

［256］杨德明，刘泳文．“互联网+”为什么加出了业绩［J］. 中国工业经济，2018（5）：80-98.

［257］杨莉莎，朱俊鹏，贾智杰．中国碳减排实现的影响因素和当前挑战——基于技术进步的视角［J］. 经济研究，2019，54（11）：118-132.

［258］杨汝岱．中国制造业企业全要素生产率研究［J］．经济研究，2015，50（2）：61-74.

［259］杨文举．基于DEA的绿色经济增长核算：以中国地区工业为例［J］．数量经济技术经济研究，2011，28（1）：19-34.

［260］杨煜．基于区块链赋能的生态环境治理网络研究［J］．电子政务，2021（4）：105-113.

［261］叶初升，任兆柯．互联网的经济增长效应和结构调整效应——基于地级市面板数据的实证研究［J］．南京社会科学，2018（4）：18-29.

［262］易信，刘凤良．金融发展、技术创新与产业结构转型——多部门内生增长理论分析框架［J］．管理世界，2015（10）：24-39+90.

［263］余泳泽，刘凤娟，庄海涛．互联网发展与技术创新：专利生产、更新与引用视角［J］．科研管理，2021（6）：41-48.

［264］余壮雄，陈婕，董洁妙．通往低碳经济之路：产业规划的视角［J］．经济研究，2020，55（5）：116-132.

［265］袁淳，肖土盛，耿春晓，盛誉．数字化转型与企业分工：专业化还是纵向一体化［J］．中国工业经济，2021（9）：137-155.

［266］岳丽荣，邵博，申君宜．工业互联网对绿色创新绩效的影响——基于制造业的实证研究［J］．科技与管理，2020，22（3）：28-36.

［267］岳良文，李孟刚，武春友．工业化、信息化和绿色化：互动评价模型及实证分析［J］．经济与管理研究，2017，38（5）：86-95.

［268］岳云嵩，李兵．电子商务平台应用与中国制造业企业出口绩效——基于“阿里巴巴”大数据的经验研究［J］．中国工业经济，2018（8）：97-115.

［269］张伯旭，黄群慧．“互联网+”创新路径与机制——北京市鼓励引导传统产业转型升级思路与政策［M］．北京：经济管理出版社，2016.

［270］张伯旭，李辉．推动互联网与制造业深度融合——基于“互联网+”创新的机制和路径［J］．经济与管理研究，2017，38（2）：87-96.

［271］张江雪，蔡宁，杨陈．环境规制对中国工业绿色增长指数的影响［J］．中国人口·资源与环境，2015，25（1）：24-31.

［272］张三峰，魏下海．信息与通信技术是否降低了企业能源消耗——来自中国制造业企业调查数据的证据［J］．中国工业经济，2019（2）：155-173.

［273］张晓玲．可持续发展理论：概念演变、维度与展望［J］．中国科学院院刊，2018，33（1）：10-19.

［274］张亚斌，金培振，沈裕谋．两化融合对中国工业环境治理绩效的贡献——重化工业化阶段的经验证据［J］．产业经济研究，2014（1）：40-50.

［275］张友国．经济发展方式变化对中国碳排放强度的影响［J］．经济研究，2010，45（4）：120-133.

［276］张治栋，赵必武．互联网与制造业协同集聚能否提升城市绿色效率——基于中国 283 个城市的经验分析［J］．华东经济管理，2020，34（10）：65-73.

［277］张优智，张珍珍．环境规制对中国工业全要素能源效率的影响——基于省际面板数据的实证研究［J］．生态经济，2021，37（11）：163-168.

［278］赵昕，曹森，丁黎黎．互联网依赖对家庭碳排放的影响——收入差距和消费升级的链式中介作用［J］．北京理工大学学报（社会科学版），2021，23（4）：49-59.

［279］赵星．新型数字基础设施的技术创新效应研究［J］．统计研究，2022，39（4）：80-92.

［280］赵振．“互联网+”跨界经营：创造性破坏视角［J］．中国工业经济，2015（10）：146-160.

［281］中国社会科学院工业经济研究所课题组，李平．中国工业绿色转型研究［J］．中国工业经济，2011（4）：5-14.

［282］周慧慧，李海霞，赵琳瑞．制造业数字化转型对绿色创新绩效的影响研究——数字化水平的调节作用［J］．科技与管理，2021，23（1）：33-43.

［283］祝树金，谢煜，吴德胜．制造业服务化的节能效应及其中介机制研究［J］．财贸经济，2020，41（11）：126-140.

［284］周五七．低碳约束下中国工业绿色 TFP 增长的地区差异——基于共同前沿生产函数的非参数分析［J］．经济管理，2014，36（3）：1-10.

［285］周五七，唐宁．中国工业行业碳解锁的演进特征及其影响因素［J］．技术经济，2015，34（4）：15-22.

［286］周小亮，宋立．中国工业低碳转型：现实分析与政策思考［J］．数量经济技术经济研究，2022（8）：22-41.

［287］庄贵阳．中国经济低碳发展的途径与潜力分析［J］．国际技术经济研究，2005（3）：8-12.

［288］左鹏飞，姜奇平，陈静．互联网发展、城镇化与我国产业结构转型升级［J］．数量经济技术经济研究，2020（7）：71-91.